DIANA
VERLAG

Colin Fletcher

Kalifornischer Sommer

Tausend Meilen zu Fuß durch
Wüsten und Gebirge

*Aus dem Amerikanischen
von Arnd Kösling*

Diana Verlag
München Zürich

Die Originalausgabe erschien unter dem Titel
The Thousand-Mile Summer in desert and high sierra
bei Howell-North Books, Berkeley, Kalifornien

1. Auflage

Copyright © 1964 by Colin Fletcher
© 2001 der deutschsprachigen Ausgabe by
Diana Verlag AG, München und Zürich
Satz: Filmsatz Schröter, München
Druck und Bindung: GGP Media, Pößneck
Printed in Germany

ISBN 3-8284-5039-3

Für Tim

Inhalt

»Die Kundschafter,
die aus der Wildnis zurückkehren,
sollten deren Wunder lieber
aufzeichnen, anstatt sie
zu interpretieren.«

Loren Eiseley

Vorwort

Die Zeit hat diesem Buch einen Aspekt verliehen, den ich nicht eingeplant hatte.

Im Verlauf meines Tausend-Meilen-Sommers wurde mir zwar bisweilen bewusst, dass ich etwas Vergängliches betrachtete. Doch während ich durch jene sorglosen Tage wanderte und die reiche Ernte meiner Ahnungslosigkeit einfuhr, wusste ich nicht, dass der Mensch bald Hand an jene Landschaften legen würde, die ich erlebte. Doch so kam es. Und nun, fast ein Vierteljahrhundert später, finden die, die das heutige Kalifornien – das heutige Amerika, die heutige Welt – kennen, in diesem Buch vielleicht nicht nur ein stilles Zeugnis der Vergangenheit, sondern auch Hinweise auf den Weg, den wir in Zukunft einschlagen müssen – das hoffe ich jedenfalls.

C. F.

Kalifornien, Winter 1981

1 In San Francisco

Ideen, die morgens um drei über einen herfallen und aussehen, als würden sie das ganze Leben umkrempeln, neigen dummerweise dazu, bei Tageslicht ihre Brillanz einzubüßen. Aber ganz selten nur halten sie ihr Versprechen.

Es war eine Nacht im Februar. Ich lag wach in meiner Wohnung in San Francisco und sorgte mich um jene Dinge, um die wir uns alle Sorgen machen, als mir aus heiterem Himmel und ohne jeden erkennbaren Zusammenhang einfiel, dass ich derzeit im Leben nichts sehnlicher wollte, als von einem Ende Kaliforniens zum anderen zu laufen. Ich hörte auf, mich hin und her zu wälzen, und lag still. Natürlich war mir klar, dass das eine völlig verrückte Idee war, aber ich war mir fast sicher, dass ich sie umsetzen würde.

Am folgenden Morgen funkelte der Gedanke immer noch in meinem Kopf. Auch eine Woche später war ich immer noch halb benommen von ihm. Und inzwischen so gut wie entschlossen.

Anfangs machte ich mir um Begründungen keine Gedanken: Mein Berg aus persönlichen Problemen war zu einem Maulwurfshügel zusammengeschrumpft und das reichte mir. Doch als ich dann die unvermeidliche Frage nach dem Warum gestellt bekam, merkte ich, dass ich keinerlei Antwort darauf hatte. Nach einer Weile pflegte ich dann zu sagen, ich wolle mir Amerika ansehen.

Und das stimmte ja auch. Seit ich zwei Jahre zuvor in die Vereinigten Staaten gekommen war, hatte ich mir immer einen größeren Überblick verschaffen wollen, und den hätte ich in dieser Bandbreite schwerlich anders bekommen können als bei einer sechsmonatigen Tausend-Meilen-Wanderung von Mexiko nach Oregon – möglichst immer abseits der Straßen. Doch hauptsächlich diente diese Antwort natürlich der Selbstverteidigung. Es ist gar nicht einfach, einem anderen Menschen ein Geflecht aus halb verstandenen Wünschen begreiflich zu machen – Wünschen nach Veränderung, Raum, Einfachheit, nach körperlicher Herausforderung, nach Geld sowie nach der Möglichkeit, sich dem Gewimmel zu entziehen und herauszufinden, wohin man eigentlich geht. Von diesen Begründungen stellte mich aber sowieso keine richtig zufrieden. Also legte ich mir als Aufhänger für etwas Sinnvolleres die eher dürftige Aussage zu, ich wolle »Amerika entdecken«.

Ich hatte mich dafür entschieden, Kaliforniens unversehrten und relativ unbekannten Osten zu durchwandern, der im Süden aus Wüste und im Norden aus Gebirgszügen besteht. Um der Hochzeit der Schneeschmelze in den Bergen auszuweichen, beschloss ich ziemlich bald, von Süden nach Norden zu ziehen. Und das wiederum hieß, dass ich innerhalb des nächsten Monats loswandern musste, denn sonst würde ich die Wüsten – insbesondere das Death Valley – als Glutofen vorfinden.

Es wurde ein hektischer Monat. Meine Einrichtung verschwand bald unter einer Lawine von Landkarten und mein Tagesablauf drehte sich nur um Routen und Gepäck, Kleidungsstücke und Fotoausrüstung, Schlafsäcke und Pemmikan. Mir tat es um jede Stunde leid, die ich in meinem Interimsjob als Hausmeister in einem Krankenhaus verbringen musste, anstatt mich um die logistischen Probleme der »Entdeckungstour« zu kümmern.

Meine Erfahrungen als Wanderer waren dürftig: ein paar kurze Touren während der fünf Jahre, die ich als Farmer in Kenia verbracht hatte, sowie zwei Sommer als halbwegs ernsthafter Schürfer in British Columbia. Doch zu Hause in Großbritannien hatte ich während des Zweiten Weltkriegs hautnah und schwitzend erfahren, was ein Mensch schleppen kann und was nicht, und seitdem wusste ich, dass man sich um die Kilos nicht kümmern muss, solange man sich um jedes Gramm kümmert. Ich ging daher in diesem hektischen Monat immer mit einer Briefwaage einkaufen und behandelte alles wie Goldstaub – von Salztabletten bis zu Unterhosen.

Die letzte Woche quoll über vor Kleinkram: Ich traf letzte Entscheidungen über die Ausrüstung, regelte die Filmentwicklung und -aufbewahrung, löste finanzielle Probleme, sprach mit dem *San Francisco Chronicle* über eine Artikelserie und schickte Karten und Trockennahrung an die abgelegenen Poststationen, bei denen ich jeweils nach ein paar Wochen vorbeikommen würde. Zeitweilig dachte ich, ich würde nie rechtzeitig fertig werden.

Doch schließlich, nach einem eiligen Abstecher durch das Death Valley, wo ich drei Fünf-Gallonen-Kanister mit Trinkwasser deponierte, stand ich an der mexikanischen Grenze am Ufer des Colorado und winkte dem Freund hinterher, der meinen alten Kombi nach San Francisco zurückfahren würde. Und dort an der Grenze, an einer abgelegenen Zollstation, stellte ich fest, dass ich bereits damit angefangen hatte, »Amerika zu entdecken«.

Auf der mexikanischen Seite des Grenzzauns beschallte ein Grammophon plärrend eine staubige, sonnenüberflutete Straße. Ein Mann, der von einem Reiseveranstalter dort hätte platziert sein können, schlief an einer abbröckelnden Lehmziegelmauer; sein Kopf und seine Schultern wurden von einem riesigen Sombrero verdeckt und seine Gestalt schmiegte sich in die brüchige Mauer.

Auch Kalifornien war hier spanisch. Der US-Zollbeamte fläzte sich auf seiner Veranda in einem Korbstuhl; ihm zu Füßen hockte vorgebeugt ein Mexikanerjunge. Der Junge war ein Meister seines Fachs. Er rieb und wienerte und polierte die eleganten, knielangen Stiefel des Zollbeamten, bis die Sonne sich darin so spiegelte, dass sie das trockene Gestrüpp in Brand zu setzen drohte. Schließlich richtete er sich auf und der Beamte inspizierte seine Stiefel. Wie ein Mannequin drehte er langsam erst den einen, dann den anderen hin und her. Schließlich nickte er zustimmend und schnippte dem Jungen eine Münze zu. »Kann gut polieren, der Kleine«, sagte er, und man spürte, dass sein Tag gerettet war.

Er stand auf, kam bis zur Kante seiner Veranda und schüttelte mir die Hand. Irgendwie gelang es ihm, eine kleine, feierliche Zeremonie daraus zu machen. »Dann mal alles Gute unterwegs«, sagte er.

Ich schwang den Fünfundzwanzig-Kilo-Rucksack auf den Rücken, ging bis zum Grenztor und setzte einen Fuß auf Mexiko. Dann drehte ich mich um und machte die ersten Schritte auf der staubigen Straße nach Norden.

Ich ging langsam und kämpfte damit, aus einer plötzlichen, schmerzhaften Leere herauszukommen – jener Leere, die einen oft befällt, wenn man die letzten Verbindungen mit dem Vertrauten löst und sich dem Unbekannten zuwendet. Natürlich würde dieses Gefühl vorübergehen, das war mir klar, und ebenso wusste ich, dass ich eigentlich erst mit einer Art Probelauf begonnen hatte. Flussaufwärts war die Wüste dreißig Meilen weit durch

Bewässerung gezähmt worden; durch diesen fruchtbaren Ackerland-Streifen konnte ich sicher und in aller
Bequemlichkeit laufen. Doch jenseits des Imperial-Stau-
damms lag unerschlossene Wüste. Dort erst würde die
Herausforderung beginnen.

2 Den Colorado hinauf

Ich stand am Fuß des Imperial-Damms am Rand einer ungeheuren Stille. Nach Norden erstreckte sich, so weit das Auge reichte, ein Durcheinander ausgedörrter, brauner Bergspitzen. Ihre von Wind und Wetter zernagten Ausläufer liefen wie tastende Tentakel auf den Colorado zu. Der breite Fluss verlor sich sehr bald zwischen ihnen.

Eine Zeit lang stand ich nur da, blickte auf die Berge und lauschte der Stille. Dann lief ich langsam in die Wüste hinaus, die für sechshundert Meilen mein Zuhause sein würde.

Es war eine fremdartige Welt, die ich so nicht erwartet hatte. Wie die meisten Menschen trug ich die gängige Vorstellung von einer Wüste im Kopf: ödes, unfruchtbares Land – abweisend, grausam und menschenfeindlich; flacher Sand, der sich reglos unter einer erbarmungslosen Sonne dahinzieht; endlose Eintönigkeit, nur von Kakteen und hin und wieder von einem Gerippe unterbrochen.

Die Welt, die ich oberhalb des Imperial-Damms vorfand, war ganz anders. Die schartigen Bergspitzen waren nicht bedrohlich – sie blieben auf Distanz. Ihre ausgreifend-wogenden Vorgebirge waren zwar öde und verdorrt, doch jetzt, da ich mich mitten zwischen ihnen befand, hatte all das nichts Grausames oder Menschenfeindliches mehr.

Meile um Meile knirschten meine Füße über Steine oder tappten auf blankem Fels; lautlos waren meine Schritte nur in trockenen Flussbetten oder Tälern, in denen der

Sand so weich und flach dalag wie an Urlaubsstränden. Die Sonne strahlte von einem fast mediterranen Himmel herab, an dem freundliche weiße Wolken wie Willkommensgrüße dahinzogen. Sanfter Wind streichelte meine nackten Arme und Beine.

Statt Gleichförmigkeit brachte jede Biegung pittoreske Kontraste. Eine schokoladenfarbene Felswand ging wie abgeschnitten in umwerfendes Rot über. Der Grat einer Anhöhe – flachgehobelt, als wäre ein Riesenzimmermann am Werk gewesen – stürzte jählings in einen ausgetrockneten Wasserlauf ab. Er war üppig mit Gebüsch und Blumen bestanden und auch ein paar unbeugsame Bäume klammerten sich mit knotigen Wurzeln ans Leben. Die Hubbel und Buckel einer blassgrünen Ebene dahinter gingen in kleinere Berge über, von denen manche glatt und rund wie Hinterbacken waren, andere spitz und braun wie riesige Nussecken.

Und immer war die Wüste lebendig. Ein Flussuferläufer rief mir von einem Felsen aus etwas zu, wartete aber nicht auf eine Erwiderung, sondern schoss schräg über den Fluss davon. Eine dösende Eidechse öffnete ein Auge zu einem durchbohrenden Blick – und war verschwunden. Und eine Woche lang führte mein Weg an Raupen vorbei. Die schwarzpelzigen kleinen Wesen waren überall und schlängelten sich mit Feuereifer nach Nirgendwo. Zu Hunderttausenden tummelten sie sich auf Felsen und Sand, auf Büschen und Blumen.

Die Blumen waren überall das beherrschende Element – sie verwandelten die Wüste in einen Garten. Sonnenblumen, die sich mit dem Lauf der Sonne drehten, färbten ganze Gebiete gelb. Als ich auf einen Bergkamm hinaufstieg, wurden seine vermeintlich kahlen Hänge zu einem wogenden Feld aus Weiß und Purpur. Kleine

Gänseblümchen und Veilchen drückten sich so dicht an die Steine, dass ich sie erst sah, als ich fast auf sie trat. Und als ich mich niederkniete, entdeckte ich einen noch zarteren Blütenteppich – seine einzelnen Blumen waren so fragil, dass die Veilchen dagegen grobschlächtig wirkten. Ich war froh, kein Botaniker zu sein. Zwar entgingen mir wahrscheinlich besonders seltene Arten, aber wenn ich mich mit Namen und Details beschäftigt hätte, wäre mir womöglich das Wunder dieser Fülle und Unermesslichkeit entgangen. Denn die Blumen hörten einfach nicht auf. Ich fragte mich, wie weit sie sich in die braunen, trockenen Berge im Westen erstrecken mochten.

Nach Osten erhoben sich noch mehr Berge. Doch sie lagen jenseits der Grenze des Colorado, in Arizona, und daher hätten sie genauso gut auf einem anderen Planeten sein können. Ihre entfernten Ketten, die ebenfalls zum Fluss hinunter ausgriffen, wirkten wie verdorrtes Ödland, auf dem unmöglich Blumen wachsen konnten. Nur der schmale logische Bereich meines Gehirns ließ sich darauf ein, dass sie eine Entsprechung der sauberen, heiteren Wüste waren, durch die ich soeben wanderte.

Es ist schwer zu sagen, warum unberührte Wüsten so sauber wirken. Zum Teil wohl, weil die Sonne sie gereinigt hat. Zum Teil auch, weil das Auge zum Wesen von allem vorzudringen scheint. Ein Kreosot-Strauch ist einfach zu dürr, um Geheimnisse zu haben. Jede Furche einer entfernten Böschung tritt so deutlich hervor, dass man mit der Hand darüberfahren und ihre Rauheit spüren möchte. Allein der Mensch verdreckt Dinge. Denn die Offenheit, die die Wüste so rein sein lässt, liefert sie zugleich schutzlos der Schändung aus. Reifenspuren bleiben jahrelang erhalten, die Narben von Bulldozern für Jahrzehnte. Ein verlassenes Haus wirkt, als würde es in seiner kahlen Hässlichkeit bis zum Jüngsten Tag stehen.

In der Nähe der mexikanischen Grenze hatte ich, abseits der bewässerten Gebiete, ein paar abgelegene Ödlandflecken durchquert, die auch so etwas wie Wüsten darstellten. Aber sie waren in der Defensive gewesen – fast konnte man sagen, sie versteckten sich. Hier, oberhalb des Imperial-Damms, gab die Wüste den Ton an. Ich bin so ein Typ, der immer gern menschliche Eigenschaften in der Natur sucht und findet (eine Angewohnheit, aufgrund derer Pedanten sich gern abwenden und etwas von »Anthropozentriker« oder »Naivling« brummeln), und diese andere, prachtvolle Wüste kam mir wie ein Regent vor. Ein wohlwollender, friedliebender Regent, grenzenlos mächtig, selbstsicher und dabei umsichtig in der Ausübung seiner Herrschaft. Solange ein Mensch seine Gesetze begriff und befolgte, hatte er nichts zu befürchten.

Während der ersten zweihundert Meilen würde der Colorado meine Lebensader durch diese Wüste sein. Ich hatte erwartet, dass der Fluss sich außerdem als Weggefährte erweisen würde, doch er blieb von Anfang an auf Distanz. Sein Hauptstrom floss breit und kraftvoll dahin, doch der Hauptstrom war nicht der ganze Fluss. Zu beiden Seiten erstreckten sich meilenweit dicke, grüne Binsenfelder, zwischen denen offene Wasserflächen glitzerten. Dazu dehnten sich Lagunen bis weit in die Wüste aus. Auf meiner Karte im großen Maßstab war der Fluss eine blaue Schlange, die sich zwischen den Fetzen ihrer abgelegten blauen Haut hindurchwand.

Wenn ich auf den Grat eines Höhenzuges stieg, sah ich den Hauptfluss manchmal, aber im Allgemeinen war er eine Meile oder noch weiter entfernt. Selbst wenn ich abends Wasser für mein Nachtlager holen ging, kam ich ihm selten näher als bis zum Rand einer vorgelagerten Lagune.

Dann machte ich eines Vormittags, als ungewöhnlicherweise der Himmel grau verhangen war, Rast an der Spitze eines Bergrückens. Und hier hatte ich den dahinjagenden Hauptstrom des Flusses zum ersten Mal fast zu meinen Füßen. Flussaufwärts zog er sich bleiern und düster dahin und schien entfernten dunklen Wolken zu entspringen, während er flussabwärts um eine Kurve bog und zwischen kahlen Hügeln verschwand.

Und auf diesem Bergrücken vernahm ich auch zum ersten Mal die Stimme des Colorado. Es war eine tiefe und mächtige Stimme. Sie hatte nichts von dem Lied eines Gebirgsbachs und auch nichts von dem Schmeicheln mäandernder Flüsse. Strudel und Wirbel grummelten dunkle Drohungen, als wollten sie die Wüste beeindrucken. Sollten ruhig Dämme den Lauf seines Wassers zügeln, schien der Fluss zu sagen, er habe sich dem Menschen dennoch nicht ergeben – und würde es auch niemals tun. Während ich dieser Stimme lauschte, begriff ich zum ersten Mal die Warnungen, ich solle dem Colorado nicht trauen, er sei »ein unfreundlicher Fluss, der Menschen nicht möge«. Lebensader hin oder her – dieser Fluss hatte in der Tat etwas Bedrohliches.

Am Imperial-Damm hatte mir ein Fischer erzählt, was ich während der sechzig oder siebzig Meilen bis nach Palo Verde, der nächsten richtigen Ortschaft, zu erwarten hätte. »Dieses Flussstück«, hatte er gesagt, »ist so ziemlich die letzte Ecke von Kalifornien, die man noch den alten Westen nennen kann. In der Nähe von Picacho lebt zum Beispiel ein Mann in einer Lehmziegelhütte, der behauptet, Wyatt Earp noch gekannt zu haben.«

Eine Woche lang wanderte ich durch diesen alten Westen.

Zuerst kam ich durch das unberührte Amerika, wie die frühen Siedler es vorgefunden hatten. Dann stieß ich zunehmend auf Gegenstände, die die Pioniere zurückgelassen hatten wie gebrauchte Requisiten auf einer verlassenen Bühne.

Das Stück hatte die Geschichte eines frühen Scharmützels aus dem langen Kampf des Menschen mit dem Colorado erzählt.

Seit der weiße Mann in den Westen gekommen war, hatte er versucht, den Colorado zu bändigen. Aber der Fluss hatte sich gewehrt. Die Waffen in diesem Kampf waren Bewässerung, Kanäle, Deiche, Talsperren und Kraftwerke gewesen. Und die Geschichte dieses Kampfes steht in der Wüste geschrieben. Denn der Fluss und die Wüste, die er durchläuft, sind unauflösbar miteinander verbunden. Die Farbe des Flusses stammt, genau wie sein Name, vom roten Wüstenboden (spanisch: colorado = rote Farbe). Und die Wüste trägt den Stempel des Flusses. Ehemalige Flussschleifen werden zu Sumpfgebieten oder Bodensenken oder tiefen Canyons, und die Höhenzüge und ausgetrockneten Flussbetten wurden von nagendem Wasser modelliert, das aus den Bergen in die tiefe Rinne floss, die der Fluss für sich selbst ausfräste.

Wenn der Mensch den Fluss zähmt, zähmt er daher auch die Wüste. Unterhalb des Imperial-Damms hat er das Wasser in einem Netz aus Bewässerungsgräben kanalisiert und ein flaches Wüstengebiet in fruchtbares Ackerland verwandelt. Oberhalb des Damms hat der Fluss seine Freiheit behalten – die Stoßtrupps, die der Mensch hier vor langer Zeit vorschickte, stießen auf heftigen Widerstand und mussten sich wieder zurückziehen. Hier und da hinterließen sie geringfügige Spuren auf dem Wüstenboden. Und die Wüste konservierte diese Spuren wie Museumsstücke der amerikanischen Geschichte.

Ich hatte die Regieanweisungen gelesen. Die Namen auf der Karte schienen dem Drehbuch einer Wildwest-Soap-Opera zu entstammen: Bear Gulch Bluff, Regan Slough, Adobe Lake, Draper Ranch, 4S Ranch. Doch die Draper Ranch und die 4S Ranch entpuppten sich als armselige kleine Ansammlungen windschiefer, verwitterter Gebäude – leere Hüllen, die zwanzig Meilen auseinander lagen.

Sie befanden sich in einer verdorrten Variante jener Westernszenerie, die jeder Fernsehzuschauer so gut kennt wie sein eigenes Wohnzimmer: tiefe, gewundene Canyons, in denen der Staub aufwirbelt, und einzelne Felsnadeln, die kantig vor dem Himmel aufragen. Anfangs kam ich in dieser rauen Landschaft nur langsam voran. Einmal brauchte ich sechs Stunden, um drei gerade Meilen zurückzulegen.

Ich kam jedoch besser voran, als ich an dem vorbei war, was die Karte »Picacho« (Ruinen) nannte. Irgendwie verpasste ich diese Bergbau-Hinterlassenschaften des alten Westens jedoch. Ich sah lediglich eine Piste, die aus der Welt da draußen kam, sowie ein paar mehr oder weniger moderne Schuppen zwischen staubigem Gestrüpp. Hinter Picacho jedoch stieß ich auf einen Pfad, den Wetback Trail.

Er lief parallel zum Fluss nach Norden. Und er war Teil des alten Westens und gleichzeitig auch wieder nicht. Wie eine Mauer, die sich durch mehrere archäologische Schichten zieht, war er vor den Ranches dagewesen, hatte während ihrer Lebensspanne existiert und sie bei weitem überdauert.

Als Erste waren vor fast einem Jahrhundert Mexikaner den Wetback Trail hinaufgekommen.[1] Seitdem hatten sie ihn mit kurzen Unterbrechungen ständig genutzt. Man hatte mir berichtet, dass sie noch kurz zuvor täglich in Gruppen von zwanzig oder dreißig hier ins Land geströmt waren. Doch mittlerweile passten die US-Grenzer sehr genau auf, sodass sich nur noch wenige »Wetbacks« der Achtzig-Meilen-Herausforderung von der Grenze nach Palo Verde stellten. Und noch weniger hatten Erfolg.

Die Wetbacks hatten einen guten Blick fürs Gelände. Obwohl sie ohne Karten durch eine höchst verwirrende Landschaft zogen, wählten sie so gut wie immer den günstigsten Weg. Im Verhältnis dazu kam ich mir sehr unbedarft vor – bis mir einfiel, dass jeder seine Schwachstellen hat. Gib einem Wetback eine Karte und er wird mit ihr Feuer machen. Setz ihn zur Stoßzeit im Stadtzentrum aus und er ist verloren wie ein Seemann in der Wüste.

Ich versuchte nur ein einziges Mal, schlauer zu sein als die Schöpfer des Trampelpfads. Der Umweg, den ich dabei in Kauf nahm, zeigte mir, wie oberflächlich die Zähmung der Wüste durch den Menschen war. Und ich bekam ein bisschen von dem Widerstand mit, auf den die Pioniere hier gestoßen waren – und warum sie sich schließlich hatten zurückziehen müssen. Auch die Antwort auf eine andere Frage ergab sich hier.

Eines Vormittags machte ich auf einer hohen Mesa – einem Tafelberg – Rast. Vor mir erstreckten sich, so weit ich sehen konnte, kahle, braune Höhenzüge. Sie waren

---

[1] Der Trail hat seinen Namen von den Mexikanern, die sich beim Durchschwimmen des Rio Grande, um illegal in die USA zu gelangen, einen nassen Rücken (engl. *wet back*) holen. – Anm. d. Ü.

lang und steil und unübersichtlich, und ich wusste, dass der Pfad sich Meile um Meile, Stunde um Stunde auf und ab und um sie herumwinden würde. Ich zog die Karte zurate. Sie zeigte mir hinter der ersten Gipfelkette einen schmalen Canyon, der vom Fluss weg aufwärts zog. An seinem Ende begann eine neue Schlucht, die etliche Meilen weiter im Norden zum Fluss zurückführte. Ein Umweg durch diese Canyons konnte mir womöglich einen halben Tag Bergauf-bergab-Schinderei ersparen.

Dieser Umweg barg allerdings gewisse Risiken. Ich hatte gehört, dass man in abgelegenen Schluchten die Skelette von Wetbacks gefunden hatte – Jahre nachdem sie verschollen waren. Zwei US-Grenzer, die mich an dem Nachmittag, an dem ich von der Grenze aus aufgebrochen war, als möglichen Wetback angehalten hatten, hatten mir versichert, wenn ich nicht planmäßig in Palo Verde einträfe, würden sie eine Suchaktion einleiten. Doch mir war klar: Wenn mir auf meinem Umweg durch diese Nebencanyons etwas zustieß, war die Chance, mich zu finden, höchst gering.

Andererseits hatte es mich vom ersten Moment an gelockt, diese Canyons zu erkunden.

An der nächsten Lagune füllte ich eine meiner beiden Halb-Gallonen-Feldflaschen, gab ein paar Wasser-Entkeimungstabletten dazu und wandte mich nach Westen, fort von meiner Lebensader.

Der Canyon begann als unbedeutender Spalt, der sich linker Hand zwischen zwei Felsgruppen öffnete. Er war so von Mesquite-Bäumen getarnt, dass niemand ohne Karte ihn hier vermutet hätte.

Jenseits des Zugangs schlängelte sich ein Sandstreifen zwischen steilen Wänden dahin. Die letzten Unwetter-Sturzbäche, die aus den Bergen herabgetost waren, hatten tote Zweige und Geäst und sogar ganze Baumstämme angehäuft. Es ging kein Lufthauch und der helle Sand reflektierte blendend das Sonnenlicht.

Bald hechelte ich Geröll- und Felshänge hinauf. Leuchtende Blumen milderten die ziegelrote Unwirtlichkeit. Die Hänge wurden steiler. Aber ich stieß nicht auf ernsthafte Hindernisse, und zwei Stunden nachdem ich den Wetback Trail verlassen hatte, kletterte ich aus dem Canyon-Ende auf ein offenes Plateau hinaus. Und dort fand ich die Antwort auf eine meiner ersten Fragen an die Wüste.

Überall um mich herum erstreckte sich kahles, braunes Gestein bis zu einem Horizont aus stumpfen Kuppen und spitzen Felsnadeln. Ich konnte in dieser unermesslichen Weite keinerlei Anzeichen von Leben entdecken. Außer zu meinen Füßen. Da reckten sich Blumen zwischen den Steinen und aus Felsritzen empor. Doch ihr Gelb und Weiß und Purpur existierte nur auf den paar Metern um mich herum – danach begann das Braun. Ich setzte meinen Rucksack ab und ging ein paar Schritte, um mir einen mit magentafarbenen Blüten geschmückten, platten Biberschwanzkaktus anzusehen. Zu meiner Verblüffung wuchsen um ihn herum jede Menge Blumen. Ich ging noch ein Stück weiter zu einem Ocotilla-Strauch, der sich mit seinen rotspitzigen Tentakeln gen Himmel reckte wie ein sonnenanbetender Krake. Dann sah ich nach unten – und stellte fest, dass ich immer noch zwischen lauter Blumen stand. Ich blickte zu meinem Rucksack zurück. Er stand auf nacktem, braunem Fels. Und da begriff ich plötzlich, dass die kahlen Berge in Wirklichkeit überhaupt nicht kahl waren. Es fiel mir zwar schwer, es zu glauben, aber ich wusste dennoch: In welche Richtung, zu welchem Gipfel des zackigen Horizonts ich auf dem braunen Gestein auch wandern würde, die Blumen würden mitkommen.

Etwas später begann ich den Abstieg in den zweiten Canyon. Mir war klar, dass das erst der eigentliche Test für mich war, denn es ist immer schwerer, abwärts zu klettern als aufwärts.

Der Canyon begann als steilwandige Rinne, die sich bald tief in den Fels biss. Aus den Wänden ragten bizarre Vorsprünge heraus. Wuchtige Überhänge schufen tiefe Schatten, in deren Kühle es von pelzigen, schwarzen Raupen nur so wimmelte. An einer Stelle verengte eine Verwerfung den Canyon derart, dass ich mich nur hindurchquetschen konnte, indem ich den Rucksack abnahm und hinter mir herzog. Ein andermal musste ich ihn an ein Nylonseil binden und eine Felswand hinablassen. Ich warf auch meinen Wanderstock aus Yuccaholz hinterher, kletterte hinunter und kam in ein natürliches Becken, in dem sich noch Wasser von den letzten Regenfällen befand. Es war zwar grün und stank und war voll von den schwarzen Raupen, aber jede Art von Wasser hatte hier etwas Beruhigendes.

Der Canyon wurde tiefer. Auf beiden Seiten reihten sich aus dem Gestein gefräste Felsnadeln aneinander, schier endlos, wie die Gitterstäbe eines Gefängnisses. Ich trottete durch weichen Sand, in den meine Füße einsanken. Jedes Mal wenn ich den Rucksack etwas zurechtrückte, kleckerte ein Rinnsal aus Schweiß an mir herab und vergrößerte das Feuchtgebiet um meine Hüften. Mein Gehirn wurde nicht mehr von tiefschürfenden Gedanken durchzogen – die Sonne hatte es gebacken. Ich hätte längst zu Mittag essen sollen, doch ich hatte beschlossen, erst zu rasten, wenn ich wieder in Sichtweite des Flusses sein würde, und eine Änderung dieses Plans war mir jetzt zu anstrengend. Mein Bewusstsein registrierte nur noch Hitze und Trockenheit und gleißendes Licht und Hunger.

Ich schleppte mich auf dem gewundenen, eingepferchten Sandstreifen dahin. Die Hitze drückte immer erbarmungsloser herab. Doch dann traten die Felswände ganz unvermittelt zurück und ich stand in einem breiten, trockenen Flussbett und eine Brise wehte von den Bergen herab. Zehn Minuten später sah ich das erfrischende Glitzern des Colorado.

Als ich wieder auf den Wetback Trail stieß, wurde mir klar, dass er das erste menschliche Anzeichen war, seit ich vier Stunden zuvor vom Fluss abgebogen war.

Die Wüste hatte zwar die Pioniere zum Umkehren gezwungen, doch ihr Vieh war geblieben. Immer wieder stieß ich auf Grüppchen von drei oder vier Hereford-Stieren und -Kühen, die die trockenen Wasserläufe nach Essbarem durchstöberten. Meist starrten sie mich einen Moment lang ungläubig an, dann galoppierten sie ab wie Rennpferde. Sie waren gut genährt und hatten glänzendes Fell, und ich fragte mich, wem sie gehören mochten.

An manchen Stellen hatten die Rinder den Wetback Trail so ausgetreten, dass ein flacher Graben entstanden war. Doch viel häufiger war er einfach nur ein kaum erkennbarer, fußbreiter Streifen ohne Pflanzenbewuchs, der über die Bergketten führte. In diesen Gebieten konnte man ihm leicht folgen. In den leeren Flussbetten jedoch, deren sandiger Grund fast jedes Jahr von Unwetter-Fluten überschwemmt wurde, verlor er sich. Diese trockenen Wasserläufe waren oft eine Meile breit, und es dauerte einige Zeit, ehe ich einschätzen lernte, an welcher Stelle der gegenüberliegenden Seite der Pfad weitergehen würde.

Irgendwo stieß ich auf die Scherben einer Weinflasche. Ansonsten fand ich nur einen einzigen anderen Hinweis auf die Menschen, die hier entlanggekommen sein mussten. Eines Morgens traf ich tief im Nirgendwo auf zwei flache Hütten aus Lehmziegeln und Ästen, die nah am Fluss standen. Unter den vielen Namen, die innen auf die Wände gekritzelt worden waren, befand sich nur ein nichtspanischer.

Der Pfad schwang sich an einer Stelle bis zur Spitze eines Bergrückens und berührte dort das Grundstück eines ausgebrannten Hauses. Unbehauene Steine von knapp Fußhöhe markierten den Umriss eines einzigen kleinen Zimmers. Etwas entfernt stand ein mächtiger eiserner Herd voller Rost und Risse. Das Haus stand oberhalb eines von Binsen umstandenen Sees und überblickte den Fluss in beide Richtungen meilenweit. Die Aussicht war blau und grün und rosa und braun.

Es war annähernd Zeit für meinen stündlichen Stopp, daher nahm ich den Rucksack ab und setzte mich neben dem Herd in die Blumen.

Unter mir raspelte ein sanfter Wind die Oberfläche des Sees auf. Schilf tuschelte. Etwas weiter zog der Fluss majestätisch vorüber. Und im Hintergrund wogte die Wüste ins Endlose. Die Welt bestand aus nichts als aus offenem Himmel und Farben, Reglosigkeit und Stille.

Ich malte mir aus, wie ein alter Mann seine letzten Jahre in diesem einfachen Steinhaus verlebte – allein, unbehelligt und zufrieden. Für jemanden, der mit sich im Reinen war, dürfte sich schwerlich ein besserer Ort finden lassen. Ich stellte mir vor, wie dieser alte Pionier die Einzelteile seines neuen Herds in seinem Boot den Fluss herabbrachte und sie eins nach dem anderen zu seinem selbst gebauten Haus herauftrug. Vor meinem geistigen Auge sah ich ihn abends im Schatten der Mauern sitzen und lächelnd den Blick »seinen« Fluss auf und ab schweifen lassen. Ich stellte mir vor, wie er ...

Mit einem Ruck setzte ich mich auf. Die Pause war bereits doppelt so lang geworden wie die bewilligten zehn Minuten. Ich lud mir den Rucksack auf und eilte den Wetback Trail entlang nach Norden.

Ich merkte, dass ich mich noch immer viel zu oft so beeilte wie jetzt. Während des ganzen hektischen Vorbereitungsmonats hatte ich geglaubt, dass ich die Hetze der Stadt abschütteln würde, wenn ich erst einmal unterwegs sei. Doch nun lief mein Unternehmen Gefahr, zu einem Wettlauf mit der Zeit zu werden.

Denn mit einem ganz realen Datum hatte ich nach wie vor zu kämpfen. Um nicht in unerträgliche Hitze zu geraten, musste ich das Death Valley – das »Tal des Todes« – am ersten Mai hinter mir haben. Das wiederum hieß, dass ich das Südende des Tals spätestens Mitte April erreicht haben musste. Fast sechs Wochen für dreihundertfünfzig Meilen. In der Theorie waren das weniger als zehn Meilen pro Tag. Das sollte eigentlich problemlos zu schaffen sein. Andererseits würde ich oft nur mühsam vorankommen, und ich hatte auch nicht vor, an allem Interessanten vorbeizujagen. Das ließ meine körperliche Kondition auch gar nicht zu: Meine Füße waren bei meinem Aufbruch weich, ich hatte Fett vom Stadtleben angesetzt und ich schleppte einen Fünfundzwanzig-Kilo-Rucksack, der sich anfühlte, als wiege er anderthalb Tonnen. Ich stand also von Anfang an unter Druck.

Natürlich hatte ich das alles vorher gewusst. Doch *ein* zeitraubender Faktor kam noch dazu, an den ich nicht gedacht hatte.

Daheim in San Francisco hatte ein Freund gesagt: »Du machst genau das, was wir alle eigentlich von Zeit zu Zeit machen müssten – wieder auf den Boden kommen, indem man sich mit konkreten Aufgaben beschäftigt statt immer nur mit theoretischem Zeug.«

Jetzt beherrschten die konkreten Aufgaben mein Leben. Der viertägige Testmarsch war schon ganz gut gewesen, aber alles hatte ich dabei auch nicht testen können. Immer noch schien ich Stunden mit Ernährungsfragen zuzubringen: Ich probierte Gerichte aus, knauserte mit Trockennahrungskrümeln wie ein Geizhals oder berechnete, ob die Vorräte bis Palo Verde reichen würden. Und dann die Kocherei. Feuerholz fand sich überall und Funkenflug stellte kein Problem dar (die Wüste ist merkwürdigerweise immun gegen Brandstiftung), doch das eigentliche Kochen war mit neuem Gerät und ungewohnten Lebensmitteln ein zeitraubender Prozess auf der Basis von Versuch und Irrtum. Und wenn ich nicht lief oder kochte, musste ich offenbar dauernd Gewicht umverteilen oder Schulterriemen verstellen, Socken waschen, Füße waschen, sie mit Alkohol einreiben, um die Haut zu härten, oder sie einpudern. (In dieser Phase konnte sich eine ordentliche Blase schlimmer auswirken als ein abgefahrener Reifen beim Beginn einer Autorallye quer durch den Kontinent.) Noch mehr Zeit ging beim Kartenlesen drauf sowie beim Abschneiden der nicht mehr gebrauchten Bereiche, um Gewicht einzusparen. Das Gewichtsproblem war sowieso immer akut. Ich führte heftige Debatten mit mir, ob ich meine Gabel zurücklassen sollte, und fasste dann den hirnrissigen Entschluss, noch ein halbes Gramm einzusparen, indem ich die Schildchen an meinen Teebeuteln abriss. Und die ganze Zeit über drehte sich in meinem Kopf ein Mühlrad aus Problemen: Wasser, Route, Lagerplatz, Fotos, Klapperschlangen und dazu tausend Kleinigkeiten.

Das mag lächerlich klingen, aber jeder, der schon einmal alleine gewandert ist, kennt solche Überlegungen. In der engen, kleinen Welt, in der man sich befindet, kann das kleinste Problem unvermittelt so gigantisch werden, dass es den ganzen Horizont ausfüllt. Einmal machte ich hoch oben auf einem Bergrücken halt, um den Film zu wechseln. Aber die runde Schraube am Boden der Kamera wollte sich nicht drehen lassen. Ohne Zange kam ich nicht weiter. Die Sonne verlor ihren Glanz. Die nächsten fünfzig Meilen kam eine fotogene Stelle nach der anderen. Nie wieder würde ich hier entlangkommen – einmalige Gelegenheiten waren für immer verloren. Nach einer Ewigkeit, die sich drei Minuten lang hinzog, fiel mir die Nylonschnur in meinem Rucksack ein. Ich wickelte sie um die Schraube und zog. Die Schraube drehte sich. Die Sonne gewann ihren Glanz zurück.

In meinem Gepäck befanden sich auch ein fünfteiliges Angel-Set und ein Taschenbuch, der erste Band einer fünfteiligen Philosophie-Reihe, den ich bis Oregon durchhaben wollte. Nach einer Woche hatte ich insgesamt eine halbe Stunde geangelt und keine zwei Seiten gelesen. Das Buch war dennoch nützlich: Es ließ sich in die Außenwand des Rucksacks schieben, wo es spitze Gegenstände daran hinderte, mir den Rücken aufzumeißeln. *Das* war ein konkretes Problem – eins von den vielen, die so ziemlich jede Stunde des Tages zu beherrschen schienen. Anders gesagt: Die Testphase war eigentlich noch gar nicht richtig vorbei.

Aber ich will die Beschäftigung mit solchen Banalitäten auch nicht überbetonen. Man läuft nicht Tag für Tag allein durch eine unberührte Wüste, ohne auf das Allein-sein zu reagieren. Man wird nicht einsam dabei; man fin-det stattdessen zu einer Art von Alleinsein, bei der man sich frei und zufrieden fühlt.

Am fünften Abend nach dem Imperial-Damm lagerte ich an einer Lagune. Ich wusch mich gerade an einer Stelle, an der der Schilfbewuchs eine Lücke offen ließ, als die Sonne hinter einer Bergkette in meinem Rücken un-terging. Die plötzliche Kühle ließ mich den Kopf heben. Die Schatten lagen bereits auf der Lagune und krochen jetzt über das Schilf hinter ihr. Über ihnen und weit hin-ter dem unsichtbaren Fluss glühten die Berge Arizonas wie geschmolzenes Gold. Die Schatten stiegen weiter und wischten nun auch das letzte Licht von dem Schilf. Ein Vogel schrie und verstummte wieder.

Ich stand still da und wartete darauf, dass das Licht auch auf den Bergen verlöschen würde.

Doch die Berge waren noch nicht so weit. Eine Kette der goldenen Spitzen entflammte. Schwarze Schluchten höhlten die Hänge aus und durchsetzten das wabernde Rot. Es wurde dunkler, die schwarzen höllischen Schluch-ten breiter. Und dann griffen die Schatten zu und brach-ten alles zur Ruhe und die Welt bestand nur noch aus verschiedenen Grautönen.

Ich stand bibbernd am Rand der Lagune, immer noch das Stück Seife in der Hand.

Nach dem Abendessen saß ich träge und glücklich an meinem Feuer. Das Schilf wimmelte jetzt vor Geraschel und Gegluckse und geheimnisvollen Schlürfgeräuschen. Frösche quakten mit der Nachtluft. Das Flackern des Feu-ers ließ unvermittelt Kreosot-Büsche aus dem Dunkel auftauchen und genauso plötzlich wieder verschwinden. In der Ferne jaulten Kojoten. Als es mir zu kalt wurde und ich in meinen Mumienschlafsack kroch, ließ ich die Verschlussbänder ein bisschen locker und machte mir über einem Ohr eine Aushöhlung. Nur Augen, Nase und Mund guckten jetzt noch raus, aber ich konnte dem Nachtleben im Schilf immer noch zuhören. Sehen konnte ich, bis ich einschlief, nur die Schwärze des Wüstenhimmels und Sterne, die manchmal an seiner Oberfläche klebten und manchmal ins Endlose zurückwichen.

Ich öffnete die Augen. Der blaue Himmel war voller riesiger, weißer Vögel, die in der aufgehenden Sonne rosa schimmerten. Sie segelten und kreisten in geordneter Formation, stiegen und wirbelten mit dem Wind, glitten auf mächtigen Flügeln mit schwarzen Spitzen dahin. Schwach vernahm ich das singende Rauschen der Luft in den Federn.

Es war eine sehr große Formation, in der es immer wieder Augenblicke gab, in denen sich kein einziger Flügel rührte und die Phalanx in majestätischer Eintracht über den Himmel glitt. Diese Augenblicke regloser, schwereloser Bewegung waren von solch elementarer Schönheit, dass ich unwillkürlich die Muskeln anspannte, als ich versuchte, sie zu fassen und andauern zu lassen. Dann schlug wieder ein Flügelpaar und ich konnte mich entspannen.

Allmählich löste sich die Formation auf. Die Vögel entfernten sich mehr und mehr, bis ich sie schließlich nicht mehr sehen konnte, selbst als ich mich aus meinem Schlafsack schälte und auf eine Anhöhe rannte.

An diesem Morgen wanderte ich geradezu juchzend weiter, doch zugleich lief ich auch mit einem gewissen Widerstreben. Ich wollte diese unverdorbene Landschaft nicht verlassen, in der die Blumen kein Ende nahmen und riesige Vögel unbehelligt ihre Kreise zogen. Ich wollte bleiben und dieses Refugium erforschen, dem der Colorado die Menschen vom Leib gehalten hatte, wollte dieses geisterhafte Echo des alten Westens erkunden, in dem nur die Pioniere von früher fehlten – jedenfalls kam es mir so vor. Aber mein Termin für das Death Valley stand. Außerdem reichten meine Lebensmittel nicht mal mehr für einen Tag und bis Palo Verde waren es noch über zwanzig Meilen. Die Karte zeigte mir mehrere vereinzelte Gebäude etwa fünfzehn Meilen südlich von Palo Verde. Sie konnten bewohnt sein oder auch nicht.

Als ich das erste dieser Gebäude erreichte, war es schon früher Nachmittag und der Wetback Trail war in einer wagenbreiten Piste aufgegangen. Die Hütte stand nah am Fluss auf einer flachen Landzunge aus Schotter. Ich ging auf die Landzunge hinaus.

Auf einem Morgen Wüste hatte sich das zwanzigste Jahrhundert breit gemacht. Auf ihm existierten keine Blumen, keine Büsche, keine Felsen. In seiner Mitte hockte die Hütte. Dach und Wände waren mit schwarzen Schindeln verkleidet. Neben ihr hatte sich ein uralter Pickup auf platten Reifen niedergelassen. Der kahle Schotter war mit alten Ölfässern, einer rostigen Schubkarre und mehreren Matratzen angereichert. Ein Müllhaufen wurde von einer kaputten Puppe gekrönt. An einem Zementmischer lehnte ein Schild: **Angeln und Jagen am Colorado.**

Ich setzte mich unter das vorspringende Dach, kochte mir Tee und verbrauchte meine letzte Tütensuppe. Ich versuchte die Hässlichkeit um mich herum zu ignorieren, aber sie drängte sich zu sehr auf. Und ein Schatten in meinem linken Augenwinkel wurde ständig zur Motorhaube des Lasters. Von einer Winde an seiner Stoßstange hing ein schlaffes Kabel herab und verschwand irgendwo.

Ein schwaches Geräusch ließ mich aufblicken. Ein kleiner Windwirbel – ein »Staubteufel« – kam über die Wüste heran. Er erreichte den Schotter und der Trichter aus wirbelnder Luft wurde greifbar und groß und dunkel von rotierenden Partikeln. Immer noch anwachsend kam er auf mich zu. Erst im letzten Moment wich er aus. Im Vorbeiflug verschluckte er ein herrenloses Stück Zeitung, saugte es senkrecht nach oben und spuckte es wieder aus. Es segelte immer noch weit oben durch die Luft, als der Wirbel auf Buschwerk stieß, an Kraft verlor und *diminuendo* zum Fluss hinunter zog.

Das Stück Zeitung flatterte vom blauen Himmel und landete neben dem Lastwagen. Einen Augenblick lang lag es dort auf dem Schotter, dann packte ein Windstoß es an einer Ecke und wirbelte es außer Sicht.

Ich saß im Schatten des Dachvorsprungs und starrte ins Sonnenlicht hinaus. Zum ersten Mal seit der Grenzstation fühlte ich mich einsam.

Eine Stunde vor Sonnenuntergang erreichte ich die Triple Slash Ranch.

Die heruntergekommenen, aber bewohnten Gebäude hockten unter zwei hohen amerikanischen Pappeln. Die Bäume warfen lange Schatten auf die Häuser, auf einen Hof und ein gepflügtes Feld. Jenseits des Flusses glühten die Berge noch bronzen, aber hier in der Stille unter den Pappeln war schon die kommende Kühle zu spüren.

Ich drückte das Tor zum Hof auf.

Ein Mädchen von vielleicht sieben riss einen Spielzeug-Bollerwagen in wilden Kurven hinter sich her. In dem Wagen hockte eine junge Ziege. Das Mädchen war braun gebrannt und blauäugig und hatte etwas Koboldhaftes. Die Ziege war braun und sah nicht gerade begeistert aus.

Das Mädchen sah mich durch das Tor kommen und hielt an. Die Ziege blickte dankbar auf.

»Hallo«, sagte ich, »sind deine Mama oder dein Papa zu Hause?«

Das Mädchen wich einen Schritt zurück.

Plötzlich wurde mir bewusst, dass ich ein schmutziger, bärtiger Fremder mit einem Rucksack und einem langen Stock war.

Nach kurzem Zögern sagte es: »Ja, Mam ist im Haus, aber Dad ist irgendwo draußen auf den Feldern.«

Ich klopfte an der Tür des einfachen, einstöckigen Hauses.

Die schmächtige blonde Mutter weigerte sich, Geld für den Zucker und das Salz zu nehmen, nach denen ich fragte. Und sie bestand darauf, dass ich einige Apfelsinen annahm. Sie hatte schwer mit ihrem Misstrauen zu kämpfen, aber ich konnte ihr nicht verdenken, dass auch sie erwähnte, dass »Dad irgendwo draußen auf den Feldern« war.

Das Mädchen, die Hand in der ihrer Mutter, fragte plötzlich: »Haben Sie vielleicht eine Idee, wie ich meine Ziege nennen soll? Wir haben sie heute erst gekriegt, weil mein Lamm gestern gestorben ist, und ich habe mich noch nicht richtig entschieden.«

Die Mutter lächelte.

»Ich *glaube*, ich nenne sie Brownie«, sagte das Mädchen mit so etwas wie zaghafter Entschiedenheit.

Wir dachten zu dritt über die Vorzüge des Namens Brownie für eine braune Ziege nach. Dann erkundigte ich mich nach Lagerplätzen. Zweihundert Meter die Straße hoch gab es eine gute Stelle vor einer Hütte am Fluss.

In der Nähe der Hütte angelte ich eine halbe Stunde, dann machte ich mir ein Feuer. Wenig später hörte ich Schritte in der Dunkelheit und ein großer, schlaksiger Mann betrat den Lichtkreis des Feuers. Das Mädchen von der Ranch hielt seine Hand fest.

»Meine Frau hat erzählt, Sie wären auf einer langen Tour«, sagte er. »Ich bin bloß aus der Gegend hier, aber wir dachten, vielleicht würden Sie gern mit zur Ranch kommen, mit uns zu Abend essen und im Gästezimmer schlafen.« Er trat näher heran und das Feuer beleuchtete sein längliches Gesicht. »Ich heiße Ira«, sagte er, »und das ist Terry.«

Wir gingen zu dritt durch die Dunkelheit zurück. Kurz bevor wir zur Ranch kamen, gab Terry ihrem Herzen einen Stoß: »Ich glaube, ich *nenne* sie Brownie«, sagte sie.

Das Haus war mit beinah schon öder Schlichtheit eingerichtet. Alles war alt, aber tadellos sauber.

Ira war in den frühen Dreißigern, Corinne ein bisschen jünger. Die Wüste hatte sie beide gegerbt und hager werden lassen – gehärtet, aber nicht gebrochen. Beide hatten sich stolz und energisch auf ihr Grundschulwissen gestützt und auf ihm solide, praktische Kenntnisse über die Wüste entwickelt.

Auch Terry lernte. Sie erklärte mir die Gewohnheiten verschiedener Eidechsenarten und sagte dann die Namen der häufigeren Wüstensträucher und -bäume auf. »Und Mam sagt, die Blumen sind dieses Jahr die schönsten, die ich für ganz, ganz lange sehen werde.« Ihre Augen rundeten sich vor Staunen. »Vielleicht für *zwanzig* Jahre!«

Ich war überrascht, als Ira mir sagte, dass die majestätischen weißen Vögel Pelikane gewesen seien. In meinen frühesten Erinnerungen höre ich meinen Großvater rezitieren:

Der Pelikan, so ist es Brauch
Hat mehr im Schnabel als im Bauch.

Und mein ganzes Leben lang hatte ich Pelikane für hässliche und komische Geschöpfe gehalten.

Wir setzten uns zu Tisch und Ira bat Gott um Segen für die Speisen. »Und gib uns, o Herr, die Gnade der Aufrichtigkeit ...«

Es gab Salat, dann Hähnchen und dann selbst gebackene Torte. Ich musste an die letzten Würfel aus Trockenkartoffeln in meinem Rucksack denken.

Während wir aßen, fragte ich nach den wohlgenährten Hereford-Rindern, die ich zwischen der Draper Ranch und der 4S Ranch gesehen hatte.

»Das sind unsere«, sagte Ira. »Die laufen problemlos dreißig Meilen nach Süden runter. Meistens bleiben sie nah am Fluss, aber wenn es genug geregnet hat, gehen sie auch zehn Meilen in die Berge rein oder noch weiter. Dann sind sie höllisch schwer zu finden.«

»Mit denen ist es immer schwer«, sagte Corinne. »Ich reite oft mit Ira raus und diese Viecher gehen genauso schnell durch das Buschwerk wie ein Pferd nach einem langen Tag. Und im Sommer wird's hier draußen heiß – an die fünfundvierzig Grad. Trotzdem lebt sich's hier gut ... solange einem keine Klapperschlangen über den Weg laufen. Nein, nein, Sie müssen sich keine Sorgen machen, so früh im Jahr sind noch nicht viele unterwegs.«

»Wie klingt dieses Klappern eigentlich genau?«

»Uuuuh, das läuft einem kalt den Rücken runter«, sagte Corinne. Dabei lief es ihr anscheinend tatsächlich kalt den Rücken runter.

Ira grinste. »Na ja, so schlimm finde ich's nun auch wieder nicht, aber trotzdem ...«

40

»Ist ja auch egal, aber wenn Sie es einmal gehört haben, vergessen Sie es nie mehr«, sagte Corinne.

»Und Sie meinen nicht, dass ich es mit was anderem verwechseln könnte?«

»Nein«, sagte Ira, »das verwechseln Sie mit nichts.«

Nachdem Terry ins Bett gesteckt worden war, schaltete Ira das Radio ein. In den Nachrichten drehte sich das meiste um den Wettlauf im All.

»Das lässt einen hier draußen ziemlich kalt, oder?«, sagte ich, halb zu mir selbst.

»Ja«, sagte Ira schlicht, »ziemlich.« Dann hob er plötzlich den Kopf. »Was hat das alles mit uns zu tun? Wir wollen nichts als unseren Frieden und unsere Ruhe.« Einen Augenblick lang saß er still da und starrte auf das karierte Tischtuch. »Hören Sie, während Sie unterwegs sind, könnten Sie wohl die Augen nach einem Plätzchen offen halten, von dem Sie meinen, es könnte was für uns sein? Wenn's geht, nah am Fluss, damit wir genauso bewässern könnten wie hier. Wobei – irgendwelches Wasser müsste natürlich schon da sein …«

»Und niemand in der Nähe«, sagte Corinne.

»… nur so was Kleines wie hier, wo wir uns selbst versorgen können. Es war hier immer völlig ruhig, aber in den letzten Jahren sind zu viele Leute hergekommen. Jetzt gibt's nicht weit flussaufwärts alle möglichen Hütten und sogar ein paar den Fluss runter.«

Ich erwähnte die schwarze Hütte, bei der ich gerastet hatte.

»Ja, da hat einer jahrelang versucht, Urlauber zum Angeln und Jagen herzukriegen. Ich glaube, er hat's jetzt gerade aufgegeben … dem Himmel sei Dank! Aber das zeigt genau, wohin die Sache hier läuft. Und es wird noch schlimmer werden. Also, vergessen Sie's nicht – wenn Sie ein Fleckchen sehen, von dem Sie meinen, es könnte was für uns sein ...«

Erst als ich schon im Halbschlaf im Gästezimmer in meinem ersten Bett seit Mexiko lag, begriff ich schlagartig, was ich mit der Triple Slash Ranch gefunden hatte. Ich hatte gedacht, der alte Westen hätte an der schwarzen Hütte aufgehört. Und ich hatte mich darauf eingestellt, dass ich keinem Pionier näher kommen würde als in meinem Tagtraum von einem alten Mann, der seine letzten Tage in einem Steinhaus mit schöner Aussicht verlebt. Doch diese Ranch hier war kein Viereck aus Steinen mit einem kaputten Herd davor. Sie war lebendige Wirklichkeit. Und Ira und Corinne wollten jetzt genau das tun, was Pioniere schon immer getan hatten, wenn die Zivilisation näher rückte: Sie wollten wieder losziehen und ihre Freiheit in dem weiten, ungebändigten Land suchen, das vor ihnen lag.

Gegen zehn Uhr am nächsten Vormittag lief ich, von Hitze und Sonne halb bewusstlos, weiter den Wetback Trail entlang, als ich um eine Ecke bog und zurückprallte, als hätte mich jemand ins Gesicht getreten.

Quer über dem Pfad lag, anderthalb Meter vor mir, eine gewundene, braune Boshaftigkeit. Als ich mich zurückzog, klapperte sie. Das Geräusch war hart und trocken. Der Rhythmus war anfangs nicht schneller als ein Außenbordmotor und steigerte sich zu einem rasenden Höhepunkt, der fast ein Zischen war.

Ich nahm meinen Rucksack ab, machte eine meiner beiden Kameras fertig und wagte mich wieder vor.

Die Schlange hatte sich nicht fortbewegt. Ihr flacher, diamantförmiger Kopf reckte sich stoßbereit in die Luft. Die Augen fixierten meine nackten Beine. Gelegentlich zuckte eine gegabelte Zunge hervor. Der Hals bildete einen starren, bedrohlichen Bogen. Hinter ihm wand sich mehr als ein Meter braunen Körpers bis zu der erhobenen Klapper.

Heftig atmend stellte ich aus zwei Meter Entfernung die Kamera scharf. Lidlose Augen starrten in den Sucher. Als ich den Apparat senkte, fixierten sie wieder meine nackten Beine. Ich spürte Schweiß auf dem Rücken. Es war etwas Böses an diesem gewundenen Körper auf dem heißen Gestein, an dieser Aura lauernder Macht, an der abstoßenden Schönheit der klaren Zeichnung. Es war etwas Böses, das sich wellenförmig ausbreitete.

Ich legte den Fotoapparat weg und griff nach dem Yucca-Stock.

Die Schlange begann sich talwärts zu bewegen. Sie glitt langsam, mit sparsamen Körperbewegungen zwischen den Steinen hindurch, den Kopf immer noch starr zurückgeworfen. Ihre Zunge flackerte in meine Richtung. Ich hörte ein ganz leises Zischeln.

Mit hoch erhobenem Stock ging ich in Reichweite. Sie zischte wieder, diesmal lauter. Langsam senkte ich den Stock bis etwa einen Meter über dem Boden und hielt ihn so, während die Schlange an einem Steinbrocken entlangglitt. Schließlich kam ihr Kopf ins Freie.

Ich ließ den Stock mit aller Kraft herunterkrachen.

Die Schlange krümmte sich zusammen. Der Stock zerbrach. Eins der Stücke sprang hoch und traf mich über dem linken Auge. Als ich wieder klar sehen konnte, krümmte sie sich immer noch in Zuckungen. Ich schlug mit dem Rest des Stocks noch einmal zu. Die Zuckungen wurden heftiger; der Stockrest zerbrach erneut. Ich schleuderte Steine auf den blutigen Schlangenkopf. Die Zuckungen ließen nach, hörten fast auf.

Ich setzte mich auf einen Felsblock. Jetzt, da ich Zeit zum Denken hatte, erkannte ich, dass ich in mehr als einem Sinn aus dem Gleichgewicht geraten war, als ich anfangs so entsetzt zurückprallte. Ich hatte genau das Gegenteil von dem getan, was vernünftig war: ruhig stehen bleiben, bis die Schlange sich außer Bissweite bewegte. Ich hatte mich bedroht gefühlt, doch nun, da ich sicher auf einem Felsen saß und auf die Schlangenleiche blickte, wusste ich, dass diese Wellen der Angst in Wirklichkeit in umgekehrter Richtung geflossen waren. Ich war alles andere als stolz auf mich.

Und außerdem kam ich mir ziemlich dumm vor. Eins meiner Knie blutete, weil ich beim Zurückstolpern an einem Stein entlanggeschrammt war, und über meinem Auge bildete sich eine Schwellung.

Die Schlange lag zwischen braunen Steinen. Ihr dicker brauner Körper war im Zickzack mit einem rautenförmigen Muster gezeichnet. Der Schwanz lief in einen zigarrenförmigen Stummel aus, der – ähnlich wie der Schwanz eines Waschbären – vier schwarze und weiße Ringe trug. Diese Ringe glänzten, als wären sie farbig lackiert worden. Am letzten dieser Ringe setzte die Klapper an – eine spitz zulaufende Doppelreihe strohfarbener Perlen, die wie ein Zwergmaiskolben aussahen, der zwischen zwei Bretter geraten war.

Als ich gerade mein Knie mit einem Pflaster beklebt hatte, kam die Schlange wieder zu sich. Obwohl ihr Kopf nur noch eine blutige Masse war, begann sie sich mit neuer Kraft zu bewegen. Ich warf noch einen Stein. Daneben. Noch einen. Die Schlange schlug in Todeszuckungen aus, dann zog sie sich zu einer engen Schlaufe zusammen und starrte mich durch vertrocknendes Blut an. Wieder spürte ich Wellen der Boshaftigkeit. Ich warf noch mehr Steine. Selbst als der Kopf nur noch Brei war, bewegte sich der Körper immer noch. Wenn ich die kalten Schuppen berührte, hob sich die Rassel ein bisschen und klapperte schwach. Wenn ich mit dem Fuß in der Nähe aufstampfte, schnellte sie empor und klapperte heftig.

Als die Schlange endlich still liegen blieb, maß ich sie mit einem Stück der Nylonschnur. Sie war ein Meter siebzehn lang. Dann hielt ich sie an ihrem zerschmetterten Kopf hoch und machte ein Selbstporträt. Und schließlich schnitt ich die zwölfperlige Rassel ab.[2]

Als ich schließlich den Wetback Trail in Richtung Palo Verde weiterlief, kam ich mir vor, als hätte ich gerade einen Initiationsritus der Wüste erlebt.

Auf den hundert Meilen jenseits von Palo Verde hat der Mensch den Colorado und seine Wüste teilweise gezähmt.

Das Tal, in dem Palo Verde liegt, hat er sich vollkommen unterworfen: Obstgärten und Felder machten es zu einem grünen Schachbrett. Doch jenseits der künstlichen Bewässerung lief ich durch eine Wüste, die zumindest auf den ersten Blick kaum Tankstellen oder Freizeiteinrichtungen enthielt.

---

[2] Die Tradition der Wüste schreibt vor, dass man seinen Sieg an der Klapper bemisst: Jede Perle, so die Argumentation, steht für ein Lebensjahr, daher ist die Schlange um so erfahrener und gefährlicher, je mehr Perlen ihre Klapper hat.

Viel später entdeckte ich, dass dies zu der dichten Wolkendecke aus Mythen gehörte, die die Klapperschlangen einhüllt. In den seltenen Fällen, in denen die Klapper vollständig ist, verweist sie in der Tat darauf, wie oft die Schlange sich gehäutet hat. Doch die Anzahl ihrer Häutungen entspricht nicht genau der ihrer Lebensjahre. Und das Alter ist natürlich kein Gradmesser für die Gefährlichkeit.

Eine Fernstraße lief neben dem Colorado her. Alle acht bis zehn Meilen gab es an ihr eine Tankstelle oder eine Raststelle oder ein Camp für Angler. Und überall auf dem Fluss fuhren leuchtend bunte Boote herum, die vor lauter Angelruten etwas Igelhaftes hatten.

Weil mich der Zeitplan für das Death Valley drückte, hastete ich fast sechzig Meilen weit an der asphaltierten Straße entlang.

Zwei Wochen zuvor war ich auf ebendieser Straße per Auto in Südrichtung gefahren. Damals hatte der Wagen uns in stoßgedämpfter Ruhe dahingetragen. Jetzt waren Autos vorbeifauchende Monster, die die Luft zerrissen. Sie hinterließen einen staubigen, ungesunden Nachgeschmack.

Die Fahrt nach Süden hatte mir keine deutliche Vorstellung von der Landschaft verschafft. Meile um gleichförmige Meile war die Wüste vor den Wagenfenstern wie ein unscharfer Film vorbeigelaufen, fast geruchlos und ohne Struktur. Doch jetzt, zu Fuß, nahm ich die entscheidenden Einzelheiten wahr, die eine bloße Gegend zu einer lebendigen Landschaft machen. Schmetterlinge flackerten wie Kaleidoskope. Heuschrecken raspelten die Luft. Einen Moment lang befand ich mich in einem Backofen, im nächsten wehte mir ein kühler Berghauch ins Gesicht. Ich ging zu einem dunklen Fleck neben der Straße, der einem Autofahrer nur als vorbeihuschender Schatten unter Tausenden erschienen wäre – und er gewann Kontur und wurde zu einem natürlichen Beet aus violetten Blumen. Ein braunes Etwas zur Linken wurde zu einem dicken, fassartigen Kaktus, der, wie eine modebewusste Frau, seine Rippen als markante Längsstreifen trug. Und die Ferne rückte näher. Berge zogen langsam wie entfernte Schiffe vorüber; ich konnte jede Änderung der Kontur, jede neue Farbnuance bewusst aufnehmen.

Sobald ich aber die Straße verließ, war ich wieder »in« der Wüste. Eine langbeinige Eidechse huschte schutzsuchend hinter einen Busch und wirbelte dabei mit den Füßen kleine Staubwolken auf. Ehemals schlammige Stellen waren gebacken worden und zu komplexen Mosaiken aufgeplatzt. Bienen summten über gelbe Blumenbänke, und die Blumen selbst wuchsen so dicht, dass meine Stiefel bald gelb vor Pollen waren.

Am zweiten Vormittag bremste quietschend ein Motorradfahrer und bot mir an, mich mitzunehmen.

Als ich ablehnte, schob er seine Mütze zurück. »Ja, wieso, um Himmels willen, wollen Sie denn unbedingt durch diese Einöde *laufen*?«

»Na ja«, sagte ich, »es gibt überall was zu sehen. In diesem Jahr sind allein die Blumen ein guter Grund.«

»Blumen?«, fragte er. »Was für Blumen?«

Doch die Leute, die tatsächlich in dieser halb gezähmten Wüste lebten, wussten oft eine ziemliche Menge über ihre Umgebung.

Ich begegnete Mr. Tuttle in einer Raststätte an der Straße. Er war groß und knorrig und vielleicht fünfundsechzig. Er betrat das Lokal mit einem langen Bambusstock, der an einem Ende eine Drahtschlaufe hatte. Als er meinen Rucksack sah, änderte sich sein mürrischer, falkenhafter Gesichtsausdruck.

»Den Fluss lang? Da müssen Sie an der Triple Slash Ranch vorbeigekommen sein.«

»Ganz richtig. Ich habe bei Ira und Corinne übernachtet.«

»Na, sieh einer an! Mutiger Mann, dieser Ira. Ich weiß noch, einmal haben sie ihn geschnappt, als er fünf Wetbacks mit seinem Wagen nach Palo Verde brachte. Haben ihn verhaftet und angeklagt. ›Wissen Sie, dass ich Ihnen dafür zwanzig Jahre geben kann?‹, hat ihn der Richter gefragt. ›Weiß ich‹, sagte Ira. ›Aber das waren Leute wie Sie und ich, bloß dass sie Hunger und Durst hatten. Und das Tal ist voll von ihnen.‹ Schließlich haben sie ihn laufen lassen – ›weil das Tal voll von ihnen ist‹, hat der Richter gesagt.«

Mr. Tuttle war Klapperschlangenkenner. Er war sogar schon gebissen worden. »Aber das ist schon zwanzig Jahre her«, sagte er und streifte das Hosenbein wieder über die Narbe an seiner Wade. »Damals hatte ich noch keine Ahnung.« Er zeigte mir, wie er die Drahtschlinge an seinem Stock über einen Schlangenkörper schob. »Mit dem Stock habe ich massenhaft Sicherheitsabstand«, sagte er. »Man kann nachlesen, dass Klapperschlangen über Entfernungen von zwei Dritteln ihrer Länge zuschnappen können. Vielleicht stimmt das, aber ich bezweifle es. Eher über die Hälfte ihrer Länge. Aber dafür können sie aus jeder Lage zuschlagen; sie müssen sich nicht erst zusammenrollen, wie manche glauben. Man muss sich bloß immer dran erinnern, dass sie nie von sich aus angreifen. Sie haben mehr Angst als man selbst. Sie können vielleicht auf einen zukommen, aber das passiert dann aus anderen Gründen, meistens weil es bergab geht.«

Ich erzählte, wie meine Klapperschlange sich wieder erholt hatte, nachdem ich mir schon sicher gewesen war, dass sie tot war.

»Kenn ich«, sagte Mr. Tuttle. »Ich hab einer mit dieser Drahtschlinge hier eine halbe Stunde lang den Hals abgeklemmt und sie dann beiseite geworfen – und fünf Minuten später fing sie an wegzukriechen. Sie müssen den Schädel wirklich plattschlagen. Aber wenn Sie nicht an den Kopf drankommen – wenn er unter einem Busch steckt oder so –, dann brechen Sie ihr das Rückgrat. Schlagen Sie einfach quer über den Körper, wenn's geht in Schwanznähe, wo er am schwächsten ist. Danach können sie nicht mehr viel machen. Wenn sie merken, dass sie mehr als bloß verletzt sind, beißen sie sich oft selbst. Danach sterben sie ziemlich schnell.«

Mr. Tuttle hatte auch einiges zu diesem Thema gelesen. Er erzählte mir von einem Experiment, bei dem zwei Ballons – einer mit warmer und einer mit kalter Luft – wiederholt in den Käfig einer gefangenen Klapperschlange hinabgelassen worden waren. Die Schlange hatte immer den warmen angegriffen.

»Thermometer im Kopf«, erläuterte Mr. Tuttle.

Klapperschlangengift, sagte er, halte sich jahrelang. Ein Rancher in der Gegend habe eines Tages ein Paar Stiefel von seinem Vater angezogen, die er in einem Schrank gefunden hatte. Der Vater war schon zehn Jahre tot, aber die Stiefel waren noch in gutem Zustand. Am nächsten Tag war eins seiner Beine angeschwollen und wurde schnell schlimmer. Schließlich ging er zu einem Arzt – gerade noch rechtzeitig, um eine Amputation zu vermeiden. Die Diagnose lautete auf Klapperschlangengift. Der Rancher sagte, er habe seit Monaten keine Klapperschlange zu Gesicht bekommen. Doch dann fiel ihm ein, dass sein Vater ein Jahr vor seinem Tod eine Begegnung mit einer gehabt hatte, während er diese Stiefel trug. Der Arzt kam dann zu dem Schluss, dass einer der Giftzähne dabei abgebrochen und im Leder stecken geblieben sein musste. Elf Jahre später hatte sich der Sohn daran geritzt.

»Gibt es in der Gegend hier noch andere Giftschlangen?«, fragte ich Mr. Tuttle.

»Schlangen nicht, nein. Aber es gibt ein paar Schwarze Witwen. Sie sind ziemlich klein und haben runde Körper, kaum so groß wie Murmeln. Außer einem roten Fleck in Form einer Sanduhr auf ihrem Bauch sind sie völlig schwarz. Widerliche Biester. Man begegnet ihnen allerdings nicht oft. Sie bleiben meist in dunklen Ecken.«

»Gibt es sonst noch was?«

»Tja, angeblich soll es hier Krustenechsen geben. Aber sie sind äußerst selten. Ich habe selbst nie eine gesehen. Klapperschlangen sind eigentlich das Einzige, worauf Sie achten müssen.«

»Das heißt, ich kann davon ausgehen, dass jede andere Schlange harmlos ist?«

»Genau. Aber Sie sollten nicht vergessen, dass Klapperschlangen ihre Klapper verlieren können. Sonst gibt's hier sowieso nicht viele Schlangen, allenfalls vielleicht noch Peitschenschlangen. Die sind ziemlich harmlos. Lange, dünne Dinger, hellrot. Aber flott sind sie. Da muss man sich schon anstrengen, um mitzuhalten. Wenn man plötzlich anhält und in die andere Richtung läuft, machen sie manchmal kehrt und kommen hinter einem her. Dann dreht man um und läuft wieder auf sie zu, und zack, düsen sie wieder ab. Und so weiter. Ich hatte auf diese Art schon viel Spaß mit denen.« Mr. Tuttle lachte still in sich hinein. Sein längliches Gesicht faltete sich zu einem Muster, das den düsteren, falkenhaften Ausdruck endgültig auslöschte.

»Leben Sie schon immer hier?«, fragte ich.

»Nein, erst viereinhalb Jahre. Aber es gefällt mir hier. Ich hab ganz in der Nähe ein Fleckchen, wo mich niemand stört.« Er blickte in die Runde, um sich zu vergewissern, dass niemand zuhörte. »Da oben hab ich so viel freie Wildbahn, wie ich will. Jeden Tag füttere ich hundert Wachteln und Kaninchen direkt vor meiner Haustür.«

Wenig später erhob sich Mr. Tuttle, um zu gehen. Als wir uns die Hand gaben, sagte er:»Probieren Sie bei Ihrem nächsten Stock mal Kalkutta-Bambus. Geben Sie sich mit nichts unter halbsteifem Bambus zufrieden. Und wickeln Sie Klebeband drum, sobald er anfängt auszutrocknen, sonst splittert er. Na dann, ich hoffe, es klappt alles, auf Ihrer Tour … und ich hoffe, ich konnte Ihnen ein bisschen nützlich sein.«[3]

An den nächsten beiden Tagen hatte ich zweimal Veranlassung, an Mr. Tuttle zu denken.

Zunächst war da die Klapperschlange.

Sie klapperte mich an (vielleicht auch einen vorbeifahrenden Cadillac), als ich am nächsten Morgen auf der Fernstraße weitermarschierte. Sie war insgesamt eine Nummer größer als meine erste und das Böse strahlte fast genauso stark von ihr aus. Als sie eine Geröllböschung herab auf mich zuglitt, sagte ich mir wieder und wieder: »Klapperschlangen greifen nie von sich aus an. Sie können vielleicht auf einen zukommen, aber das passiert aus

---

[3] Viele Monate später wurde mir klar, dass Mr. Tuttle ein genauso typischer Wüstenbewohner war wie seine Klapperschlangen. In der wabernden Mythenwolke, die über den Klapperschlangen liegt, gibt es nämlich auch beständige Elemente, und die werden von einer ganz bestimmten Art von Geschichtenerzählern bewahrt. Scharfe Beobachter wie Mr. Tuttle liefern einem – zusammen mit erstklassigen Informationen aus erster Hand – Märchen, die seit Generationen überliefert werden.

Eins davon ist die Geschichte, dass sich verwundete Klapperschlangen durch einen Biss selbst umbringen. Sie mögen herumwüten, willkürlich zuschnappen und sich dabei versehentlich auch selbst beißen, aber damit hat sich's. Im Gegensatz zum Menschen haben Tiere aller Wahrscheinlichkeit nach keine Vorstellung vom Tod, ganz zu schwei-

anderen Gründen, meistens weil es bergab geht.« Dann ging ich zur Seite. Die Schlange schien sich auf meinen Rucksack zuzubewegen, den ich abgenommen und in der Sonne stehen gelassen hatte. Eingedenk des »Thermometers im Kopf« und des Gifts, das sich »jahrelang hält« zog ich ihn außer Reichweite. Die Schlange schlüpfte in ein Kreosot-Gestrüpp und ließ nur ein paar Zentimeter ihres Schwanzes sehen. Ich schnitt einen Stock ab und ließ ihn so weit oben auf ihrem Körper wie möglich herunterkrachen. Ein Kopf tauchte aus dem Gestrüpp auf und bewegte sich schwach hin und her. Das war alles. Ich hatte eigentlich abwarten wollen, ob die Schlange sich selbst beißen würde, aber das arme Geschöpf wirkte so jammervoll und hilflos, dass ich ihm schnell den Kopf plattschlug.

Und dann war da die »Fata Morgana«.

Die Autostraße beschrieb eine weite Schlaufe, weg vom Colorado, daher hatte ich eine Zehn-Meilen-Abkürzung über eine kahle, braune Mesa genommen, die sich am Fluss entlang zog. Gegen vier Uhr erblickte ich einen Streifen aus frisch leuchtendem Grün, der knapp über dem Horizont im Hitzedunst flimmerte.

gen von der Möglichkeit, ihn sich selbst zuzufügen. Wie auch immer: Klapperschlangen sind gegen ihr eigenes Gift weitestgehend immun.

Die Legende vom tödlichen Stiefel gehört zu den beständigsten Klapperschlangen-Geschichten überhaupt. In *Rattlesnakes*, der »Bibel« zum Thema Klapperschlangen, berichtet Laurence Klauber, dass sie bereits in einem Manuskript steht, welches 1714 vor der Royal Society of London verlesen wurde. Damals passierte das Missgeschick drei Ehemännern hintereinander in Virginia. Mit dem Zug der Pioniere gen Westen wandelte sich die Geschichte, setzte sich aber auch weiter durch. Heute ist sie in hunderten von Varianten zu finden. Allerdings ist die Giftmenge, die auf einem Klapperschlangenzahn erhalten bleiben kann, verschwindend gering, und zudem verliert die Substanz an der Luft schnell ihre Giftigkeit.

»Eine Fata Morgana!« dachte ich. »Eine richtige Fata Morgana!«

Eine halbe Stunde später lief ich an einem Feld mit sehr wirklichem, prallem, grünem Hafer entlang, der wie Taft raschelte.

Außerhalb des Feldes, dicht bei einem flachen Bewässerungsgraben, hatte der sandige Boden tiefe Risse. Eine schwarze Spinne, deren Körper etwa murmelgroß war, brachte sich vor meinem Stiefel in Sicherheit. Ich ging in die Hocke und nahm sie in Augenschein. Die Spinne zögerte kurz, dann schlüpfte sie seitlich in einen der Risse. Als ihr Körper sich drehte, konnte ich auf ihrer Unterseite einen roten Fleck erkennen. Er hatte die Form einer Sanduhr.

Hinter dem Haferfeld fand ich den Ranch-Verwalter vor einer Reihe großer, neuer Wirtschaftsgebäude.

»Das ist sogar ganz bestimmt 'ne Schwarze Witwe«, sagte er. »Diese verdammten Biester gibt's hier haufenweise.«

»Ich dachte, die halten sich nur in dunklen Ecken auf.«

»Und ich weiß nur, dass es ihnen hier offenbar völlig schnuppe ist, wo sie rumlaufen. Normalerweise lassen sie einen in Ruhe, aber es gibt Zeiten, da sind sie tödlich. Ich stand mal mit ein paar Mexikanern genau in demselben Feld da drüben, als einer von ihnen sich plötzlich über den Arm fuhr, als hätte ihn was gejuckt. Und dabei wischte er sich 'ne Schwarze Witwe vom Ärmel. Innerhalb von Minuten lag der Kerl flach. Zum Glück war damals gerade ein Arzt auf der Ranch. Er war ziemlich schnell da und er kriegte den Mann auch wieder auf die Beine. Er war zwar 'ne Weile krank, aber es war nicht allzu schlimm. Der Arzt sagte, wenn er nicht rechtzeitig geholt worden wäre, hätte der Mann durchaus sterben können.«[4]

Der Verwalter war zu recht stolz auf seine Ranch. »Vor sechs Jahren«, sagte er, »war das hier nichts als ein gewöhnlicher Streifen Mesa. Vielleicht ein bisschen platter als üblich – deswegen haben wir ihn gekauft. Aber sonst wie alle anderen. Und jetzt haben wir dreihundert Hektar mit den besten Citrusbäumen, mit Hafer und Luzerne am ganzen Colorado.«

»Und wo kriegen Sie das Wasser her?«, fragte ich. Für die übliche Bewässerung schien mir die Ranch zu hoch über dem Fluss zu liegen.

»Brunnen«, sagte der Verwalter. »Komplett aus Brunnen. Wir pumpen jeden Tropfen rauf. Das macht das Ganze natürlich teuer – letztes Jahr haben wir zum ersten Mal Gewinn eingefahren. Aber jetzt spitzen alle die Ohren und verfolgen die Sache. Das ganze Land rund herum ist aufgekauft worden und jetzt warten sie alle bloß, was passiert. Wenn wir richtig in die Gänge kommen, könnten wir die ganze Wüste umkrempeln. Das ist so etwa die Größenordnung: die ganze Wüste umkrempeln.«

Ich ging durch eine Obstplantage weiter. Die Luft war kühl und feucht. Meine Füße versanken in weicher Erde. In ungepflügten Ecken wuchs dickes Gras.

Dann hörten die Bäume auf und ich betrat wieder die ungezähmte Wüste.

Ihr Atem fiel über mich her wie der Strahl aus einem

---

[4] Ein Freund von mir, der sich ernsthaft mit den Überlieferungen der Wüstenbewohner befasst, war ganz hingerissen, als er von diesem Gespräch erfuhr. »Du hast wahrscheinlich kaum präzise Informationen über Schwarze Witwen bekommen«, meinte er, »aber du hast ganz bestimmt etwas über die Vorstellungskraft von mexikanischen Arbeitern, von Ärzten und von Ranchern erfahren.«

Föhn. Meine Füße knirschten über Steine und Geröll. Das Licht der Sonne prallte zurück, als sei es etwas Festes. Vor mir glänzten Kreosot-Büsche endlos bis hin zu blauen Anhöhen.

Zwanzig Minuten später hielt ich an, um mich umzuschauen. Die Ranch war zu einer flirrenden, grünen Linie am geraden, braunen Horizont zusammengeschrumpft.

Jeder Mensch, der seine fünf Sinne beieinander hatte, hätte sie für eine Fata Morgana gehalten.

Am nächsten Tag entdeckte ich, dass die halb gezähmte Wüste auch noch die Spezies »Wüstenratte« beherbergte. Innerhalb weniger Stunden traf ich auf zwei waschechte Exemplare davon.

Chickenhouse Smith lebte unter einer Tamariske. Er war ein sehr gewöhnlich aussehender, konventionell gekleideter Mann Mitte fünfzig. Sein Haus war eine geniale Konstruktion. Außer den Ästen der Tamariske besaß es kein Dach. Aufeinander gestapelte Apfelsinenkisten bildeten zwei Wände inklusive einer Fülle von Regalfächern. Wenn man es nicht so genau nahm, umschlossen die Wände ein Bett, ein halbes Dutzend Stühle, zwei Tische, zwei Kühlschränke, einen Hund und etliche Glühbirnen, die einem in der Luft hängenden Kabel entsprossen. »Draußen« vor dem Haus stand ein uraltes Packard Coupé.

»Solche Wohnungen hab ich in der ganzen Wüste«, sagte Chickenhouse Smith. »Fünf oder sechs Stück.«

Wir schlenderten in die Wüste »hinaus« und er zeigte mir, wie man die einzelnen Baumarten unterscheiden konnte. Nach den Bäumen kamen die Büsche dran. Als wir schließlich mit den Blumen anfingen, war seine Stimme weich und poetisch geworden.

Doch über die Wüste selbst machte er sich keine romantischen Illusionen.

»Quer durch die Mojave, hä?«, sagte er. Er fischte eine Ausgabe von *Life* aus einem der Regalfächer, blätterte darin herum und reichte mir das aufgeschlagene Heft. Ein Luftbild aus sehr geringer Höhe zeigte eine ausgespreizt im grellen Sand liegende Leiche. Neben ihr lag ein Fahrrad. Unter dem Bild stand: »Die Mojave-Wüste fordert ein weiteres Opfer.«

»Ohne Hut – kein Wunder«, sagte Chickenhouse Smith, »und wahrscheinlich auch ohne Wasser. Aber wenn man vorsichtig ist, schafft man's. Wenn ich an Ihrer Stelle wäre, würde ich mich verdammt vergewissern, dass immer jemand meine Etappenplanung kennt, so wie Sie das von den Grenzposten erzählt haben. Und nie versuchen, gegen die Wüste anzukämpfen! Einfach lernen, mit ihr auszukommen!«

Fünf Meilen weiter die Straße hoch stieß ich auf ein baufälliges, altes Haus, das vielleicht mal ein Laden gewesen war. Seine ungestrichenen Wände hatten Risse und waren schief. Die Fenster starrten vor Schmutz. Im Vorbeilaufen erkannte ich durch die Glasscheibe der Tür undeutlich ein Pappschild mit der Aufforderung: GEÖFFNET – TRETEN SIE EIN!

Ich drehte den Türknopf und drückte. Die Tür öffnete sich.

»Nur herein!«, rief die Stimme einer alten Frau aus einem Hinterzimmer. »Nur herein!«

Ich trat ein.

Eine ausgezehrte Gestalt humpelte aus dem Hinterzimmer hervor. Das verschrumpelte Gesicht eines alten Mannes beäugte mich. Es war halb hinter einem buschigen, grauen Bart verborgen.

»Sie haben nicht zufällig Wanderstöcke aus Bambus?«, fragte ich.

»Fürchte nich'«, sagte der alte Mann mit seiner Alt-Frauen-Stimme. »Nix in der Art ... Aber wie wär's mit 'ner Tasse Kaffee?«

»Hm, nein, eigentlich nicht, vielen Dank ... Aber würde es Ihnen was ausmachen, wenn ich hier im Schatten einen Film wechsle?«

»Kein Problem«, piepste der alte Mann, »kein Problem. Stell dein' Rucksack ab und setz dich.« Er humpelte an mir vorbei und setzte sich auf ein schmales Bett. »Schwarzweißfilm?«, fragte er, als ich die Kamera öffnete.

»Nein, schwarzweiß ist im anderen Apparat; dies hier ist ein Farbfilm.«

»Oh«, sagte der alte Mann.

Ich holte eine kleine Linsenbürste heraus. Sie steckte in einer goldfarbenen Hülle, mit der ich schon häufig Leute auf den Arm genommen hatte, denn sie wirkte wie ein Lippenstift. Ich zögerte, ob ich dem alten Mann diesen Streich spielen sollte.

»Was hast du da?«, fragte er scharf.

»Ach, das ist eigentlich eine Kamelhaarbürste, um Kamera-Objektive zu reinigen, aber ...«

»Sieht mir aber eher nach 'nem Lippenstift aus«, prustete er los. Es warf ihn auf dem Bett zurück und sein dürrer Körper bebte.

Ich reinigte den Fotoapparat. Als ich einmal aufblickte, sah ich, dass er mich anstarrte. Seine Beine baumelten über die Bettkante. Seine Knöchel waren dünn, fast deformiert. Seine Hände waren knorrig und verkrümmt, als litte er unter Arthritis.

»Wie alt bist du?«, fragte er unvermittelt.

»Sechsunddreißig.«

»Ha, als ich sechsunddreißich war, hatt ich einen besseren Bart als das da ... Wo kommst du her?«

»Äh ... England.«

»Neuengland, he? Dachte mir schon so was. Was mich angeht, redst du ganz schönes Kauderwelsch. Wie lange biste schon weg aus Neuengland?«

»Also, äh ... England, nicht Neuengland. Um ganz genau zu sein: Wales.«

»Ach, nee ... mein Großvater kam aus Schottland.«

»Tatsächlich? Woher denn da?«

»Weiß nich'. Weiß nur, dass er aus Schottland kam.« Der alte Mann verfiel in Schweigen.

Ich kramte auf der Suche nach einem Film in meinem Rucksack herum.

»Versteh nich', wieso du so einen Haufen Gepäck mitschleppst. Als ich jung war, hab ich bloß 'ne Decke in die Wüste mitgenomm'. Und mit 'nem Liter Wasser bin ich sechzich Meilen gelaufen. Aber ihr jungen Hüpfer heutzutage wisst überhaupt nich' mehr, wie man läuft. Ihr lasst ja sogar den Mund beim Laufen offen! Kein Wunder, wenn ihr Durst kricht. Wenn ich unterwegs war, hab ich den Mund den ganzen Tach nich' aufgemacht. Bloß an 'nem Kiesel gelutscht, an 'nem glatten, kleinen Kiesel, so groß wie 'ne Bohne. Das verhindert den Durst komplett. Aber ihr jungen Hüpfer könnt das nich' mehr. Kleinen Kiesel, so groß wie 'ne Bohne, mehr braucht man nich'. Na, und ich bin schon quer durch die Mojave gelaufen, als ...«

»Ist das schlimm mit den Schlangen, oben in der Mojave?«

»Schlimm mit den Schlangen? So was gibt's gar nich', schlimme Schlangen. Klapperschlangen sind völlich in Ordnung, wenn man sie orntlich behandelt. Hab jahrelang im Showbiz mit ihnen zu tun gehabt, mein Junge. Hockte mit ihnen in 'ner Grube und sie krochen überall auf mir rum – übern Bauch und die Schultern und überall. Gibt's gar nich', so was wie schlimme Schlangen, das kann ich dir sagen. Musst sie einfach orntlich behandeln, das is alles ... Warst du schon mal in Kanada?«

»Ja, eine ganze Weile.«

»Wie lange?«

»Drei Jahre.«

»*Ich* war *fünf* oben.« Der alte Mann lehnte sich auf dem Bett zurück und gähnte ausgiebig.

Ich machte die Kamera wieder zu und bedauerte, dass wir derart aneinander vorbeigeredet hatten. Dann stand ich auf und hängte sie an den Rucksack. »Also, vielen Dank, dass ich hier drin den Film wechseln durfte«, sagte ich. »Gibt es hier irgendwas in Reichweite, wo ich möglicherweise einen Bambusstock kriegen könnte?«

Auch der alte Mann schien es plötzlich zu bedauern. »Aber klar doch, klar doch. Der Typ wohnt in 'nem Wohnwagen unten am Fluss. Keine Ahnung, was er für seine Stöcke will, aber er hat 'n ganzen Haufen davon.« Er humpelte zur Tür und deutete in die Richtung. »Muss schon sagen, sieht verdammt gut aus, dein Rucksack. Und auch ganz schön schwer. Na ja, ich denke, du bist inzwischen dran gewöhnt. Also dann, Wiedersehn ... und viel Glück!«

Ich ging langsam runter in Richtung Fluss.

Der Mann in dem Wohnwagen wollte für den Bambusstock kein Geld annehmen. »Ich freu mich, wenn ich Ihnen einen überlassen kann«, sagte er. »Und ich hoffe, Sie erwischen 'ne Klapperschlange damit. Eins von den Biestern hat meinen Bruder umgebracht.«

Ich fragte ihn nach dem alten Mann in dem Laden.

»Das ist Frenchy Buchanan«, sagte er. »Ist 'n einsamer,

alter Knochen geworden. Unternimmt auch nicht mehr viel. Kann aber wunderbare Farbfotos machen.«

Als ich mich verabschiedete, war meine Neugier immer noch ungestillt. »Frenchy Buchanan ...«, sagte ich. »Seine Hände und Füße ... hat er Arthritis?«

Der Mann zögerte einen Moment. »Nein«, sagte er dann. »Vor ein oder zwei Jahren wurde er fast zu Tode geprügelt. Hatte jemandem den Hund erschossen.«

Kurz vor Ende der halb gezähmten Wüste kam ich nach Earp. Es stammte aus der Frühzeit der menschlichen Unternehmungen am Colorado.

Zwei Landstraßen liefen zusammen. Gemeinsam kreuzten sie eine Eisenbahnlinie und den Fluss. Ein Dutzend Bäume würdigte diesen Umstand.

Als ich den Gleisen folgte, entdeckte ich einen grauen Wassertank, der wie ein Fesselballon über den Baumwipfeln schwebte. Auf ihm stand:

HEIMAT
VON
WYATT
EARP

Der Tank dominierte die Ortschaft. Man hatte ihn so platziert, dass er den Blick jedes nach Norden fahrenden Autofahrers einfing und damit dessen Chance deutlich vergrößerte, die Kurve falsch einzuschätzen und in das verrostete Gestänge zu krachen.

EARP GEMISCHTWAREN

Kaltes Bier – Eis	Lebende Köder
Angelausrüstung	Lebensmittel

Ehe der Autofahrer sich durch die Wand der Gemischtwarenhandlung bohrte, erblickte er als Letztes:

WELCOME TO EARP, CALIFORNIA

Jenseits des Gemischtwarenladens lauerte die Autowerkstatt hinter einer Parade aus Werbetafeln. Die größte davon verkündete:

Diese Stadt wurde nach
WYATT EARP benannt
dem Western-Marshall
der Fernsehserie

Und eine weitere ergänzte, um ganz sicherzugehen:

EARP, CALIF.

Hinter der Autowerkstatt befanden sich die Post sowie
eine Reihe von Holzhütten, die gemeinsam als »Motel«
deklariert wurden.

Earp schlief.

Auf der Straße waberte die Hitze. Allein auf der Veran-
da der Gemischtwarenhandlung war Schatten zu sehen.
Kein Fahrzeug, kein Mensch störte den Frieden. Keine
Fernsehantenne verschandelte die Silhouette. Wäre auf
der Plakatwand an der Werkstatt nicht der Hinweis auf
das Fernsehen gewesen, hätte man glauben können, die
Earper wären derart hinterm Mond, dass sie dachten,
Wyatt Earp wäre immer noch Marshall.

Doch als ich am nächsten Abend weiterzog, döste Earp
nicht mehr in der Sonne.

Den ganzen Tag über hatte es nach Regen ausgesehen.

Jetzt zogen von Süden mächtige Wolken heran. Heftige Windstöße peitschten aufgeblähte Staubschleier zwischen den Häusern hindurch. Aus irgendeinem Grund fühlte ich mich ein bisschen niedergeschlagen und das Wetter passte zu meiner Stimmung.

Als ich meinen Hüttenschlüssel bei der alten Frau abgeben wollte, die das Motel führte, fand ich sie in ihrer Tür stehend, ihr Tuch fest um sich geschlungen. »Um Himmels willen«, sagte sie, »Sie wollen doch nicht heute Abend noch weiter? Doch nicht bei diesem Wetter?«

»Aber sicher«, sagte ich. »Heute Abend stehen noch fünf, sechs Meilen an.«

»Sie werden's schon nach 'ner halben bereuen. Es wird jeden Moment anfangen zu regnen. Und der Wind ist stark in dieser Gegend. Der hebt Dächer ab. Ich würd jetzt genauso wenig rausgehen wie Schlittschuh laufen.«

»Ach, ich komme schon klar. Ich bin ein Glückskind.«

Die Frau wog den Schlüssel in ihrer Hand. »Sie können die Hütte heute für drei Dollar haben«, sagte sie.

Ich dankte ihr, lehnte aber ab.

»Nach 'ner halben Meile werden Sie's bereuen«, sagte sie noch mal. »Warten Sie, bis Sie ein Stück die Straße runter sind ... nach 'ner halben Meile bereuen Sie's.«

Der Wind half mir vorwärts. Die Böen hatten sich zu einem gleichmäßigen Sturm zusammengeschlossen, der wie durch einen Trichter die Senke hinaufjagte und meinen Rucksack wie ein Segel packte. Der Sturm fegte die dünne Schicht der Zivilisation davon und die Wüste kam näher. Pieksende Sandkörner flogen die Straße entlang. Gerüche jagten sich gegenseitig im Wind.

Es dämmerte, als ein Wagen neben mir bremste, viel zu dicht an meiner Welt aus Frische und Anstrengung. Ein Fenster glitt herab und ich blickte auf ein luxuriöses, chromblitzendes Armaturenbrett. Zigarettenrauch strömte ins Freie. Das Radio gurrte bestrickend.

Der Fahrer beugte sich zu mir. »Mitfahrn?«, fragte er. Ich lehnte freundlich ab.

Der Mann wirkte geschockt. »Jesus!«, sagte er. »Dass jemand 'ne Mitfahrgelegenheit ablehnt, hab ich ja noch nie erlebt.« Er drückte auf einen Knopf und das Fenster glitt wieder hoch. Der Wagen fuhr weiter.

Es fing an zu regnen. Erst ein paar zögerliche Tropfen, dann gleichmäßiger Niederschlag. Der Wind wickelte mich in meinen Poncho und schob mich die Straße entlang. Der Regen peitschte meine nackten Beine, aber das war eher erfrischend als unangenehm.

Die Dunkelheit brach herein.

Ein schräger Lichtkegel näherte sich und malte dann einen Bogen auf tropfendes Buschwerk. Der Strahl erfasste mich. Der Motor drehte kurz herunter, dann wieder hoch. Der Wagen flog vorbei, zerriss den Wind und versprühte kalte Gischt. Ich hielt an, um meine Augen wieder an die Dunkelheit zu gewöhnen; als der nasse Straßenbelag wieder schwach erkennbar war, ließ ich mich vom Wind weitertreiben.

Der Regen wurde dichter und wusch die Wüste noch sauberer. Die Gerüche verstärkten sich. Ich fing an zu singen: aktuelle Hits, unanständige Lieder aus dem Krieg, ein triumphierendes Thema aus Brahms' Erster Sinfonie – jede Melodie, die markant und pompös genug war, um sie der Dunkelheit entgegenzuschmettern. Die Dunkelheit akzeptierte sie alle. Sie riss sie mir vom Mund und schleuderte sie mit einem Juchzen die Straße hinunter, das sie nur notdürftig als das Geräusch von Wind in Büschen und von Regen auf nasser Erde kaschierte.

Als die Lichter eines Rasthauses auftauchten, war ich

eine Stunde lang durch die Dunkelheit gelaufen, und die trübe Stimmung, in der ich Earp verlassen hatte, war Hals über Kopf in Wind und Regen baden gegangen.

In dem warmen Lokal war der Sturm nur ein beiläufiges Tappen von Regentropfen an Fensterscheiben. Bis ich gegessen hatte, hatte das Tappen aufgehört, und ich ging zurück zur Wüste.

Die Wolken rissen auf. Bald waren die ersten Sterne zu sehen. Und bis ich mir ein paar Zweige als Bett zusammengesucht und das Wasser von ihnen abgeschüttelt und meinen Schlafsack ausgerollt hatte, war der ganze Himmel von ihnen erfüllt, und sie ergossen Funkenschauer auf das dunkle Buschwerk, das um mein Schlafzimmer Wache stand.

Hinter dem Parker-Damm lief ich wieder in die offene Wüste hinaus.

Es waren jetzt nur noch sechzig Meilen bis Needles, wo ich mich vom Colorado abwenden würde. Den größten Teil dieser Strecke hatte der Mensch kaum erkundet. Der Fluss würde daher wieder meine Lebensader bilden.

Doch der Fluss war kein Fluss mehr. Vom Parker-Damm zurückgehalten, hatte sich das Wasser in die Länge und Breite ausgedehnt, bis sich ein See über drei und mehr Meilen bis hin zu den Bergen von Arizona erstreckte. Weit draußen auf seiner zinnfarbenen Oberfläche zogen gelegentlich Rennboote als kleine helle Flecken herum. Aber sie störten die Abgeschiedenheit nicht – in der Weite der Land- und Wasserflächen blieben sie bedeutungslos. Ab und zu wehte von ganz weit oben das Dröhnen eines Düsenflugzeugs herab. Doch nachdem ich jetzt wieder allein mit der Wüste und meilenweit von allem Menschenwerk entfernt war, hörte ich es wie durch Watte. Es war fast unwirklich.

Abgesehen von dem See war die Wüste hier sehr ähnlich wie der »alte Westen« unterhalb von Palo Verde. Dennoch fand ich ständig Neues. Anfangs führte ich das Gefühl von Neuheit auf das veränderte Wetter zurück. Mehrere Tage lang drückten graue Wolken herab und es blies ein kalter Wind. Als der Wind sich legte, quetschten sich die Wolken so mühsam ein bisschen Feuchtigkeit ab, dass das Wort »Regen« übertrieben schien. Immerhin enthoben mich Feuchtigkeit und Kälte der Sorge wegen der Klapperschlangen: Alle »Experten« hatten versichert, dass sie sich so früh im Jahr nur an den allerheißesten Tagen zeigen würden. Am allerkältesten Tag stieß ich innerhalb von zwanzig Minuten auf zwei Exemplare und tötete sie.

Als die Wolken aufrissen und die Sonne wieder schien, hatte die Wüste aber immer noch etwas Neues an sich. Ich schien es sogar noch intensiver zu sehen und zu hören, zu riechen und zu fühlen als zuvor. Ich beobachtete geschäftig umhereilende Käfer und hatte Mitleid mit ihnen, weil sie mich an Wall-Street-Roboter erinnerten, die durch Ticker-Meldungen in Gang gehalten werden. Ich musste lachen, als sich ein türkisbrüstiger Kolibri knicksend vorstellte – zwei Handbreit vor meiner Nase. Als etwas Braunes vor mir weghuschte und in einem Haus mit vielen Veranden verschwand, das Wind und Wetter in die Seite einer Felsrinne gemeißelt hatten, setzte ich mich mit der Kamera in der Hand wartend davor, bis auf einer der Veranden zuerst eine schnuppernde, sich runzelnde Nase samt Schnauzbart erschien, dann ein pelziger, spähender Kopf und schließlich der Körper samt dem zuckenden Schwanz eines hübschen, braunen Backenhörnchens, das schließlich aus seinem Haus heraustollte und sich knabbernd einer violetten Blume in seinem Vorgarten widmete. Und als ich weiterlief, schwelgte ich fast ohne Schuldgefühl in dem verbrecherischen und köstlichen Luxus, mit den Füßen auf Blumen zu treten, und zwar mit jedem Schritt, Stunde um Stunde, Tag für Tag.

Bald verloren sich die letzten Hinweise auf Menschen und es gab nur noch Wildeselpfade, denen ich folgen konnte. Ich stieg in die Ausläufer eines Bergmassivs hinauf, die den bisher prächtigsten Blick über den Fluss versprachen, und dabei wurden die Wände und Schluchten und Felsnadeln immer steiler und rückten immer dichter zusammen, bis sich sogar die Eselsfährten verloren. Und ganz plötzlich fiel mir ohne besonderen Anlass auf, dass mir die Wüste jetzt besser gefiel, weil ich genug Zeit zum Stehenbleiben und Schauen hatte. Ich hatte den ärgerlichen Zeitdruck abgeschüttelt, der mich im »alten Westen« so bedrängt hatte. Endlich hatte ich die konkreten Probleme in den Griff bekommen. Jetzt war der Probelauf wirklich vorüber.

Die Frage der Ernährung verschlang nicht mehr Stunden jeden Tages. Ich hatte ein einfaches und praktisches Grundmenü aus Trockennahrung entwickelt:

Frühstück – 100 Gramm Obst, Tee
Mittagessen – 40 Gramm Tütensuppe, Tee
Fünfuhrtee – Tee
Abendessen – 100 Gramm Kartoffeln, 50 Gramm Pemmikan, manchmal 50 Gramm Gemüse

Trockenmüsli und Schokolade sorgten für Abwechslung. Bei meinen stündlichen Stopps futterte ich Rosinen und kalorienreiche Pfefferminzcremeschokolade (eine Zwischenmahlzeit, die bei Berg- und Polarexpeditionen beliebt war). Mit gut fünfzig Gramm davon als Überbrückung zwischen den Mahlzeiten kam ich durch den anstrengendsten Tag. Mittlerweile wusste ich, wie viele Lebensmittel ich für ein Wegstück veranschlagen musste – pro Tag etwa ein Kilo –, und an jeder Poststation wartete ein entsprechendes Paket auf mich.

Auch das eigentliche Kochen war kein Zeit verschlingender Vorgang mehr. Meine Küchenutensilien bestanden aus einer nichtrostenden Stahltasse, einem Löffel, einem Fahrtenmesser mit Scheide, mit dem ich vom Fischeausnehmen bis zum Feuerholzspalten alles erledigte, sowie aus zwei ineinander passenden Kochtöpfen aus einer Aluminiumlegierung mit Deckeln, die zugleich als Teller oder Pfannen dienen konnten. Die Töpfe wogen gerade mal fünfhundertsechzig Gramm, waren aber dennoch stabil. Der größere fiel mal fünfzig Meter einen Geröllhang hinunter und trug nicht mehr davon als ein paar kleine Dellen.

Inzwischen hatte ich meine Küche im Griff wie ein Meisterkoch. Ich konnte sogar nach Einbruch der Dunkelheit kochen und meine Gedanken dabei schweifen lassen. In Details lernte ich allerdings immer noch dazu, und zwar auf die harte Tour. So verwahrte ich Zucker und Spülmittel anfangs in gleich aussehenden, eckigen Plastikbehältern. Dann beträufelte ich bei einem verschlafenen Frühstück vor Sonnenaufgang mein Obst mit einer zähflüssigen, seifigen Schicht. Zu den ersten Dingen, die ich in Earp kaufte, gehörte daraufhin eine kleine Plastikflasche für das Reinigungsmittel.

Die anderen häuslichen Pflichten beschäftigten mich auch nicht mehr über Gebühr.

Wenn es um mein Nachtlager ging, verschwendete ich keine Zeit mehr damit, wie ein Hund umherzuschweifen, den die Erinnerung an seine Vorfahren umtrieb – ich erkannte einen guten Lagerplatz auf einen Blick: ein ebenes Schlafzimmer, Kreosot-Sträucher als Matratzenlieferanten, Brennholz sowie ein Bad. Vor allem ein Bad. Zwischen einem Lager mit fließend Wasser am Bett und einem, von dem aus man sich durch Gebüsch, Binsen und knöcheltiefen Sumpf einen Weg bahnen muss, um zu einer lauwarmen Randpfütze des Flusses zu gelangen, besteht ein himmelweiter Unterschied. Der Unterschied zwischen Hotelzimmern mit und ohne eigenem Bad ist dagegen läppisch.

Als es mir bewusst wurde, überraschte es mich ein bisschen, dass Routine mir plötzlich unverkennbar Spaß machte. Socken ausziehen zum Beispiel. Im gewöhnlichen Alltag ist das etwas, das man gar nicht bewusst wahrnimmt – jetzt war es das reine Vergnügen, sie nachts am Lagerplatz von den Füßen zu streifen. Und der Pemmikan mit den Trockenkartoffeln schmeckte anschließend besser als Kaviar. Und die Art der Müdigkeit, mit der ich schließlich in den Schlafsack rutschte, unterschied sich von der nach einer langen Autofahrt so sehr wie ein Walzer vom Veitstanz.

Zu meiner neuen Wertschätzung der Wüste trug auch eine Änderung meiner Trinkgewohnheiten bei. Anfangs hatte ich mich an die alte, spartanische Regel gehalten, zwischen den Mahlzeiten kein Wasser zu mir zu nehmen. Durst wurde auf diese Weise selten zu einem realen körperlichen Unbehagen, aber manchmal hatte ich dadurch stundenlang eine Art Trockenschaum im Gehirn, der mir den Blick auf die Einzelheiten der Wüste versperrte. Nach Earp nippte ich probeweise bei fast jedem

Halt ein bisschen Wasser. Es spülte den Trockenschaum weg und gab meinem Blick den angemessenen Feinschliff.

Ich verließ mich jetzt auch auf meine Ausrüstung. Der Rucksack war mir Freund und Zuflucht – ein Zuhause auf dem Rücken. Der geschweißte Aluminiumrahmen ließ reichlich Luft an meine Wirbelsäule und ich hatte inzwischen auch heraus, wie ich die Gurte einstellen musste, damit sich das Gewicht zwischen den schaumstoffgepolsterten Schulterriemen und dem straffen Nylonband um meine Hüften aufteilte. Ich bezweifle, dass es so etwas wie einen dauerhaft wasserdichten Rucksack gibt, aber das imprägnierte Material, aus dem meiner hergestellt war, kam der Sache so nah wie möglich. Das Einpacken meiner Sachen geschah inzwischen fast automatisch. Alles hatte seinen festen Platz – mit Varianten: Ich wusste, was ich als Nächstes brauchen würde, und das kam als Letztes hinein. Bestimmte Sachen hatte ich immer griffbereit, etwa die Taschenlampe (mit den Batterien sozusagen Rücken an Rücken, damit sie nicht aus Versehen eingeschaltet werden konnte) und das Toilettenpapier (als Rollen, nicht als Päckchen aus Einzelblättern, die im Wind auseinander flogen wie Splitterbomben). Und ich hatte Lebensmitteltüten aus Plastik schätzen gelernt, in die man so ziemlich alles packen konnte – von Waschzeug über Mokassins bis zu verrußten Kochtöpfen.

Mein daunengefüllter Mumienschlafsack war das Schlafzimmer (er wog zweitausendfünfhundertsiebzig Gramm und war vom Schnitt her mehr für einen Menschen als für ein hochkant stehendes, kleines Klavier gemacht). Ich schlief nackt, aber so etwas wie Kälte hatte ich noch nicht gespürt. Natürlich kann und darf ein Schlafsack nicht wasserdicht sein (da man sonst bei Kälte in seinem eigenen Schweiß bibbern würde). Der Bezug von meinem bestand aus ägyptischer Baumwolle und trug ein Schildchen mit der Aufschrift »wasserabweisend« – ein Begriff, der mich mit ungefähr so viel Vertrauen erfüllt wie »HiFi« oder »psychosomatisch«. Doch der Schlafsack stieß tatsächlich Wasser ab. Ein Regenguss durchtränkte zwar die Außenhülle, aber innen konnte ich mich behaglich einmummeln wie eine Trockenkartoffel.

Weil ich vom Stadtleben verweichlicht war, hatte ich anfangs eine ein Kilo schwere Plastikmatte als Unterlage verwendet. Ich schätzte ihre Lebensdauer jedoch nicht hoch ein und ich lag richtig damit. Ab dem fünften Tag breitete ich Blätter und Zweige unter meinem Bett aus und schlief nach ein, zwei Tagen auf diese Weise genauso bequem. Außerdem war ich froh, dass ich zwei Pfund weniger zu tragen hatte.

Im Großen und Ganzen hatte sich meine Gewichtsplanung bewährt. So wogen zum Beispiel meine beiden Fotoapparate (35 mm und $2^{1}/_{4} \times 2^{1}/_{4}$) zusammen nur 1675 Gramm, der Poncho 550 Gramm und ein zusammenklappbarer Büchsenöffner 3 Gramm. Die einzigen Gegenstände, bei denen es mir nicht auf zehn Gramm mehr oder weniger ankommen war, waren die Wasserflaschen gewesen. In der Wüste hat die Wasseraufbewahrung Vorrang vor allem anderen. Meine drei Halb-Gallonen-Feldflaschen – ganz aus Aluminium und mit Schraubverschlüssen – wogen jeweils 366 Gramm. Aber sie waren stabil und ich konnte mich auf sie verlassen.

Bei Expeditionen in die Wildnis geht es nicht bloß um die Anzahl der Pfunde auf dem Rücken. Seit der erfolgreichen Mount-Everest-Besteigung von 1953 gilt die Faustregel, dass hinsichtlich des physikalischen Aufwands ein

Pfund an den Füßen fünf Pfund auf den Schultern entspricht. Mir war klar gewesen, dass meine Stiefel sehr viel würden aushalten müssen. Als Kompromiss hatte ich mich für 15 Zentimeter hohe italienische Bergschuhe entschieden, die 2600 Gramm wogen. Weil sie Gummipolsterungen im Oberleder hatten, musste ich sie nicht lange einlaufen, andererseits waren sie dadurch auch ziemlich warm für die Wüste.

Die Schuhe bewährten sich. Ich hielt das Oberleder immer gut gewachst und es blieb gut in Form. Und die rutschfesten Vibram-Profilsohlen hatten sich nur wenig abgenutzt. Da ich aber dazu neige, Absätze schnell abzulaufen, war ich froh, dass ich noch ein Reservepaar zusammen mit den Landkarten nach Needles, der nächsten Poststation auf meinem Weg, geschickt hatte. (Als ich zwei Tage später in Needles darauf wartete, dass die Absätze erneuert würden, kam ich mit einem Feldmesser ins Gespräch. Er erzählte, er habe noch nie ein Paar Stiefel gefunden, das in einer Landschaft, wie der, durch die ich gerade gekommen war, länger als zwei Monate gehalten hätte. Er drehte einen von meinen prüfend in der Hand. »Hm«, machte er. »So gut wie neu.«)

Allerdings hatte ich gleich von Beginn an Probleme mit der Brandsohle gehabt. Gleich am ersten Tag hatte ich mir die Füße an hervorstehenden Nähten aufgescheuert. Und die einzigen Einlegesohlen, die ich in einem kleinen Laden in der Nähe der Grenze hatte bekommen können, waren aus Schaumgummi gewesen. Sie stellten sich als unerträglich heiß heraus. Ersatzsohlen aus der Pappe von Frühstücksflockenkartons halten etwa sechs Stunden. Später hatte ich mir in einer Autowerkstatt Dichtungsmaterial aus Asbest gekauft und Einlegesohlen daraus geschnitten, mit denen ich die Schaumgummisohlen isolierte. Das war zwar eine Verbesserung, aber immer noch nicht das Wahre. Bald schaffte ich zwar einigermaßen unbeschadet fünfzehn Meilen am Tag, aber meine Reichweite wurde immer noch durch schmerzende Füße begrenzt. (Noch später klebte ich mir lederne Einlagen in die Schuhe, die mich dann vollauf zufrieden stellten.)

Durchschnittlich fünfzehn Meilen am Tag waren das Ziel, das ich mir für die Mojave-Wüste gesetzt hatte. In Needles würde ich meine Lebensader, den Colorado, verlassen und mich nach Westen wenden. In der Mojave würde ich mich dann jeden Tag von Wasser zu Wasser hangeln müssen (Quellen, Brunnen, menschliche Ansiedlungen oder was immer sich sonst bot). Zur Sicherheit würde ich noch zusätzliches Wasser mitschleppen. Und jede körperliche Schwäche und jeder Ausfall bei der Ausrüstung würden Probleme schaffen. Aber ich fühlte mich inzwischen fit und fähig. Zwar konnte ich nicht behaupten, mich in der Wüste zu Hause zu fühlen, aber ich kam mir auch nicht mehr vor wie ein Skorpion auf dem Meeresgrund.

Aus all dem folgte, dass ich zuverlässiger planen konnte. Meine Laufleistungen kannte ich mittlerweile recht gut. Auf Straßen machte ich drei Meilen pro Stunde inklusive einer Zehn-Minuten-Pause. Quer durch die Landschaft schaffte ich selten mehr als zwei Meilen. Bei richtig unwegsamer Wüste sank der Schnitt manchmal auf weniger als eine halbe Meile. Doch um aus solchen Zahlen eine Tagesplanung hochrechnen zu können, muss man nicht so sehr mathematisches Verständnis besitzen als vielmehr eine Vorstellung von menschlichen Anfälligkeiten haben. Sieben Stunden am Tag laufen, das klingt nach nichts Besonderem. Doch man hänge sich einen

Fünfundzwanzig-Kilo-Rucksack auf den Rücken und laufe durch eine Wüste, die vor Sehenswertem nur so strotzt, dann ahnt man so langsam, was Sache ist. Die Versuchung, herumzutrödeln, ist so gefährlich wie eine tickende Zeitbombe. Und so löst sich der Tag in seine Bestandteile auf:

	Stunden	Minuten
Laufen inklusive zehnminütiger Pause jede Stunde	7	–
Ausdehnung jeder zweiten Zehn-Minuten-Pause auf zwanzig Minuten wegen Blumenstudien, Faulheit oder Betrachten von interessanten alten Steinhäusern	–	30
Unvermeidbares Herumtrödeln zum Fotografieren und generellen Bewundern der Wüste – $4^2/7$ Minuten pro Stunde	–	30
Einmal täglich Fotografieren eines schwierigen und absolut unwiderstehlichen Objekts (Nicht-Fotografen mag das übertrieben viel erscheinen; Eingeweihten lächerlich wenig)	1	–
Gespräche mit Klapperschlangen-Experten, Wüstenratten und Backenhörnchen	1	–
Kochen und Verzehren von vier Mahlzeiten einschließlich Teetrinkens	3	30
»Hausarbeiten« im Nachtlager	–	30
Die klassische Betätigung des Reisenden in unwirtlicher Natur: versunkene Naturbetrachtung und/oder Nabelschau	–	30
Auf unerklärliche Weise verflogene Zeit	–	30
Schlaf (und so viel braucht man auch)	8	59
Lesen, Angeln, zusätzliche Pausen, hehre Gedanken, Privatissima und allgemeine Trägheit	–	1
Summe	24	

Anders gesagt: Obwohl die Testphase endlich überstanden war, hatte ich es noch immer nicht ganz geschafft, eine moderne Gepflogenheit abzustreifen: Eile.

Der Colorado hob sein schönstes Schauspiel bis zum Schluss auf.

Seit dem Parker-Damm war ich niemandem mehr begegnet, doch auf fast der ganzen Strecke hatte es Spuren des Menschen gegeben. Oberhalb des Damms hatte er begonnen, die Wüste ein paar Meilen weit zu bändigen – ich folgte einer Piste, die zu zwei Anglercamps führte. Nach dieser Piste war ich auf Wildeselpfade gestoßen, und obwohl ich noch keine Wildesel zu Gesicht bekommen hatte, hörte ich ihre Schreie häufig ganz in meiner Nähe. (Die Wildesel halten sich nur in menschenleeren Gebieten auf, wenngleich sie von Eseln aus menschlicher Zucht abstammen.) Doch als ich dem Fluss dann in die Ausläufer eines Gebirgsstocks folgte, verloren sich auch die Pfade der Esel. Und der Colorado, der seit dem Parker-Damm nichts als ein von Menschen geschaffener See gewesen war, wurde wieder ein Fluss, der in schlammig-trüber Freiheit dahinwirbelte. Während ich in das Herz der Berge hineinkletterte, erkannte ich, dass ich zu guter Letzt doch noch einen Abschnitt des Flusses und seiner Wüste gefunden hatte, den der Mensch nicht einmal versucht hatte zu zähmen. Hier regierte jemand anders.

Ich kletterte auf eine Felsspitze in der Beuge des Devil's Elbow (Teufels Ellenbogen) und blickte in Seinen Tempel hinab.

Seit Anbeginn der Zeit hatte Er das Gestein bis zur Weißglut erhitzt, es abgekühlt und wieder erhitzt, bis es jetzt mit dem nächsten Windstoß zu zerkrümeln drohte.

Ausgedörrte rote Spitzen stachen aus einem Gewimmel verschlungener Höhenzüge hervor. Messingfarbenes Sonnenlicht legte jede geschundene Struktur bloß, jede offene Wunde mit ihren braunen, schiefergrauen und ungesund grünen Schichten. Dante wäre diese Landschaft bekannt vorgekommen.

Mitten durch diese gigantische Ödnis schnitt sich, dreihundertfünfzig Meter unter mir, der Colorado. Zweimal innerhalb einer Meile änderte er so abrupt seine Richtung, dass Wirbel über seine Oberfläche jagten. An den Wänden der Schlucht schliff blaues Wasser über brennenden Fels. Jenseits des Flusses türmten sich steinerne Nadeln in gigantischer Anarchie übereinander.

Ich saß den ganzen Vormittag auf der Felsspitze. Einmal fuhr unten auf dem Fluss ein Motorboot vorbei. Es war ein unbedeutender Fleck auf der Leinwand eines grandiosen Gemäldes.

Nach Norden hin (also in meiner Richtung) gingen die Berge in eine weite Ebene über. Jenseits dieser Ebene (das war nicht mehr meine Richtung) erhoben sich neue Berge. Irgendwo zwischen ihnen – auch wenn das in meiner sonnenüberfluteten Abgeschiedenheit äußerst zweifelhaft erschien – befanden sich die Casinos von Las Vegas.

Das Lager dieser Nacht war mein letztes am Colorado.

Es fing schon gut an, als ein Felsvorsprung, den ich nach der Karte ausgesucht hatte, tatsächlich all die Vorzüge besaß, die ich mir erhofft hatte. (Es ist auf eigentümliche Art befriedigend, wenn man einen wirklich guten Lagerplatz per Karte findet. Man freut sich, als hätte man festgestellt, dass die Summe im Scheckbuch exakt mit dem Kontoauszug übereinstimmt.)

Nach dem Abendessen saß ich an einem ersterbenden Feuer und lauschte der Gegenströmung, die an meinem Felsvorsprung entlang wirbelte. Ihre Intensität änderte sich in unregelmäßigem Rhythmus als Reaktion auf irgendeinen unmerklichen Impuls des Hauptstroms. Der Mond befreite sich aus den Bergen Arizonas und übergoss die Wüste mit silbernem Licht.

Aber die Nacht war trotzdem noch dunkel und geheimnisvoll und als ein großer Fisch aus dem Wasser sprang – so nah, dass ich fast auf die Spritzer wartete –, sah ich nichts. Der Fisch sprang noch mal, diesmal weiter weg. Dann zog er Kreise in der Gegenströmung und sprang immer wieder hoch, in Abständen von vielleicht einer Minute. Ich starrte in die silbrige Dunkelheit und zählte die Sprünge, fast ohne es zu merken. Der zehnte klang wieder nah, aber erkennen konnte ich immer noch nichts. Noch zweimal drehte der Fisch seine Runde. Dann drehte er zur Strommitte ab. Das Klatschen seiner Sprünge kam immer schwächer durch die Nacht, bis es schließlich ganz im Geräusch des Colorado unterging. Der letzte Sprung war der neunundzwanzigste gewesen.

Ich rollte meinen Schlafsack aus und legte mich zufrieden hinein.

Während ich weiter lauschte und mich Erinnerungen hingab, spürte ich eine unschuldige Schuljungen-Aufregung, ähnlich wie bei der ersten Uhr mit Leuchtziffern unter der Bettdecke. Und als ich da im Halbschlaf im Mondlicht lag, fühlte ich schließlich auch eine aufkeimende Zuneigung zum Colorado – eine Zuneigung, die ich für fast alle Flüsse empfinde. In seiner Stimme munkelte immer noch Bedrohliches mit, aber ich hatte keine Angst mehr, nur noch Achtung. Über zweihundert Meilen weit war der Fluss meine Lebensader und die Begrenzung meiner Welt gewesen. Ganz allmählich und ohne dass ich es gemerkt hatte, war er noch mehr geworden. Er hatte mir Gesellschaft geleistet und er hatte mir Erinnerungen verschafft: Sonnenuntergänge und Pelikane und Menschen – und Fische, die nachts aus dem Wasser sprangen.

Als ich mich in den Schlaf zurückfallen ließ, bedauerte ich, dass ich ihn verlassen würde.

Gegen zehn am nächsten Vormittag sah ich eine Brücke und den schwarzen Riss einer Straße, die die Wüste durchschnitt. Und wenig später stellte ich fest, dass sich auf kaum mehr als einer Flussmeile eine Straßenbrücke, eine Eisenbahnbrücke sowie drei Brücken für Erdgaspipelines zusammenpferchten. Ihr geschwungenes Gitterwerk leuchtete rot und schwarz und silbern in der Wüstensonne. Mein Blick ging zurück zu den Felsnadeln, die sich um den Devil's Elbow herum erhoben. Nachdem mir der Colorado inzwischen zum Freund geworden war, sah ich ganz klar, auf wessen Seite ich stand: auf der des Flusses im Kampf gegen die Menschen. Diese Brücken stellten neue Bedrohungen dar. Sie konstatierten mit kalter Endgültigkeit, was ich mir selbst nicht hatte eingestehen mögen: Der Mensch mochte vielleicht nur langsam vorankommen und manchmal auch Rückschläge erleiden, doch letztlich würde er jeden Meter des Colorado und seiner Wüste in den Griff bekommen. Es war unausweichlich. Andererseits würde es immer Menschen geben, die sich bemühten, der Nachwelt ein paar unverdorbene Ecken Amerikas zu hinterlassen. Der Colorado hatte mich die Notwendigkeit solchen Bewahrens begreifen lassen und für diese Einsicht war ich ihm vielleicht dankbarer als für alles andere.

Schließlich wandte ich mich von den Brücken ab und lief die Straße nach Norden weiter. Es war die Route 66 aus dem Lied. Wenig später bot sich ein Eisenbahngleis als Abkürzung an, und dann dauerte es nicht mehr lange, bis ich singend auf der Strecke der Atchison–Topeka–Santa Fe-Linie in Needles einzog. Auf meinem Weg nach Süden hatte ich mit dem Wagen vier Stunden von Needles bis zur mexikanischen Grenze gebraucht – der Weg zurück hatte genau vier Wochen gedauert.

In Needles legte ich eine Pause ein. Doch das Death Valley war immer noch hundertfünfzig Meilen weit weg, und wenn ich meinen Zeitplan einhalten wollte, blieben mir nur noch zehn Tage bis dorthin. Und so eilte ich nach kurzer Zeit auf einem flachen Anstieg weiter nach Westen in die Mojave-Wüste hinein.

3 Durch die Mojave

Die Mojave-Wüste hat einen schlechten Ruf. Im ganzen Westen beschwört ihr Name das Bild einer versengten, kahlen Wildnis herauf, die dem Menschen ein unversöhnlicher Feind ist. »Die Mojave-Wüste fordert *ein weiteres* Opfer«, hatte es in der Zeitschrift von Chickenhouse Smith geheißen. Und daheim in San Francisco hatte ein Freund mich mit offenem Mund angestarrt: »Mein Gott! Durch die Mojave? Wir hatten da als Soldaten mal ein Manöver. Bist du sicher, dass du weißt, was du tust?«

Während ich in westlicher Richtung aus Needles herauswanderte, war ich mir unsicher, worauf ich mich einstellen sollte. Vom alten Westen würde ich nicht viel zu sehen bekommen, so viel wusste ich, denn die alten Pioniere hatten die Mojave gemieden. Und die Karte sowie die wenigen Eindrücke von der eiligen Fahrt zu meinem Startpunkt deuteten eine andere Art von Wüste an als am Colorado. Das geologische Strickmuster des nächsten Hundertfünfzig-Meilen-Abschnitts war klar und einfach: ein langer, abgestufter Aufstieg auf einen hohen Pass und dann ein ebenso allmählicher Abstieg in das Becken des Death Valley.

Der erste Teil entsprach weitgehend meinen Erwartungen: Von Needles aus erklomm ich in vier Tagen und auf über sechzig Meilen derart allmählich tausendsechshundert Höhenmeter, dass ich kaum merkte, dass es bergauf ging. Allerdings war die Mojave anfangs alles andere als eine versengte, kahle Wildnis. Sie begann damit, mir ihre ganz spezielle Sorte Menschen vorzuführen. Dann brachte sie einen Nordwind ins Spiel, der durch mich fuhr, als sei ich ein Geist. Anschließend brachte sie ein ganztägiges Ausstattungsstück zur Aufführung. Und erst bei meinem langen Abstieg ins Death Valley fing sie schließlich an, ihrem Ruf gerecht zu werden.

»Wasser?«, fragte der alte Mann.

Er beäugte mich eingehend und blinzelte dabei in die untergehende Sonne. Ein altmodischer grüner Augenschirm ließ ihn auf komische Weise kauzig wirken – wie ein Zeitungsherausgeber in einem Provinznest, gezeichnet von Norman Rockwell und beschrieben von Mark Twain –, doch die Sonne zeigte unbarmherzig die zerfurchte Blässe seines Gesichts und die zerknitterte Schäbigkeit seiner Kleidung.

»Ich hab noch was übrich«, sagte er. »Als ich sah, dass Sie hier draußen lagern, dacht ich, Sie könnten's vielleicht brauchen. NehmenSe einfach Ihre Feldflaschen und kommenSe mit rüber in mein' Laden.«

Ich folgte ihm über die Straße zu dem baufälligen Laden, der einsam in der platten Wüste stand. Fünf Minuten zuvor war ich an seiner per Vorhängeschloss verriegelten Vordertür vorbeigekommen und hatte über das unbeholfen gemalte Schild gelächelt: JA, WIR HABEN IMMER NOCH AUF!

Der alte Mann bombardierte mich mit Stakkato-Sätzen, die er rhythmisch mit einem Schmatz-und-Klick-Geräusch durchsetzte, das fast so laut war, wie seine Worte. »Heutzutage kriech ich nich' mehr so viel Leute zu sehn hier draußen ... (schmatz und klick) ... jedenfalls nich', seit die neue Straße fertich is' ... (schmatz und klick) ... jedenfalls müssenSe doch nich' draußen schlafen, wissenSe ... da is' massich Platz in den alten Wagen ...« Er wies mit dem Kopf an zwei rostigen Benzin-zapfsäulen vorbei auf einen Autofriedhof. »Massich Platz auf den Rücksitzen ... massich Platz ...«

Er ging durch ein Gartentor. Zwei angekettete Hunde ließen ihn vorbei. Als ich ihm folgte, explodierten sie förmlich. Sie bellten mich wie verrückt an, ihre Augen traten heraus, sie gebärdeten sich wie toll. Ihre Ketten endeten einen halben Meter vor mir. Der alte Mann ging weiter.

Wir gingen durch eine Seitentür, die hinter uns zu-schlug. Nach dem Sonnenlicht wirkte der Raum fast nachtschwarz. Von allen Seiten drängten irritierende dunkle Konturen. Küchengeruch lag wie eine Fettschicht auf allem.

»GebenSe mal her, ich füll Ihnen die Flaschen«, sag-te der alte Mann und ließ mich mit dem Fettgeruch zurück.

Aus der Dunkelheit drangen glucksende Geräusche. »Is' noch ganz frisch, das Wasser ...«, krächzte die Stim-me des alten Mannes. »Hab diesen Bottich erst seit 'nem Monat hier ...« Die Schmatz-und-Klicks schienen in der Dunkelheit länger zu brauchen als die Worte. »Wie steht's mit dem Kochen bei Ihnen? Offenes Feuer erlaub ich nich' in dieser Gegend ... Aber für den Herd hier brauch ich keine fünf Minuten mehr. WennSe wollen, könnenSe auf dem kochen.«

»Danke, nett von Ihnen.«

»Am besten holenSe Ihre Töpfe und Lebensmittel ... dann könnenSe direkt anfangen ... Und Ihr Zeuch kön-nenSe auch in den Wagen packen ... Massich Platz hin-ten ...«

Als ich zurückkam, kauerte der alte Mann in einem ab-getrennten Bereich neben einem Ölofen. Um den Ofen

herum waren Pappkartons wie eine Festungsmauer auf-
gestapelt. Eine nackte Glühbirne warf einen Lichtkreis in
den Bereich.

Das Gesicht des Alten war durch den Augenschirm in
gespenstisches Grün getaucht. »Frühstücke grade«, sagte
er. Er rührte in einer Kasserolle, die auf dem Ölofen stand.
»Hab schon um zwei zu kochen angefangen, bin aber
jetzt erst dazu gekommen ... Aber was langsam kocht, is'
sowieso am besten.«

Ich trat in den Lichtkreis.

»Ham aber nich' lange gebraucht da draußen ... Guten Wagen gefunden?«

»Also«, sagte ich, »eigentlich dachte ich, ich kann genauso gut draußen schlafen.«

Der alte Mann blickte ruckartig auf. Aus dem grünen
Schatten starrten mich zwei schwarze Augen an. »Am
besten, Sie ziehn in ein' der Wagen ... Is' man besser ge-
schützt ... Massich Platz hinten drin.«

»Ach, ich glaube nicht, dass es Regen gibt.« Die schwarzen Augen klebten weiter an mir. »Ich denke, ich bleibe
draußen in der Wüste.«

Die Augen blinzelten, dann senkte sich der Blick. Der
alte Mann gab ein paar isolierte Schmatz-und-Klicks von
sich und dann krächzte er: »SchiebenSe das Zeuch da
wech und setzenSe sich.«

Ich entfernte eine Schicht Zeitschriften und legte eine
Bank frei.

Der alte Mann nahm seine Kasserolle vom Ofen, platzierte sie auf seinen Knien und bedeutete mir, stattdessen *meinen* Topf auf den Ofen zu stellen.

Wir saßen schweigend da. Alle zwei, drei Minuten
schöpfte mein Gastgeber einen Löffel voll Bohnen aus seiner Kasserolle und kaute konzentriert darauf herum, wäh-

rend er in meinen Kochtopf starrte, der genau vor ihm stand.

Plötzlich sah er auf seine Uhr, gab einen Grunzer von sich und schaltete ein Radio ein. Eine pathetische Stimme, die Christlichkeit wie Seife verkaufte, füllte den Raum.

Der alte Mann kauerte sich neben dem Ofen zusammen und starrte weiter auf meinen Topf, während er aufmerksam zuhörte.

Schließlich verstummte die Stimme. »Ein guter Mann«, sagte er. »Ein sehr guter Mann.«

Ich stand auf und prüfte das Wasser in meinem Topf. Es war gerade mal lau.

Wir saßen weiterhin schweigend da. Schließlich fragte ich den Alten, ob er mir etwas Kaltes zum Essen verkaufen könne, während ich wartete. Er brachte mir eine Büchse Baked Beans, wollte aber kein Geld dafür annehmen. »Nee«, sagte er, »das is' mein Beitrach zu Ihrer Tour.« Zum ersten Mal lächelte er. Selbst im Grünstich seines Augenschirms war es ein freundliches Lächeln.

Er setzte sich wieder neben den Ölofen und starrte meinen Topf an. Ab und zu nahm er einen Löffel voll aus seinem. Ich aß meine Büchse kalter Bohnen.

Wenig später dröhnte eine weitere, ganz verwandt klingende Stimme aus dem Radio.

Mein Topf auf dem Ofen zeigte kein Anzeichen von Erhitzung.

Nach einer Viertelstunde endete die Stimme. Der alte Mann schaltete ab. »Auch ein guter Mann ...«, sagte er. »Ein würdiger Verkünder von Gottes Wort. Wirklich, ein sehr guter Mann ...«

Dann widmeten wir uns wieder dem Schweigen und der Topfbetrachtung.

»Bitte!«, sagte der Alte schließlich. »Kocht!«

Wir aßen schweigend.

Erst als ich anfing, meine Sachen zusammenzusammeln, fing er an zu reden. Und da war es plötzlich, als sei ein Damm gebrochen. Und die Flut spülte die Schmatz- und-Klicks einfach beiseite.

»Tippe, Sie sind schon wech, wenn ich morgen aufsteh«, fing er an. »Ich wach gegen acht auf, aber ich bete bis neun. Früher hab ich auch nachts gebetet, so gegen eins oder zwei. Aber er wurde immer wach. Kann man mal sehn, wie empfindsam ein Mensch sein kann. Ja, er wurde immer wach ...« Die Worte strömten jetzt unaufhaltsam dahin und sie kamen so zusammenhanglos, dass ich ihre Bedeutung nur in groben Umrissen erfasste. Er unterschied nicht zwischen An- und Abwesenden; offenbar gab es irgendwo einen anderen Mann – er sagte jedoch nicht wo, aber er sprach mit ihm. »... und dann war da diese Frau in Sacramento. Sie hatte diesen Anfall und ihr Herz schlug nich' mehr. Ich hör ihn noch sagen – es war mitten in der Nacht – und ich hör ihn sagen: Sie is' tot, sie is' tot! Und ich sag, nein, sie is' nich' tot. Und ich mach mich sofort an die Arbeit und bete. Und in zwei Sekunden – mehr als zwei lange Sekunden könn' es nich' gewesen sein –, da hör ich ihr Herz wieder schlagen. Kann man mal sehn, wie empfindsam ein Mensch sein kann.«

Er wedelte mit seiner Kasserolle in meine Richtung. Sein Augenschirm verrutschte und die nackte Glühbirne zeichnete ihm ein weißes Dreieck auf einen Wangenknochen. Aus dem grünen Gesicht starrten mich die schwarzen Augen an.

Ich machte einen Schritt in Richtung Tür. »Also ...«, setzte ich an und versuchte, nicht zu abweisend zu klingen.

»Dann war da dieser Freund von mir in Nevada, der mir schrieb, dass er operiert werden muss. Also mach ich mich an die Arbeit und bete. Am nächsten Morgen kommt der Doktor rein und sagt: Sie brauchen gar nich' operiert werden, wir kriegen das auch so wieder hin. Das war noch mal gut gegangen. Aber später sollte er noch mal operiert werden. Bloß diesmal schrieb er mir nichs davon. Wer weiß, wenn ich's gewusst hätt, hätt ich ihm das vielleicht auch ersparen könn'.«

Ich begann mich schwach zu fühlen. Eine kalte Taubheit legte sich wie ein Nebel um mich.

Ohne seine Augen von meinen zu nehmen, stellte der alte Mann seine Kasserolle ab. Das weiße Dreieck tauchte wieder auf seinem Gesicht auf. Es war jetzt unscharf, wie Autolichter durch eine nasse Windschutzscheibe.

Und plötzlich spürte ich, dass er mir diese Schwäche aufzwang. Er wollte mich dort behalten – um seine »Macht« zu demonstrieren und um seine Einsamkeit zu bekämpfen. Boshaftigkeit entströmte jetzt dem grünen Gesicht, dieselbe Boshaftigkeit, die aus den Klapperschlangen gepulst war.

»Und dann war da diese Frau in San Francisco …« Die Stimme kam jetzt von weit weg. »Sie war zuerst gar nich' krank, aber …«

Ich ließ meinen Löffel fallen und beugte mich schnell zu Boden.

Die Stimme des Alten hielt inne.

Ich konnte den Löffel sehen, aber ich verharrte mit dem Kopf zwischen den Beinen und tat, als würde ich ihn immer noch suchen. Langsam wich die Taubheit.

»KönnSe ihn nich' finden?« Die Stimme klang ein bisschen näher.

Ich murmelte etwas Undeutliches und blieb vornübergebeugt. Ich wurde wieder klar. Zu guter Letzt griff ich nach dem Löffel und erhob mich.

Der alte Mann starrte mich immer noch an. Aber der Strom seiner Worte war versiegt. Seine Augen glänzten nicht mehr.

Ich verabschiedete mich hastig. Zu hastig. Ich wusste, dass ich ihn verletzte, aber ich konnte nur noch an Flucht denken.

Die Luft draußen war kühl und dick, fast flüssig. Bis zum unteren Ende des Vorgartens war auch der letzte Rest der Schwäche verschwunden. Die zwei Hunde, die am Ende ihrer straff gespannten Ketten in meine Taschenlampe grollten, bildeten eine handfeste, willkommene Bedrohung.

Im Licht der letzten Sonnenstrahlen wirkten die paar Gebäude, die den Ort Goffs bildeten, nicht so, als mache man sich hier Sorgen wegen zu hohen Verkehrsaufkommens – oder wegen irgend etwas anderem.

Zwei Hunde begrüßten mich. Sie kamen aus dem ersten Haus geschossen und bellten mit jener Inbrunst, die die Selbstachtung jedem Landhund abverlangt, ehe er einen Fremden unter die Lupe nimmt. Nachdem der Form Genüge getan war, leckten sie mir die Hände. Beide waren noch jung. Der braune Spaniel-Verschnitt legte sich auf den Rücken und wollte am Bauch gekrault werden. Und der Terrier stellte sich auf die Hinterbeine und lachte vor Vergnügen, weil er so ungewaschen war.

Ich betrat den Laden, aus dem die Hunde herausgekommen waren.

Eine große Frau mit wehendem weißem Haar stand hinter dem Tresen. Sie strahlte mich durch ihre Hornbrille an. »Immer man rein, immer man rein«, sagte sie.

»Ich hab schon gehört, dass Sie im Anmarsch sind. Die Schulbusfahrerin hat Sie heute Nachmittag unten an der Straße gesehen. Von ihr kriegen wir alle Neuigkeiten.« Ich erinnerte mich an die freundliche Fahrerin, die mir zugewinkt hatte. Man konnte sich leicht ausmalen, wie sie Neuigkeiten von überall her nach Goffs brachte, gute wie schlechte. Die Verbindung zur Außenwelt.

Um einen Tisch saßen drei Männer. Zwei von ihnen waren sehr alt, der dritte mochte um die sechzig sein. Alle drei sahen merkwürdigerweise so aus, als würden sie auf Essen warten.

»Kann man bei Ihnen essen?«, fragte ich die Frau mit den weißen Haaren.

»Also, das ist eigentlich nur ein Laden ...«

»Ach so. Gibt's im Ort vielleicht einen Imbiss?«

Die Frau grinste. »Ich fürchte nicht«, sagte sie. »Hiernach kommt nicht mehr viel. Wenn man's genau nimmt ... also eigentlich kann man sagen, wir hier sind Goffs.«

»Ich würd sagen, *du* bist es«, warf der jüngste der alten Männer am Tisch ein. »Ohne Mrs. Craig gäbe es überhaupt kein Goffs.« Er wedelte ihr mit einer Bierflasche zu, Gruß und Ehrung und Nachbestellung zugleich. Sein gerötetes Gesicht war rund und fröhlich.

Mrs. Craig wedelte in gespieltem Protest mit einer Flasche zurück. »Hüte deine Zunge, Jim Taylor«, sagte sie. »Hüte deine Zunge.« Sie wandte sich wieder mir zu. »Tippe, Sie sind ganz schön hungrig. Von wo kommen Sie?«

In einer anderen Tür erschien ein Mann. Er stand schwankend da und versuchte offensichtlich, aus meinem Rucksack schlau zu werden. »Wasch wollen *Schie* denn in diescher Gegend?«, fragte er angriffslustig. »Wir wolln hier nix von Ihr'n ...«

»Das reicht, Tom«, sagte Mrs. Craig. »Scheint nicht, als hätte dir die frische Luft gut getan. Reiß dich zusammen und deck den Tisch – für sechs. Dieser junge Mann hier weiß es noch nicht, aber ich lade ihn zum Essen ein. Na los, Tom.«

»Also«, sagte ich, »das ist wirklich nicht …«

»*Natürlich* essen Sie mit uns. Nehmen Sie diesen Riesen-Rucksack ab und setzen Sie sich zu den anderen. Das ist nämlich eine Geburtstagsparty.«

Der Mann, dem die frische Luft nicht besonders geholfen hatte, stand immer noch in der Tür. »Wir woll'n keine von Ihr'n Förderverträgen«, sagte er. »Hier war'n schon genuch Proschpektor'n mit falschen …«

»Hör auf, Tom Craig!«, sagte Mrs. Craig. «Hör auf der Stelle auf! Dieser junge Mann ist unser Gast und da benimmst du dich gefälligst anständig. Du holst jetzt sofort das Geschirr. Sofort!« Der Mann verschwand.

Die Geburtstagsfeier war für Tom Craigs Vater. »Siebenundachtzig und kregel wie immer«, sagte Mrs. Craig. Die einzigen anderen Gäste waren ein Freund desselben Jahrgangs sowie Jim Taylor, der Mann, der Goffs mit Mrs. Craig gleichsetzte.

Als sich die Gesellschaft gegen Mitternacht auflöste, bestand Jim Taylor darauf, dass ich in seinem Wohnwagen schlief. »Kann dich doch nich' draußen schlafen lassen, wenn's noch'n freies Bett in Goffs gibt.« Als ich im hellen Mondlicht hinter ihm herging, fiel mir auf, dass er seinen großen Körper ungelenk bewegte, als habe er Schmerzen.

Ich rollte meinen Schlafsack in einer Koje neben der Tür aus. Jim hockte auf einer Schlafstelle am anderen Ende.

»Weißte«, sagte er, »mir gefällt die Vorstellung nich', dass du allein durch diese Wüste läufst. Wenn ich noch halb so fit wär wie früher, dann würd ich dich morgen in den Wagen packen und dich bis Lanfair bringen. Da müssteste schon mit mir in'n Clinch gehn, damit ich dich laufen ließe ... Jawollja, in'n Clinch gehn müssteste mit mir ... Hier, nimm noch'n Schluck Bourbon.

Aber ich kann ja nich' mehr so. Ich leb sozusagen auf Pump. Hab mir zweimal den Hals gebrochen in den letzten Jahr'n. Erste Mal bei 'nem Autounfall; beim zweiten Mal hat mich einer umgefahr'n. War im letzten Juli ... Hier, nimm noch einen.«

Er kletterte in seine Koje.

»Jawollja, in'n Clinch gehn müssteste mit mir ... Nich' dass ich je wem was getan hätte. Hab zwei Jungs großgezogen – und beide sin' im Zweiten Weltkriech umgekomm'. War selber im Ersten Weltkriech. Bin aber nich' umgekomm'. Wär vielleicht besser gewesen, statt zwei Jungs großzuzieh'n, die dann im Zweiten umkomm' ... Und dabei hab ich nie wem was getan.« Es war keine Bitterkeit in seiner Stimme. Nur Verwunderung darüber, dass die Welt ihn nicht besser behandelt hatte.

»Weißte, ich war fast mein ganzes Leben in Städten. In der Stadt gehense dir für'n Penny an die Kehle. Aber hier draußen in der Wüste is' das anders. Kuck zum Beispiel, wie ich jetz' hier in Goffs lebe. Ein Freund von mir gibt mir diesen Wohnwagen für umsonst. Und die Craigs nehm' keinen Penny für den Stellplatz hier. Wüßte nich', was ich ohne die machen würde. Mrs. Craig is' 'n Goldstück, haste ja geseh'n. Und der olle Tom is' auch in Ordnung, wenn er nüchtern is'. Nee nee, so schnell find' man kein zweites Goffs ... nich' mal hier inner Wüste ...« Seine Stimme verebbte.

Durch ein Fenster schien das Mondlicht auf die leere Bourbonflasche.

Durch die offene Tür klang eine geisterhafte Melodie herein. Sie verlief in Vierteltönen wie ein Hindu-Gesang, aber ihr Rhythmus war weniger differenziert – eher westlich. Ihre Intensität nahm immer weiter zu. Mit jedem Moment gewann der Rhythmus ein bisschen mehr die Oberhand über die Melodie. Und bei dem brüllend lauten Höhepunkt dominierte das Schlagzeug schließlich völlig. Der Zug donnerte vorbei. Der Wohnwagen wackelte. Allmählich ließ der Lärm nach. Doch lange bevor die ruhelosen Gleise mit dem nächsten Hindu-Gesang anfingen, erbebte der Wagen in einem anderen Rhythmus.

Jim Taylor war schnarchend eingeschlafen.

Am nächsten Morgen ging ich mich von den Craigs verabschieden. Unterwegs kam mir der Schulbus entgegen. Die Fahrerin, die die Neuigkeiten nach Goffs brachte, winkte mir zu wie einem alten Freund.

Mrs. Craig war sichtlich aufgewühlt. Hinter ihrer Brille schien sie den Tränen nahe. »Es tut mir leid, aber ich bin nicht ganz bei mir heute morgen«, sagte sie. »Gerade sind schlechte Nachrichten eingetroffen. Wir kümmern uns für einen Freund, der mit einer Gehirnerschütterung im Krankenhaus liegt, um zwei junge Hunde. Er hätte sie nicht für 'ne Million Dollar weggegeben, nicht für 'ne Million. Mein Tom hat sie jeden Abend eingesperrt. Bloß gestern hat er ihre Tür nicht richtig zugemacht, wegen der Party, vermute ich. Die Schulbusfahrerin war gerade hier, und sie sagt, sie sind beide überfahren worden – offenbar von demselben Wagen – ein Stück weit die Straße runter. Mausetot alle beide, mausetot.«

Plötzlich fiel mir wieder ein, wie Goffs mich begrüßt hatte. »Diese Hunde«, sagte ich, »nicht etwa so ein kleiner Brauner und so was wie ein Terrier?«

»Genau die«, sagte Mrs. Craig. »Die nettesten kleinen Dinger, die man sich vorstellen kann ... die nettesten kleinen Dinger.«

Ich wachte auf und streckte meinen Kopf über den Viehtrog. Der Wind traf mich, als wäre ich in eine Fensterscheibe aus Eis gelaufen. Ich zog den Kopf wieder ein.

In dreizehnhundert Meter Höhe entfachte die aufgehende Sonne keine Wärme. Ich blieb eine Stunde lang eingemummelt in meinem Mumienschlafsack liegen und versicherte mir, dass der Fünfzehn-Meilen-Marsch zum nächsten Wasser an so einem Tag ein Kinderspiel sei. Zehn Zentimeter über meiner Nase klapperte und krächzte eine Eisenlasche, die am Ende des Trogs befestigt war. Auf den Steinplatten klebten Eisstücke. Irgendwo in einem Gebüsch beschwerte sich ein Vogel über den Wind.

Als die Sonne das Eis geschmolzen und die Welt wieder bewohnbar gemacht hatte, stand ich auf. Ich frühstückte und lief dann auf der Piste, die wie ein Pfeil durch die Ebene zog, weiter nach Westen.

Langsam gewann die Sonne Kraft. Doch der Wind behielt den ganzen Tag das Kommando.

Er entlockte dem Wald aus Joshua-Bäumen, der sich wie ein riesiger verfallender Obstgarten meilenweit hinzog, schrille Misstöne. Er sichelte über den Teppich aus Blumen und ließ ihn erzittern. Er erwischte eine Gruppe Rinder von der falschen Seite und bürstete sie gegen den Strich. Er seufzte durch die Augenhöhlen eines ausgebleichten Stierschädels. Er pfiff durch die Wände eines Steinschuppens, der ohne Dach und verlassen im Nirgendwo stand. Und als herumstromernde Wolken die Sonne verhüllten, da ging er mir bis ins Mark.

Am Nachmittag machte die Sonne das Laufen angenehm. Doch bei jedem Stopp erneuerte der Wind seine Bissigkeit.

Ich stieg weiter auf einen Sechzehnhundert-Meter-Pass zu. Die Sonne sank tiefer. Der Wind legte noch mal zu. Er kam wie aus Düsen von grauen Gipfeln herunter und peitschte über die sandige Piste. Er verstümmelte mein kurzes Gespräch mit dem einzigen Menschen, den ich während des ganzen Tages zu Gesicht bekam – einem freundlichen Jagdaufseher, der von einem Abstecher in die Berge zurückkam.

Mit Anbruch der Nacht wurde der Wind richtig ekelhaft. Ich konnte kaum glauben, dass ich hier in der Mojave-Wüste sein sollte und dass ich mir einen Tagesschnitt von fünfzehn Meilen auferlegte, weil es im Death Valley so heiß war.

Ich erklomm den Pass. Verkümmerter Wacholder trat an die Stelle der Joshua-Bäume. Der Wind wurde zum Sturm.

Ich fand das sich rasend drehende Windrad, das ich suchte, und lagerte im Windschatten einer verfallenen Hütte. Sie war eins von vier Gebäudegerippen, die in den Tagen der Indianer zusammen ein Regierungsfort gebildet hatten, und der Wind ließ in ihren Hohlräumen einen Chorgesang geisterhafter Kriegsschreie entstehen. Es gelang mir schließlich, trotzdem einzuschlafen, aber nach einer Stunde wachte ich wieder auf und zog zum ersten Mal seit Mexiko warme Sachen im Bett an.

Die Nacht nahm dem Wind ein bisschen die Schärfe und bis zum nächsten Nachmittag hatte die Sonne beinahe gleichgezogen.

An diesem Nachmittag machte ich einen Umweg an einem Steilabbruch aus Granit entlang. Eine Umgebung aus Granit hat etwas Kräftiges und Einfaches und Ehrliches an sich. Und dazu Überraschungen. Unvermittelt lief ich in eine versteckte Nische. Braune Granitwände hielten den Wind ab und reflektierten die Wärme der Sonne. Der Boden war mit glänzenden Kristallen gepflastert. Am anderen Ende standen die Steinstühle der Priester im Kreis um einen Opferaltar. Davor warfen sich gerade zwei knorrige Wacholderbüsche zu Boden. Und Kakteen verzierten jeden der kleinen Schreine.

In dieser Nacht schlief ich in einer geschützten Granitspalte. Das Gestein hatte den ganzen Nachmittag in der Sonne gebacken und fühlte sich noch lange nach Einbruch der Dunkelheit warm an. Doch der Steilabbruch lag höher als das alte Regierungsfort, daher zog ich von vornherein dicke Sachen zum Schlafen an. Eine Stunde später wachte ich schwitzend auf – und begriff, warum die kaltblütigen Klapperschlangen bevorzugt in Felsspalten wohnen.

Bei Sonnenaufgang kauerte ich mich in eine Nische am Rand des Steilabbruchs und fotografierte eine breite Senke, die ich durchqueren musste. Gut dreihundert Meter unter mir fiel eine schmutzig grüne Ebene sanft nach links ab. Dreißig Meilen weiter ging sie in einen natürlichen Erosionstrichter über, der – ähnlich wie ein Wasserabfluss Müll einfängt – eine Ödnis aus Sanddünen um sich herum angesammelt hatte. Schon das erste Sonnenlicht ließ die Dünen in gewohnter Hitze aufglühen, während hinter ihnen, auf Bergen, die sich bis in weite Entfernungen erstreckten, Schnee glänzte. Und hier oben auf meiner Granitkante betäubte es mir die ungeschützten Handgelenke vor Kälte, sobald ich in den Wind hinaustrat.

Ich begann den Abstieg. Mit jedem Schritt ließ die Bissigkeit des Windes nach. Der Wacholder nahm immer mehr ab und verschwand dann völlig. Ich erreichte die Ebene.

Sie war nicht mehr schmutzig grün, sondern gelb, violett und rot gemasert. Und die Blumen zitterten nicht mehr, sondern wiegten sich in einer sanften Brise, die offenbar an einem Hochofen vorbeigekommen sein musste und gezähmt worden war.

Mittags war es bereits heiß. Ich pausierte in einer geschützten Mulde. Nach dem Essen streckte ich mich auf dem weichen Sand aus und betete die Sonne an. Über mein Gesicht liefen Schweißtropfen.

Das Fleisch lebt ausschließlich in der Gegenwart. Dort in der Mulde war die Erinnerung an den brutalen Nordwind schon verblasst. Und die Gegenwart ließ bereits ganz deutlich die Zukunft anklingen. Das Death Valley wurde plötzlich sehr wirklich.

Ich durchquerte das Becken der Senke, ließ die Dünen weit links liegen und schlug mein Lager bei Marl Spring auf. Beim folgenden Sonnenaufgang machte ich mich auf einem alten Pfad nach Westen auf.

Siebzehn Meilen vor mir befand sich mein erstes Wasserdepot. Zumindest hoffte ich das. Nachdem ich im Death Valley Depots angelegt hatte, war mir auf der Fahrt nach Süden aufgefallen, dass es auf den gut dreißig Meilen zwischen Marl Spring und der kleinen Siedlung namens Baker kein Wasser gab. In einer Sandmulde etwa in der Mitte hatte ich eine Fünf-Gallonen-Flasche vergraben, auf der ich einen Zettel hinterlassen hatte:

»Wenn Sie diese Vorratsflasche finden, lassen Sie sie bitte unberührt. Ich komme im April oder Mai *zu Fuß* hier vorbei und bin auf sie angewiesen.«

Ich hatte die Stelle sorgfältig getarnt und mit einem großen schwarzen Stein gekennzeichnet.

Während ich von Marl Spring aus auf dem Pfad nach
Norden lief, redete ich mir die ganze Zeit ein, dass ich
den Stein problemlos finden würde. Sollte mich mein
Gedächtnis im Stich lassen, hatte ich eine Kartenskizze.
Es konnte nichts schiefgehen ... wenn nicht irgendwer
den aufgewühlten Sand entdeckt hatte, ehe der Spuren
verwischende Märzregen gefallen war; wenn die Nie-
derschläge nicht einen neuen Wasserlauf gebildet hatten, der alles fortspülte; wenn nicht Wind oder Wasser
eine Düne über dem Versteck angehäuft hatten; wenn
nicht ...

Ich vergrößerte meine Schritte.

Der Pfad erreichte die gegenüberliegende Kante der
Senke und ging dann abwärts. Ein neuer Anblick tat sich
auf. Die näheren Abhänge waren mit schwarzen Basalt-
hügeln durchsetzt. Doch dahinter senkte sich ein ungeheurer offener Raum herab und setzte sich immer weiter
fort, bis er schließlich in den Fuß einer riesigen, dunsti-
gen Masse überging. Irgendwo durch diese Berge schnitt
sich das Tal des Todes, das Death Valley. Ich befand mich
rund dreizehnhundert Meter über dem Meeresspiegel und
die gerade aufgegangene Sonne machte sich auf meinen
nackten Beinen bereits warm bemerkbar. Das Death Valley lag hundert Meter *unter* dem Meeresspiegel. Und die
Sonne wurde mit jedem Tag heißer.

Wenig später verschwand der Pfad. Doch ein vertrock-
neter Wasserlauf führte direkt zu meinem Wasserversteck,
sodass ich über festen Sand weiterlief. Nur noch sechzehn
Meilen. Jetzt musste ich nur noch – wenigstens dieses
eine Mal – meine Kameras vergessen und sehen, dass ich
vorankam.

Doch die Mojave hatte diesen Tag dazu auserkoren, um ein opulentes Schauspiel aufzuführen. Eine herausfordernde Szene nach der anderen lockte, verleitete, versuchte und winkte oder tat ganz allgemein alles Erdenkliche, um den Fotografen in mir zu verführen.

Es begann mit dem üblichen »Na komm schon, Carmen«[5] der Blumen. Scharlachrote Kastilleen beleuchteten meinen Weg wie Fackeln. Ein zerbrechlicher, malvenfarbener Cognac-Schwenker, durchscheinend und wunderschön geädert, entzückte mich mit dem grellen Kontrast seiner fünf roten Feder-Intarsien.

Carmen wurde von Soldaten eskortiert. Eine Abteilung von sechs kakteenartigen Yuccas stand Rücken an Rücken, isoliert, aber trotzig, die grünen Bajonette entschlossen zum Schutz von sechs großartigen weißen Blüten vorgereckt. »Die Frauen in die Mitte!«, schienen sie zu brüllen (womit Carmen Jones im Wilden Westen landete). »Und erst schießen, wenn ihr das Weiße in den Augen der verdammten Rothäute seht!« Hinter den Yuccas verteidigte eine Abteilung stachliger Kakteenbabys einen vulkanischen Steinblock. Jeder der rundlichen kleinen Soldaten beugte sich aus dem Verteidigungsring heraus und gestikulierte mit seinen knubbeligen Puppenarmen. Allerdings schienen sie alle die nächstmögliche Rückzugslinie im Auge zu haben, ab durch die Mitte.

Auch die Kulisse war außergewöhnlich. Schwarze, konisch zulaufende Hügel drückten sich eng aneinander. Lavazungen leckten an den Rändern der Senke. Entfern-

---

[5] Fletcher bezieht sich hier und anschließend auf das erfolgreiche Broadway-Stück *Carmen Jones*, das 1955 von Otto Preminger unter demselben Titel verfilmt wurde. Darin wird das klassische Eifersuchtsdrama von Bizet unter Farbige der amerikanischen Südstaaten verlegt. – Anm. d. Ü.

te Schneegipfel schwebten über Sanddünen und einem blendenden Salzsee.

Und jede Bühnenrequisite spielte ihre Rolle. Drahtige Schmarotzerbüsche errichteten orangefarbene Miniatur-Iglus. Leoparden-Eidechsen flohen, sobald man sich näherte. Ihre tarnfarbenen Vettern legten den Kopf schief und linsten spöttisch in die Kamera.

Kein Mensch mit heißem Fotografenblut in den Adern hätte einer derart gut inszenierten Hexerei widerstehen können. Ich erlag der Verführung jedenfalls schnell. Und der Liebesakt erwies sich als so ablenkend, dass ich in drei Stunden nicht einmal drei Meilen schaffte.

Wem es lediglich darum geht, Erinnerungsfotos von Tante Emma vor ihrem Laden zu machen, der wird nie begreifen, wieso das Fotografieren so viel Zeit verschlingt. Nicht nur, dass ich mit Bildkomposition, Schatten, Tiefenschärfe, Lichtwechsel, Parallaxe und einem wackligen Stativ kämpfen musste. Ich musste zudem mit dem unruhigen Wesen von Eidechsen zurande kommen, mit den unwiderstehlichen Verlockungen immer noch hinreißenderer Anblicke, je näher ich der abzulichtenden Blume kam, sowie mit einem Fünfundzwanzig-Kilo-Rucksack, der bei so ziemlich jedem Bild abgenommen und danach wieder aufgesetzt werden musste. Drei solche Stunden, und auch ein Anfänger mit einem Klickkasten hätte begriffen, wie man für drei Meilen so lange brauchen kann.

Um neun schwor ich einen heiligen Eid, pro Stunde nicht mehr als zehn Minuten zu fotografieren. Dann stakste ich die Senke hinab.

Doch die Festspiele der Mojave-Wüste gingen weiter, Stunde um Stunde. Manchmal fanden die Szenarien auf Miniaturbühnen statt. Während meiner Elf-Uhr-Pause beobachtete ich eine Fliege, die eine sechs- oder sieben-mal größere grüne Raupe an meinen Zehen vorbeitrans-portierte. Sie hatte kurze Flügel und lange Beine. Zum Laufen benutzte sie nur eins ihrer vielen Beinpaare; die übrigen hatte sie um die Raupe geschlungen. Mit diesem Brocken unter sich wie eine Bombe unter einem Flugzeug kämpfte sie sich meterweit über unebenen Sand, wobei sie brummend die Flügel zu Hilfe nahm, wenn es schwie-rig wurde. Schließlich ließ sie die Raupe neben einem kleinen Loch fallen, in dem sie kopfüber verschwand. Dann tauchte der Kopf wieder auf. Ein Paar langer Beine erschien und zog die Raupe außer Sicht. Meiner Uhr zu-folge hatte die Vorstellung zwanzig Minuten gedauert – genau wie meine Pause.

Gegen Mittag begann auch das Wetter mich aufzu-halten. Dünne Wolken zogen von Norden heran. Sie umkreisten sich und verschmolzen miteinander. Jede Luftbewegung erstarb. Die Wolkendecke verdichtete sich und Luftfeuchtigkeit intensivierte die Hitze. Der Sand wurde weicher. Ich schleppte mich dahin und sagte mir immer wieder, dass dies keiner jener Tage sein würde, an dem der Wille zum Weiterlaufen sich einfach in nichts auflöst. Bei einer meiner Nachmittagspausen lehnte ich mich an meinen Rucksack – und wachte eine Viertel-stunde später wieder auf. Während ich mich zur Teezeit fragte, wie es zwei pelzigen, schwarzen Raupen gelingen konnte, über die Glut meines Feuers zu kriechen, ohne sich ein Haar zu versengen, schlief ich erneut ein.

Und in der Art ging es weiter, während ich den Ab-hang einer Bühne hinabtrottete, die es an Darbietungen mit einem Zirkus aufnehmen konnte – und der schlecht beleumundeten Mojave ebenso wenig entsprach, wie es die windgepeitschte Ebene getan hatte.

Der Nachmittag ging auf den Abend zu. Der Sand wurde immer noch weicher. Ich beschleunigte mein Tempo – nur um immer wieder festzustellen, dass ich langsamer geworden war. Schließlich kam ich gegen sechs Uhr an eine vertraute Lava-Formation. Vor sechs Wochen hatte ich den Wagen neben ihr abgestellt und eine riesige Wasserflasche über sie hinweg-, eine Rinne auf der anderen Seite hinab- und in eine Sandmulde geschleppt.

Inzwischen existierte die Fahrspur nicht mehr, auf der der Wagen gestanden hatte. Schwere Regenfälle hatten den Schotter tief ausgewaschen. Wenn sie der Sandmulde auf der anderen Seite auch so zugesetzt hatten ...

Ich kletterte auf den Lava-Rücken. Vor sechs Wochen war dieser Ort düster und stickig gewesen. Jetzt funkelte er vor Blumen, selbst im schwindenden Licht. Die Luft war schwer von Duft. Ich erreichte die Lava-Kante. Zu meinen Füßen verlief die Rinne. Ich spähte hinunter. Neben einem Busch lag der schwarze Merkstein. Ich war mir ziemlich sicher, dass er nicht bewegt worden war. Meine Müdigkeit war verflogen und ich sprang in die Rinne hinab.

Und dann erstarrte ich.

Ich hörte mich selbst »Oh!« sagen. Die Bühnenshow hatte den atemberaubendsten Anblick von allen für das Finale aufgehoben. Am Fuß der Rinne schwebten zwei ätherische gelbe Halbkugeln über dem Sand. Ihre Blütenblätter glühten in magischem Leuchten.

Während ich einen Fotoapparat herausholte, ging mir durch den Kopf, dass kein vernünftiger Mensch, der dreihundert Meilen durch eine von Blumen überquellende Wüste gelaufen war, der den ganzen Tag lang nolens volens Blüten zertreten hatte, der hungrig und müde war und nicht sicher wusste, ob sein Wasserdepot noch unversehrt existierte, dass also kein vernünftiger Mensch … Ich brachte die Kamera in Anschlag.

Bis das erste Bild gemacht war, hatte das Licht seine Leuchtkraft verloren und die beiden gelben Visionen auch ihr ätherisches Glühen. Sie waren zu Blumen geworden. Zu zwei sehr schönen Blumen zwar, aber dennoch zu etwas Irdischem.

Betrübt, dass der Vorhang nun endgültig gefallen war, ging ich zu dem Busch hinüber, schob den Stein weg und grub die riesige Flasche aus. Das Wasser war klar wie am Tag des Verbuddelns. Die Schrift auf dem Zettel war zwar vom Regen verwischt, aber immer noch lesbar.

Ich trank einen Becher von dem kühlen Wasser und lief dann weiter die Rinne hinunter, um eine bessere Lagerstelle zu finden.

Während ich lief, wurde die graue Wüste heller. Ich hielt an und blickte nach oben. Direkt über mir stach ein Finger aus Sonnenlicht aus einem Wolkenloch und bestrich eine Kette schwarzer Lava-Hügel wie ein Flammenwerfer.

Allerdings waren diese schwarzen Hügel gar nicht mehr schwarz. Sie waren auch nicht abendrot. Sie waren über bloße Erhitzung und über weißes Glühen hinaus zu etwas Reinerem gekommen. Sie glühten in einem strahlenden Magenta, das nie eine einzige, definierbare Farbe war, sondern erblühte und aufwallte und sich zu tausend überirdisch strahlenden Nuancen auffächerte, bis die ganze Hügelkette zu einem pulsierenden Farbmosaik wurde, das zwischen schwarzer Lava und grauem Himmel festgehalten wurde.

Das Ende war ein langsames Verschwinden. Schließlich war ein Moment da, an dem das Purpur des grenzenlos Majestätischen nicht mehr purpurn war, sondern schwarz.

Und als ich da – ein bisschen atemlos – in der grauen Senke stand und der Wind mir plötzlich kalt ins Gesicht blies, da wusste ich, dass ich mit diesem Finale der Aufführung endlich auch den Höhepunkt erlebt hatte, den die Wüste mir an jenem Abend am Colorado vorenthielt, als ich die Berge von Arizona jenseits des Schilfs hatte Feuer fangen sehen. Ich begriff nun auch zum ersten Mal etwas von der Magie, die Menschen an die Wüste bindet. Und ich schien nicht nur einen weiteren der Hinweise zu vernehmen, die der springende Fisch mir gegeben hatte – Andeutungen des wahren Grunds für meine Tour –, sondern zugleich die definitive Versicherung, dass ich die Enthüllung dieses Geheimnisses nicht zu erzwingen brauchte. Ja, dass ich sie nicht erzwingen *durfte*. Wenn ich die Gründe sich selbst überließ, würde sich am Ende alles klären.

Ich ging langsam zu meinem Wasserdepot zurück und bettete mich zwischen die Blumen.

Als ich am nächsten Tag auf die kleine Ansiedlung namens Baker zulief, begann ich zu verstehen, woher die Mojave-Wüste ihren Ruf hatte.

Ich schnitt eine rund hundertfünfzig Meilen lange und relativ hoch gelegene Ecke der insgesamt fünfzehntausend Quadratmeilen der Mojave ab. Und es war erst April – der Sommer hatte noch gar nicht recht begonnen, sein Feuer zu schüren. Doch obwohl Baker mehr als dreihundert Meter über dem Meeresspiegel lag, war die Wüste hier bereits richtig wüstenartig. Die meisten Blumen waren verdorrt. Selbst die Kreosot-Büsche wirkten schwach und leidend. Und zum ersten Mal seit meiner

Abkürzung durch die Seitenschluchten des Colorado litt auch ich unter der Hitze.

Baker war kaum mehr als eine bewohnte Straßenkreuzung. Ein Thermometer an der ersten Tankstelle zeigte 33 Grad Celsius an.

»Heute Nachmittag war'n es schon fünfunddreißig«, versicherte mir ein gut gelaunter kleiner Mann. »Tja, Sir, es wird wohl bald heiß werden.«

Er ließ aufmerksame Augen über meinen Rucksack schweifen. »Was denn? Sie wollen durch's Death Valley? Auweia, da müssen Ihre Füße aber besser beieinander sein als Ihr Kopf. Derzeit müssen's da oben schon gut über vierzig Grad sein. Und es werden täglich mehr. Ich hab jahrelang direkt im Valley gelebt, auch im Sommer, ich weiß, wovon ich rede. Ich bin 'ne echte Wüstenratte, müssen Sie wissen, 'ne echte Wüstenratte.«

»Was für Temperaturen werden es denn so am Talboden?«, fragte ich – und wartete gespannt.

Wenn man in ein fremdes Land reist, sollte man über ein gewisses Talent darin verfügen, Fakten von Phantasie zu trennen. Der einzig zuverlässige Informant ist derjenige, der einerseits weiß, wovon er spricht, und sich andererseits nicht zuzugeben scheut, dass er nicht alles weiß. Solche Leute trifft man jedoch nicht jeden Tag. Die sicherste Methode, um herauszufinden, ob man jemanden dieses Typs gefunden hat, liegt darin, Fragen zu stellen, deren Antworten man schon kennt.

Ich kannte die Werte der Death-Valley-Temperaturen ganz genau. Der Rekord – aufgestellt 1913 und viele Jahre lang Weltrekord – liegt bei fraglichen 56,6 Grad. Spätere und zuverlässigere Messungen lagen nie höher als 52,7 Grad. In den meisten Jahren liegt die Höchstmarke bei 51,1 Grad bis 51,6 Grad.

Die Baker-Wüstenratte stürzte sich auf meinen Köder. »Sommer-Temperaturen im Valley?«, sagte er. »Na ja, genaue Zahlen hab ich natürlich nicht, aber es wird heiß da, das können Sie glauben. Hier in Baker liegen die Spitzenwerte im Sommer so zwischen einundfünfzig und vierundfünfzig. Und manchmal …« – er drehte sich zu seiner Frau um – »kommen wir auch auf siebenundfünfzig, oder?«

»Oh, aber nicht sehr oft, Schatz.«

»Nein, sehr oft nicht. Aber es kommt vor. Und für's Valley kann man getrost noch mal zehn Grad drauflegen. Sie sollten sich also auf 'ne ordentliche Schwitzkur einstellen, mein Lieber.«

Hinter Baker sank die Mojave-Ebene über eine Strecke von fünfzig Meilen ständig ab, ehe sie auf die Berge stieß, die das Death Valley einschlossen. Meile um Meile wurde die Wüste karger. Die Blumen verschwanden. Die Vegetation wurde spärlicher, der Boden sandiger. Tag für Tag schwärte die Hitze auf ihren Höhepunkt zu.

Um trotzdem für das Death Valley fit zu sein, nahm ich mir vor, an der Saratoga-Quelle an seinem Südrand einen Ruhetag einzulegen. Und ich beschloss, die fünfzig Meilen Straße zwischen Baker und Saratoga der Sicherheit halber als Teststrecke zu nehmen. Jeden Morgen war ich vor Sonnenaufgang auf den Beinen. Bis neun oder zehn Uhr hatte ich das Zehn-Meilen-Tagespensum hinter mir. Ein Wind, der aus der Hölle stammte, mochte dann einen Ringkampf mit meinem Poncho vom Zaun brechen, aber schließlich gelang es mir doch, ihn – den Poncho – zwischen Kreosot-Büschen aufzuspannen und dankbar in seinen Schatten zu kriechen.

Und da lag ich dann den größten Teil des Tages, las in meinem Buch oder sorgte mich um geringfügige materielle Details von der Art, wie sie im normalen Leben allenfalls die Farbe der Zahnbürste betrifft oder so. Es waren Dinge, die schon die ganze Zeit heftig in meinem Kopf herumspukten. (Später war ich verblüfft, als ich merkte, *wie* heftig. In meinen Aufzeichnungen fanden sich massenhaft schwergewichtige Informationen zu Themen wie die Position und der Heilungsverlauf meiner einzigen Blase oder die genauen Grenzen der Kastanienbräune auf meinem Körper.)

Während dieser letzten heißen Tage vor dem Death Valley beherrschten solche Kleinigkeiten mein Leben.

Kurz vor Baker hatte ich mit einem Experiment begonnen, das für mich genauso bedeutsam war wie die Markteinführung eines neuen Modells für General Motors: Ich probierte das Laufen ohne Hemd. Würden die Schulterriemen scheuern? Würde ich zu viel Flüssigkeit verlieren? Würde ich mir einen Sonnenbrand holen? Würde ich mich wirklich frischer fühlen? Eine Woche immer längerer Versuche ergab für die ersten drei Fragen ein klares Nein und ein nachdrückliches Ja für die vierte. (Sie erbrachte auch die völlig uninteressante Nebenerkenntnis, dass eine Schulter brauner wurde als die andere.)

Doch am Tag, an dem ich Baker verließ, fingen krampfartige Schmerzen an, meine Beine und Schultern heimzusuchen. Gegen Abend war ich wie benommen. Ich schleppte mich die Straße entlang, malte mir die Tragödie aus, mitten im Death Valley einen Ausbruch von Kinderlähmung zu erleben, und hatte ein dunkles Vergnügen daran. Doch kurz darauf fiel mir ein Gespräch wieder ein, das ich auf der Fahrt nach Süden mit einem Death Valley Ranger gehabt hatte.

»Wenn Sie bis Mitte April so weit kommen«, hatte er

gesagt, »heizt es sich auf und Sie werden vermutlich feststellen, dass Sie zusätzliches Salz brauchen. Ich selbst nehme nur eine Tablette am Tag – mein Magen verträgt nicht mehr. Aber einer von den Männern hier nimmt zwanzig. Wenn er das nicht macht, landet er mit 'nem Hitzschlag im Krankenhaus. Sie müssen für sich selbst rausfinden, wie viele Sie brauchen.«

Am Abend nach Baker nahm ich zwei. Die Schmerzen ließen nach. Am nächsten Tag lutschte ich beim Laufen jede Stunde eine. Am vierten Tag war ich bei einer Acht-Tabletten-Dosis angekommen und die Schmerzen waren verschwunden. Mit ihnen verschwanden auch die letzten Reste vage genießbarer Besorgnis. Es gibt Momente, in denen mir – wie jedem Hypochonder mit einem Hauch von Nächstenliebe – diejenigen leid tun, die kleinere Wehwehchen stoisch ertragen. Sie verpassen so viel.

Ich hatte den Salzmangel gerade noch rechtzeitig behandelt. Am vierten Morgen nach Baker verließ ich, fast schon am Fuß der Berge, die Straße, und um sechs Uhr überschritt ich die unsichtbare Grenze zum Death Valley National Monument.

Die Sonne war gerade erst vor einer Stunde aufgegangen, aber die Ebene wirkte bereits wie eine Herdplatte. Direkt hinter der Nationalparkgrenze verschwand auch das letzte kümmerliche Gestrüpp. Ich trottete über kahles Geröll zur Saratoga-Quelle. Jetzt nur noch vier Meilen und dann ein Tag Pause.

Wenig später fingen die Salzebenen an. Anfangs war die Kruste fest und trocken. Dann fing ich an einzubrechen und auf der feuchten Schicht darunter wegzurutschen. Die Sonne knallte von einem strahlend blauen Himmel herunter; ihr Licht knallte von strahlend weißem Salz zurück. Schweiß lief meinen nackten Rücken hinab.

Einmal hielt ich an, um ein Bild zu machen. Der Vorgang erforderte beträchtliche Konzentration. Danach den Rucksack wieder aufzusetzen war geradezu Arbeit. Dann schleppte ich mich wieder durch blendendes Weiß. Die Hitze hämmerte von allen Seiten auf mich ein und verwandelte mein Gehirn in eine harte, unempfängliche Masse.

Schließlich erspähte ich am Fuß einer Vorgebirgskette etwas Grünes. Schliddernd und rutschend kämpfte ich mich auf dem nassen Salz in seine Richtung.

Warmes Wasser schwappte wunderbar um meine Schultern und verwöhnte meinen nackten Körper.

Ich stand auf Zehenspitzen und blickte durch einen Spalt im Schilf, das den Teich umrahmte. Zwei Meter weiter fing die Salzkruste an, durch die ich mich vor zehn Minuten hindurchgekämpft hatte. Ihr Weiß waberte in der Hitze.

Ich sah in das klare, blaue Wasser hinab. Überall um meine Füße herum pusteten Miniaturquellen kleine braune Sandwölkchen empor. Ich schwamm langsam durch den Teich und vor mir huschten überall winzige Fische davon. Manche waren silbrig, manche von strahlendem Aquamarin. Ich kletterte aus dem Wasser und ließ mich in der Sonne trocknen. Dann ging ich wieder in den Schatten der riesigen Tamariske.

Den ganzen Vormittag fläzte ich mich dort nackt und erfrischt herum und kam mir vor wie Adam im Garten Eden.

Als ich mittags Feuerholz von einem Stapel alten Bauholzes zusammensuchte, fiel mir plötzlich ein schwaches Summen auf, wie von einer Fliege an einem Fenster. Durch die Tamariske raschelte gerade ein Windstoß, daher bückte ich mich, um das Geräusch besser orten zu können. Und machte einen hastigen Schritt zurück. Neben dem Holzhaufen lag eine verrostete Axt. Ich hob sie auf und schob ein Holzbrett zur Seite. Das Geräusch wurde deutlicher. Und dann sah ich, dicht bei der Stelle, an der meine Hand gewesen war, einen schmalen, gesprenkelten Körper. Er begann sich in ein Loch zwischen zwei Steinen hineinzuschieben. Bevor die Schlange – immer noch leise klappernd – verschwinden konnte, brachte ich einen Hieb mit der Axt an. Danach war Blut auf dem Stein.

Erst unter dem Baum in meinem Garten Eden fiel mir auf, dass diese Schlange nichts Böses ausgestrahlt hatte. Diesmal hatte ich, wie Eva, nur Neugier empfunden.

Ich verbummelte den Nachmittag im Schatten meiner Tamariske. Zwischen ihren Zweigen huschten hübsche Vögel umher, die im Schatten pechschwarz wirkten, in der Sonne jedoch in einem irisierenden Blau erstrahlten. Gelegentlich ließen sie eine besänftigende Melodie erschallen, die derart »flüssig« wirkte, dass ich neben einem Gebirgsbach hätte liegen können. Die einzigen Wermutstropfen dieses Tages bestanden in großen, schwarzen Fliegen, die mit Bosheit und Präzision zustachen. Meine Anti-Mücken-Lotion half nicht gegen sie. Wenn ich direkte Treffer bei ihnen gelandet hatte, verfütterte ich die Leichen an eine getigerte Eidechse, die auf einer meiner Feldflaschen saß und sie vom Ende eines Stocks annahm – wie Cocktailkirschen.

Während meiner zwei Tage an der Saratoga-Quelle gab es nur zwei Störungen. Ein Mann, der von seinem Pickup aus in den umliegenden Tälern gejagt und die Quelle als Basislager genommen hatte, kam kurz zurück. Er gäbe es auf, sagte er, wegen der Hitze. An diesem Morgen habe er sich oben in den Felsen »richtig benebelt« gefühlt. Er überließ mir eine Gallonenflasche Wasser, die er »unter einem Haufen Steine oben in den Bergen gefunden« hatte. Es schmeckte erheblich besser als das alkalische Quellwasser, aber jedes Mal, wenn ich einen Schluck davon trank, fragte ich mich, ob jemand mit derselben lässigen Einstellung wie dieser Bergbanause über meine eigenen kostbaren Depots gestolpert war.

Kurz nachdem der Bergbanause sich verzogen hatte, kamen zwei Death-Valley-Ranger, die sich vergewissern wollten, dass ich heil angekommen war. (Ich hatte den Ober-Ranger, wie ausgemacht, von Baker aus angerufen.) Sie berichteten, dass die Temperaturen am Tag zuvor an der Vierzig-Grad-Marke gekratzt hätten. Das Minimum habe bei sechsundzwanzig gelegen. Als sie wieder abfuhren, nahmen sie meinen Schlafsack mit. Er wog rund zweieinhalb Kilo und wenn die Nachttemperaturen nicht unter sechsundzwanzig fielen, würde ich wohl kaum frieren.

Auf der Fahrt nach Süden hatte ich in der Nationalparkverwaltung die Temperaturaufzeichnungen aus dem Death Valley studiert. Darin gab es Zyklen, die wiederkehrenden Mustern folgten. Die Phasen großer Hitze hatten sich immer langsam aufgebaut. Tag um Tag stiegen die Temperaturen gleichmäßig an, dann fielen sie über Nacht wieder schlagartig. Für ein, zwei Tage herrschte dann relative Kühle, danach begann das Quecksilber wieder zu klettern. Nichts deutete darauf hin, dass jetzt ein Temperatursturz zu erwarten war, und je mehr ich darüber nachdachte, desto mehr Dankbarkeit empfand ich darüber, dass mich der Ober-Ranger damals überredet hatte, nur zehn Meilen Abstand zwischen meine Wasserdepots zu legen. Auch so versprachen die heiklen fünfzig Meilen vor mir noch fünf ungemütliche Tage.

Auf diesen fünfzig Meilen würde ich kein Trinkwasser finden außer meinem vergrabenen. Und Gravel Well (Geröllbrunnen), die erste »natürliche« Wasserstelle, bot keinen Schatten. Bennett's Well allerdings, ein paar Meilen weiter, war von Mesquite-Gebüsch umstanden. Fünf Tage lang würde dieses Gestrüpp mein Ziel bilden. Oberhalb von Bennett's Well ragte in dreitausenddreihundert Meter Höhe in der Westwand des Tals die schneebedeckte Spitze des Telescope Peak auf. Fünf Tage lang würde dieser Schnee mein Leuchtfeuer sein.

Aber bis es so weit war, gedachte ich meinen Rasttag damit zu verbringen, mich im Luxus der Saratoga-Quelle zu suhlen.

Die Tamariske und der blaue Teich waren noch nicht die ganze Oase. Nicht weit von dem Baum stand ein kleines, verputztes Gebäude. Den Rangern zufolge war es vor Jahren im Rahmen eines erfolglosen Versuchs errichtet worden, das »Heilwasser« der Quelle kommerziell auszubeuten. Mein Swimmingpool floss in eine sumpfige Fläche ab, an deren anderem Ende sich ein flacher See befand. In dieser Nacht erdröhnte dieses Feuchtgebiet vor Fröschen. Und am nächsten Morgen beherbergte der See eine Versammlung von Enten, die sich stritten wie Politiker.

Am mittleren Vormittag kletterte ich mit meinen Fotoapparaten auf die Hügel hinter der Quelle. Gesteinsformationen durchzogen ihre Hänge in verblüffend klaren braunen, schwarzen und roten Streifen. Es wehte ein kräftiger Westwind, aber die Hitze verlor dadurch nichts von ihrer Gewalt. Der Wind verwirbelte den See zu einer funkelnden blauen Scheibe, hinter der, nach Norden hin, die Salzkruste flimmerte. Links von mir leuchtete zwei Meilen entfernt der Schnee des Telescope Peak. Rechter Hand erhob sich die Abrisskante der Amargosa-Kette. Und eingeschlossen zwischen diesen beiden lag – wie eine Leiche in ihrem Wüstengrab – die graue Mulde namens Death Valley.

Der Wind nahm zu. Ich stieg höher auf den Bergrücken. Der Wind wurde ein halber Sturm. Als ich meinen Hut wieder aufsetzte, nachdem ich ihn zum Abschirmen der Kamera verwendet hatte, vergaß ich einen unaufmerksamen Augenblick lang, das Hutband wieder unter mein Kinn zu streifen. Ehe ich eine Hand heben konnte, hatte der Wind sich den Hut geschnappt und trieb ihn falkengleich hoch in die Luft.

Plötzlich knallte die Sonne auf meinen Kopf wie ein Knüppel.

Ich kann dem entfliegenden Hut nicht länger als zwei oder drei Sekunden nachgestarrt haben, aber ich glaube, das Gefühl der Hilflosigkeit angesichts der immer kleiner werdenden, trudelnden braunen Form werde ich nie vergessen. Ich stand reglos da und sah sie in den harten, blauen Himmel davonwirbeln.

Der Hut verschwand hinter einem der phantastisch gefärbten Höhenrücken, die sich bis zum Ende meines Blickfelds hinzogen. Sein Verschwinden brach den Bann. Ich fiel in Laufschritt. Während ich rannte, fiel mir Chickenhouse Smith wieder ein, wie er das Foto von der Leiche neben dem Fahrrad betrachtete. »Ohne Hut – kein Wunder«, hatte er gesagt. Ich lief über nackten Fels weiter. Ein Hutersatz im Death Valley? Hier konnten Tage vergehen, ehe ich jemanden zu Gesicht bekam. Und zwischen den endlosen Anhöhen konnte ich stundenlang herumsuchen, ohne den Hut zu finden. Ich kletterte auf einen schokoladenbraunen Felsrücken. Und da, mit dem Band ordentlich über eine Felsnadel gehängt, war der Hut.

Langsam stieg ich den Hügel hinunter. Jetzt, da die Gefahr vorbei war, spürte ich Dankbarkeit, dass die Wüste mich rechtzeitig daran erinnert hatte, was für ein schmaler Grat zwischen Sicherheit und Tragödie liegt – und wie leicht einen ein unaufmerksamer Augenblick von dieser auf jene Seite stolpern lassen konnte.

Unten im Lager ächzte die Tamariske im Wind. Als ich einen Brief zu schreiben versuchte, zerriss mir das Papier in der Hand. Bis vier Uhr war aus dem Wind ein richtiger Sturm geworden. Die Hitze blieb dennoch erstickend.

Dreißig Meilen entfernt wirbelte ein riesiger Sandkeil aus einem Bergeinschnitt. Er ergoss sich über die Salzfelder und verdunkelte die Sonne. Oben im Valley verdichtete sich der Hitzedunst zu einem Salz-und-Sand-Nebel.

Der Wind erreichte eine neue Qualität. Er peitschte den friedlichen Swimmingpool in ein Chaos mit herumfliegendem Schutt. Sand- und Salzkörner stachen mich überall. Die Tamariske über mir schwankte bedrohlich. Mein Blick ging immer wieder zu zwei Bruchstellen, an denen erst vor kurzem schwere Äste abgeknickt waren.

Gegen sechs verzog ich mich in das verputzte Haus.

Innen war der Sturm nur noch ein böiger Wind. Durch das Fenster konnte ich lediglich einen Ausschnitt des grauen, sandgefüllten Himmels sehen. Ich versuchte zu lesen, aber meine Gedanken schweiften immer wieder zu den kritischen fünf Tagen, die vor mir lagen. Sollte ich, wenn dieser Wind anhielt, am kommenden Morgen nach Norden aufbrechen? Solange der Sandsturm durch das Tal tobte, konnte ich meine Wasserdepots ganz leicht verfehlen …

Als das Licht nicht mehr ausreichte, klappte ich mein Buch zu und lehnte mich an die Wand hinter mir. Sie bebte unter den Schlägen des Sturms. Ich saß da und fragte mich, ob die Risse in der gegenüberliegenden Wand tatsächlich größer wurden.

4 Durch das Death Valley

Ich erwachte vor Tagesanbruch und hörte das Schilf in einer sanften Brise rascheln. Die Tamariske war beinahe still und der Himmel schwarz und voller Sterne.

Um fünf, als sich der Tag und die Landschaft allmählich vor mir ausbreiteten, knirschte ich über die Salzfelder los. Draußen im Freien war die Brise ein frischer Nordwind. Die Sonne ging auf, ohne richtig zu wärmen. Sie grub Schatten in das pockennarbige Salz und zehrte diese dann wieder auf, bis mich nur noch reine, weiße Kälte umgab. In der Ferne spiegelte der Telescope Peak das Weiß. Ich ging sehr vorsichtig über die Salzkruste, um das energiezehrende Gerutsche möglichst zu vermeiden. Jenseits der Salzfelder verlief eine Piste. Auf ihr lief ich nach Norden.

Erst als ich bei meinem ersten Stopp hinter einem Busch Schutz vor dem Wind suchte, wurde mir die Bedeutung der Wetterlage so richtig bewusst. Und mein ganzer, sorgfältig ausgetüftelter Fünf-Tage-Plan wurde von der neuen Sachlage mit einem Schlag weggefegt.

Zwei Tage zuvor hatte ich mich zur selben Tageszeit in größter Hitze durch das Salz zur Saratoga-Quelle vorgearbeitet. Jetzt bibberte ich hinter einem Busch. Und plötzlich wurde mir klar, dass der Sturm die Temperaturen in eins der immer wiederkehrenden Löcher gestürzt hatte. Beinah noch ehe mir einfiel, wie schnell das Quecksilber wieder über die Fiebermarke klettern würde, wusste ich, was zu tun war.

Um zehn Uhr buddelte ich das Wasser aus dem ersten Depot. Der Telescope Peak wirkte kaum näher, aber die

Sonne war gerade mal warm. Ich aß mein Mittagessen und ruhte mich danach aus. Anschließend zog ich mich aus und schüttete mir alles übrige Wasser über den Körper. Und um halb eins ging es weiter nach Norden.

Der Nachmittag verlief fast enttäuschend normal. Der Telescope Peak kam näher. Zwei PKWs und ein dicker Laster huschten staubend vorbei. Als ich eine Stunde vor Sonnenuntergang das zweite Wasserdepot erreichte, kam ich mir fast betrogen vor. Es war zu einfach gewesen. Nach einundzwanzig der fünfzig Valley-Meilen fühlte ich mich weniger erschöpft als am Ende vieler anderer Wüstentage. Jetzt fehlte mir lediglich eine gut durchschlafene Nacht. Nach dem Abendessen zog ich meine wärmsten Sachen an, rollte mich, in meinen Poncho eingewickelt, in einer Senke zusammen und schlief ein.

Aber wahrscheinlich hätte ich mir denken können, dass der Wüste wieder etwas Neues einfallen würde.

Es dauerte nicht lange, bis ich halb aufwachte und versuchte, den Poncho enger um mich zu ziehen. Es wehte kein Wind – nicht einmal ein Lüftchen. Aber die kühle Nachtluft leckte langsam und gleichmäßig über den Wüstenboden – wie das Wasser im Watt, wenn das ansteigende Meer in jeden Winkel eindringt. Sie zog über mich hin. Sie zog um mich herum. Sie zog unter mir hindurch. Nicht lange, und es kam mir vor, als würde sie auch durch mich hindurchziehen. Von Minute zu Minute saugte sie die Wärme ab, die normalerweise so wirksam von meinem Schlafsack bewahrt wurde. Wie dicht ich mich auch an die Wand der Senke kuschelte – die Kälte drang immer tiefer.

Gestaltlose Stunden lang kämpfte ich um den Schlaf. Ab und zu döste ich ein. Häufiger lag ich drei viertel wach und redete mir ein, ich würde halb schlafen. Gegen zwei

Uhr begann ich zu phantasieren. Um halb vier machte ich mich nach Norden in die Dunkelheit auf.

Ich lief in einem merkwürdig verwirrten Zustand der Entrücktheit. Das Blasse, das die Straße darstellte, weigerte sich, in konkretem Kontakt mit meinen Füßen zu bleiben. Um mich herum schwebten überall Andeutungen von ungeheuer weiten Räumen und weit entfernten, aber fast surrealen Bergen. Schon in der Senke hatte die Zeit ihre wahre Bedeutung verloren; jetzt verlor sie auch ihre Grenzen. Meine Uhr verzeichnete anderthalb Stunden von schwarzem, entrücktem Nichts. Dann tauchte ein blasser Streifen am östlichen Horizont auf und verlieh der Landschaft so etwas wie eine dünne Wirklichkeit. Graues Licht enthüllte graubraune Steine, graublaue Berghänge und grauweißen Schnee auf dem Telescope Peak.

Ich lief mit ungleichmäßigen Schritten weiter. Die Bewegung der Luft wurde zu einer nördlichen Brise. Die Sonne stieg hinter einem windzerfetzten Wolkenfächer auf und hing dort wie ein gekochtes Ei. Die Brise wurde zu Nordwind. Die Karte sagte: fünfzig Meter unter dem Meeresspiegel. Ich zog noch mehr Kleidung an.

Nach zwei Stunden gedankenverlorenen Laufens durch kaltes Tageslicht grub ich das Wasser des dritten Depots aus. Der Telescope Peak da oben wirkte plötzlich nah. Von den fünfzig fraglichen Meilen hatte ich jetzt dreiunddreißig hinter mir; in gut vierundzwanzig Stunden hatte ich ein Drei-Tage-Pensum absolviert. Aber das schien nicht viel auszumachen.

Ich rollte mich im Windschatten eines Sandhügels zusammen und schlief ein.

Zwei Stunden später wachte ich auf. Die Sonne stand schon hoch am Himmel. Ich improvisierte mit dem Poncho ein Sonnendach und kroch in seinen grabgroßen Schattenfleck. Und dann lag ich den ganzen Tag in diesem schmalen Parallelogramm, rutschte mit der Sonne herum, versuchte zu schlafen, blieb aber ums Verrecken wach. Ab und zu stützte ich mich auf einen Ellbogen und besah mir den Telescope Peak. Er war so nah, dass ich direkt unterhalb der Schneespitze weiße Streifen ausmachen konnte, die an geradezu unmöglich scheinenden Felshängen klebten. Nur noch zwölf Meilen bis zum Gravel Well und nur achtzehn bis zum Bennett's Well und den Mesquite-Büschen, die mein Ziel waren. Ich wusste immer noch, was zu tun war.

Bei Sonnenuntergang baute ich mein Sonnendach ab, wickelte mich selbst in den Poncho und schaffte es endlich, einzuschlafen. Die langsame Luftbewegung hatte bereits eingesetzt.

Die Kälte erledigte ihre Aufgabe ausgezeichnet – um halb zehn war ich unterwegs.

Diesmal machte helles Mondlicht die Nacht halbwegs wirklich und bezwingbar. Der Schnee auf dem Telescope Peak leuchtete weiß und rein und zog mich vorwärts. Auch die Piste war wirklich: Ich konnte meine Füße fest und vertrauensvoll aufsetzen. Gegen elf mussten die Mesquite-Büsche bei Bennett's Well schon fast zum Greifen nah sein.

Da ging der Mond unter.

Der Telescope Peak verschwand. Weder Gerüche noch Geräusche waren da. Nur Stille und Dunkelheit und Andeutungen gigantischer, leerer Räume. Die Welt wurde zu etwas Verschwommenem, das nur dadurch Realität erlangte, dass es an meine Füße stieß. Entfernungen waren nur noch Punkte auf der Karte. Und die Zeit war die schleichende Bewegung der Uhrzeiger.

Die Nacht schleppte sich dahin – ein Endlosband aus Verschwommenheit und Schwärze. Unwirkliches Laufen. Pausen. Aufbrüche, die jedes Mal mehr Mühe kosteten. Schmerzende Beine. Schmerzende Schultern. Kälte.

Gegen ein Uhr wurde rechter Hand eine Form erkennbar. Im trüben Licht einer nachlassenden Taschenlampe teilte die Karte mit: »Salzquelle« und »Tanks«. Eine Bleistiftnotiz ergänzte: »Kein Trinkwasser, aber gut zum Baden.« Ich erinnerte mich, dass ich diese Worte daheim in San Francisco hingekritzelt hatte, während ein hilfreicher Mensch der Parkverwaltung von den Segnungen eines Bades geredet hatte, wenn man von der Wüstensonne ausgedörrt war. Jetzt war die Sonne ein Jahr entfernt. Und ein Jahrhundert trennte mich von San Francisco.

Es gab lediglich *ein* Intermezzo, bei dem ich wieder Kontakt mit der Wirklichkeit bekam.

Es begann mit einem Tapsen.

War es vor oder hinter mir? Erst schien es da, dann wieder dort zu sein. Ich lachte mich selbst aus: Müdigkeit war kein Grund, die Phantasie so ins Kraut schießen zu lassen wie der Maulwurf es im *Wind in den Weiden* getan hatte, als er allein in den Wilden Wald ging. Doch in unbedachten Augenblicken vermeinte ich immer noch ein Tapsen zu hören.

Ich genehmigte mir eine Pause, setzte mich hin und ließ den Rucksack von den Schultern rutschen. Und da bewegte sich dicht hinter mir in der Dunkelheit etwas. Ich knipste die Taschenlampe an. Einen guten Meter hinter mir stand ein kleines, zerbrechliches, fuchsartiges Wesen, das mit großen, braunen Augen genau in den Lichtstrahl blickte. Es ließ keine Angst erkennen, lediglich Neugier. Es begann, mich zu umkreisen; den buschi-

117

gen Schwanz hielt es gerade nach hinten gestreckt. Mit tief gehaltener Schnauze tat es so, als würde es den Boden beschnuppern, doch es warf immer wieder Seitenblicke zu mir herüber, so wie Hunde es tun, wenn sie einen im Auge behalten, aber gleichzeitig den Eindruck erwecken wollen, sie seien völlig in wichtige Hundeangelegenheiten vertieft.

Die Taschenlampe wurde trüb und ich machte sie aus. Das Tapsen umkreiste mich sehr nah. Sein Rhythmus war freundlich und vertrauensvoll – eher wie von einem domestizierten Tier als von einem wilden.

Und dann fiel mir die Tollwut ein. Tollwütige Tiere fürchten den Menschen nicht. Ich erinnerte mich, wie ich einen tollwütigen Schakal in Kenia über ein abgeerntetes Weizenfeld hatte laufen sehen. Er war ziemlich nah an uns vorbeigekommen, hatte den Kopf hin und her geworfen und uns vollkommen ignoriert. Er war nicht direkt zutraulich gewesen, aber …

Ich knipste die Taschenlampe wieder an. Das Tier war keinen Meter mehr entfernt und beschnüffelte meinen Stock. Es warf seinen Kopf *nicht* hin und her. Ihm lief auch kein Speichel aus dem Maul. Es sah mich bittend an, als wollte es gefüttert oder gestreichelt werden. Aber die Tollwut … Ich machte ein »Schuu«-Geräusch. Das Tier wich zurück. Es schien enttäuscht von mir.

Während der zehn Minuten, die ich in der Dunkelheit saß, hörte ich lauter kleine Geräusche ganz in der Nähe, und als ich weiterlief, kam das Tapsen mit – erst auf der einen Seite, dann auf der anderen. Ich machte die Lampe an. Das Tier trottete neben mir her. Dann schoss es voraus, tollte über die Straße und wartete. Als ich auf seine Höhe kam, drehte es sich mit einer spielerischen kleinen Pirouette nach vorn und lief wieder neben mir her. Ein

Kätzchen mit einem Wollknäuel hätte kaum mehr Spaß haben können. Als ich das Licht wieder ausmachte, merkte ich, dass ich dem Tapsen lauschte und in der Dunkelheit lächeln musste. Der Rucksack fühlte sich weniger schwer an, die Nacht weniger leer und der Weg etwas weniger steinig.

Nach zwanzig Minuten bemerkte ich, dass das Tapsen aufgehört hatte. Ich knipste die Taschenlampe an. Nichts.

Ich trottete in der vereinsamten Dunkelheit weiter.

Die Müdigkeit kam zurückgeflutet. Die Steine stießen mich heftiger. Mein Gepäck bestand aus lauter Blei. Einiges davon war in meinen Blutkreislauf eingedrungen und ein großer Barren hatte sich unter meinem linken Ballen festgesetzt. Allein die Kälte trieb mich vorwärts.

Doch endlich, es war kurz nach drei, bog eine Piste nach links ab. Nach hundert Metern glitt der Strahl meiner Taschenlampe schwächlich über die Handpumpe des Gravel Well. Ich überwand meinen inneren Schweinehund und wusch mir noch die Füße, ehe ich mich in den Poncho wickelte, mich auf dem nächsten glatten Stück Boden hinlegte und auf der Stelle einschlief.

Beim ersten Licht wachte ich auf. Ich war starr wie ein Eisberg. Das glatte Stück Boden war eine Folterbank aus spitzen Steinen. Irgendwer schlug mit einem Hammer auf meinen linken Fußballen. Der einzige Gedanke, den ich fassen konnte, war: nur noch sechs Meilen bis Bennett's Well und bis zu meinem Ziel, den Mesquite-Sträuchern. Und um acht – den Schnee meines Fünfzig-Meilen-Leuchtfeuers jetzt direkt über mir – wusch ich meine Füße unter der Pumpe von Bennett's Well.

Einundfünfzig Stunden waren vergangen, seit ich mich von der Saratoga-Quelle losgerissen hatte, um fünf Hitzetage durchzustehen. Die Prüfung, die seit Mexiko ständig drohend im Raum stand, war vorüber, fast ehe sie angefangen hatte.

Es gehört aus irgendwelchen Gründen zu den besonders befriedigenden Dingen im Leben, seinen Körper gelegentlich dicht an die Grenze seiner Leistungsfähigkeit zu bringen. Und es gehört zu den wohltuendsten Belohnungen im Leben, sich anschließend auszuruhen.

Ich verbrachte den Tag bei Bennett's Well ausgestreckt unter einem Mesquite-Busch, dösend oder durch das Maßwerk der Blätter in den blauen Himmel starrend. Mücken und Bienen summten träge Melodien. Gelegentlich hielt eine vorbeikommende Eidechse inne, um mich zu inspizieren. Alles war warm und hell und ohne Eile.

Doch so zufrieden ich mich auch fühlte, ich musste einräumen, dass die problematischen fünfzig Meilen in gewisser Weise enttäuschend gewesen waren. Es war schon richtig gewesen, die Phase geringerer Temperaturen voll auszunutzen, doch indem ich so losgeprescht war, hatte ich die eigentlichen Absichten meiner Tour aus den Augen verloren. Zwar hatte ich eine unerwartete Seite der Wüste kennen gelernt, aber so richtig hatte ich das Death Valley gar nicht gesehen – nicht einmal das Drittel seiner Gesamtlänge, das ich durchlaufen hatte. Doch mein Weg zu der Ranger-Station mit dem Namen Emigrant führte noch zehn Meilen durch das Tal des Todes, ehe er in einen Nebencanyon abbog – und jetzt konnte ich es mir leisten, mich entspannt umzusehen.

Es gab nur einen Unsicherheitsfaktor.

Auf der Fahrt nach Süden hatte ich in Emigrant angerufen und mit Matt Ryan, dem Ranger dort, meinen Plan besprochen, auf dem Weg nach Norden die Luftlinie über den Grat der Panamint-Berge zu nehmen. Auf der Karte wirkte diese Route steil, aber machbar. Matt Ryan, der sehr bemüht war, sich seine Missbilligung meiner Tour nicht anmerken zu lassen, hatte mir eine längere, dafür weniger strapaziöse Route empfohlen. Sie hätte es mit sich gebracht, zunächst wieder ein Stück durchs Death Valley zu laufen.

Matt Ryan wollte, dass ich auf Nummer sicher gehe. An seiner Stelle hätte ich dasselbe getan. Er wusste nichts von mir, und solange ich mich in seinem Zuständigkeitsbereich aufhielt, würde er für meine Sicherheit verantwortlich sein – jedenfalls *seiner* Auffassung nach. Folglich hatte ich nicht auf der direkten Route beharrt. Reden brachte da nichts. Aber ich hegte das ziemlich sichere Gefühl, wenn ich planmäßig und in guter Verfassung in Emigrant hereinspaziert käme, würde Matt Ryan annehmen, dass ich für mich selbst sorgen könnte.

Im Moment, hier unter den Mesquite-Büschen an Bennett's Brunnen, beschloss ich zunächst mal zu vergessen, dass ich unter Umständen noch mal in den Grund des Death Valley würde hinabsteigen müssen. Ich wollte es zunächst nur darauf anlegen, pünktlich die Ranger-Station zu erreichen. Und das ließ mir sechs Tage, um gemächlich vierzig Meilen hinter mich zu bringen.

Zunächst sah es so aus, als würde das Schlafen problematisch bleiben, aber an diesem Nachmittag brachte mir ein Ranger meinen Schlafsack zurück. Er war sich ziemlich sicher, dass das tapsende, anhängliche Tier ein Kitfuchs gewesen war – die seien oft recht zutraulich. Er berichtete auch, dass die Höchsttemperatur von jenem Tag, an dem ich mich an der Saratoga-Quelle ausgeruht hatte, zum nächsten von vierzig auf sechsundzwanzig

Grad gefallen war. Die Minima gingen in dieser Zeit von sechsundzwanzig auf vierzehn Grad zurück.[6]

Mit dem Mumienschlafsack wieder im Gepäck ließ ich Bennett's Well hinter mir und lief das Tal hinauf. Ich nahm mir jetzt Zeit, allerdings gelang es mir anfangs nicht, die Großartigkeit der Landschaft aufzunehmen. Dieser Mangel an Begeisterung mochte zum Teil einer Art Benommenheit aufgrund von Schlaflosigkeit entspringen sowie eine Folge der Anstrengung sein. Aber das war es nicht allein.

Das Problem des Death Valley als Sehenswürdigkeit ist, dass seine Extreme zu extrem sind. Man wird mit dem tiefsten Punkt des Landes und den höchsten Temperaturen in Amerika konfrontiert, mit 86 Metern unter dem Meeresspiegel und 3368 Metern darüber, mit Salzseen und Schneefeldern. Alles ist so groß, so unglaublich groß, dass die Sinne diese Dimensionen gar nicht recht erfassen können. Irgendwie hatte diese Landschaft jedoch ihre Großartigkeit verloren, als ich von der Saratoga-Quelle aus in das Tal gekommen war. Jetzt, jenseits von Bennett's Well, war sogar mein Zeitgefühl davon betroffen.

[6] Die vierzehn Grad Celsius überraschten mich. Es hatte sich für mich mehr nach drei Grad angefühlt. Erst Monate später wurde mir bewusst, dass die Temperaturwerte beileibe nicht allein dafür verantwortlich sind, welche Kälte man spürt. Wind – selbst die langsame Bewegung der Wüstenluft – kann einen Riesenunterschied ausmachen. Die amtlichen Messungen werden anderthalb Meter über dem Boden im Windschatten vorgenommen. Doch am allerwichtigsten ist ganz schlicht, inwieweit man an Kälte gewöhnt ist. Im Krieg hatte ich oft – nur in eine Gasschutzplane gewickelt – im Schnee geschlafen. Aber wir machten das ständig. Als ich im Death Valley ankam, war ich an Tagestemperaturen zwischen zweiunddreißig und siebenunddreißig Grad gewöhnt – und nachts an einen guten, warmen Schlafsack.

Als ich an die Tule-Quelle kam, versagte meine Vorstellungskraft völlig bei dem auf der Bronzeplakette geforderten Zeitsprung von einem Jahrhundert:

BENNETT'S LAGER
IN DER NÄHE DIESER STELLE SASS DIE BENNETT-ARCANE-GRUPPE DER DEATH-VALLEY-49ER,
AUSWANDERER AUS DEM MITTELWESTEN,
MONATELANG FEST UND WÄRE FAST VERHUNGERT,
WÄHREND SIE EINE ABKÜRZUNG ZU DEN KALIFORNISCHEN GOLDFELDERN SUCHTE. ZWEI JUNGE GEFÄHRTEN,
WILLIAM LEWIS MANLY UND JOHN ROGERS,
UNTERNAHMEN ZU FUSS EINEN HELDENHAFTEN RETTUNGSVERSUCH NACH SAN FERNANDO, KEHRTEN MIT LEBENSMITTELN ZURÜCK UND FÜHRTEN DIE GRUPPE IN DIE SICHERHEIT DER SAN-FRANCISQUITO-RANCH BEI NEWHALL.

Und die Vergangenheit wurde auch nicht lebendig, wie sie es hätte tun sollen, als ich zu einem Steinhaufen kam, den meine Karte schlicht als »Grab« bezeichnete. Seine Plakette verkündete:

BEGRABT MICH NEBEN JIM DAYTON IN DEM TAL, DAS WIR LIEBTEN. SCHREIBT DARÜBER: »HIER LIEGT SHORTY HARRIS, EIN EINFACHER EINE-DECKE-EIN-ESEL-SCHÜRFER.« DIESEN GRABSPRUCH WOLLTE SHORTY (FRANK) HARRIS, VIEL GELIEBTER GOLDSUCHER,
1856–1934.
HIER STARB JAMES DAYTON, PIONIER, 1898.

———————

DIESES STÜCK ERDE IST JENEN WEGBEREITERN GEWIDMET, DEREN MUT SO GROSS WAR WIE DIE GEFAHREN DIESES LANDES.

Meine Sinne für Zeit und Raum schärften sich erst wieder, als ich einen zwei Meilen langen Eil- und Orientierungsmarsch über die Salzfelder zur niedrigsten Stelle auf der westlichen Hemisphäre unternahm. Viele Jahre lang hielt man Badwater, drüben am Ostrand des Tals, für den niedrigsten Punkt. Das war eine bequeme Lösung. Die Leute konnten mit ihren Autos hinfahren, sich aus dem Wagenfenster lehnen, eine Markierung berühren und dann jahrelang von ihrem Erlebnis berichten. Dann entdeckte ein nervtötender Landvermesser weit draußen in den Salzfeldern zwei benachbarte Stellen, die beide siebenundsechzig Zentimeter tiefer liegen als Badwater. Ich war aus irgendeinem Grund von Anfang an entschlossen gewesen, eine davon zu besuchen. Nur von drei oder vier Menschen wusste man, dass sie diese Pilgerfahrt auf sich genommen hatten.

Als ich das Zentrum der Salzfelder erreichte, verstand ich die geringe Zahl der Pilger. Nichts bezeichnete »die Stelle«. Meine Füße sanken sieben, acht Zentimeter in nasses Salz.

Dennoch blieb ich eine Stunde lang an diesem niedrigsten Ort. Wenn ich mich nicht irre, gab es dort nichts zu sehen außer einer weißen Fläche und steilen blauen Bergen. Doch es war auch etwas Schlichtes, etwas Elementares dort. Und nach einer Weile begann ich in der Stille ein Flüstern zu vernehmen, ein Flüstern, das von den Weltaltern berichtete, die vergangen waren, während die Salz- und Geröllschichten entstanden, die sich unter mir weit über dreihundert Meter in die Tiefe erstreckten. Und ich begann zu spüren und zu wissen, dass auf diesem Talboden schon immer Seen entstanden und vergangen waren – mal in dieser Jahrmillion, mal in jener –, an deren Ufern sich, jeweils zu ihrer Zeit, Dinosaurier und Mastodons und Elefanten herumgetrieben hatten. Kaum war diese Vorstellung in mir zum Bild geworden, da verschwand sie auch schon wieder. Doch als ich dann die gerade Linie meiner Fußabdrücke erst über nasses Salz und dann über hart gebackenen Salzlehm, der in der zunehmenden Hitze aufriss, zurückverfolgte, da empfand ich doch eine stille Freude darüber, dass ich diesen Pilgerzug unternommen hatte.

Erst als ich ein Seitental hinaufstieg und zum Aguereberry-Aussichtspunkt lief, konnte ich schließlich die Großartigkeit des Death Valley erfassen.

Zum ersten Mal sah ich, was ich durchlaufen hatte. Soll heißen: Ich sah es als zusammenhängendes Ganzes. Der Boden des Tals, zweitausend Meter unter und zwei Tage hinter mir, war jetzt in beiden Dimensionen weit genug entfernt, um wieder geheimnisvoll zu sein. Die Details waren zu einer begreifbaren Struktur verschmolzen. Durch die Mitte zogen sich die Salzseen. Aus jedem Nebental streckten sich riesige Geröllzungen heraus und schlängelten sich in das Salz hinein. Kleine Bergspitzen ragten aus dem Geröll wie Eisberge – neun Zehntel untergetaucht. Und die Bergmassive – zwei kompakte Felswände, die sich über die Talsohle hinweg ansahen – rahmten die Struktur ein und hielten sie zusammen. Darüber zogen dunkle Wolkenschatten entlang, groß wie einsame Inseln. Es war eine Meeresszenario mit verkehrten Vorzeichen: Dahinjagende Inseln segelten über ein statisches Meer.

Aguereberry Point erwies sich als der richtige Ort, um dem Tal auf Wiedersehen zu sagen. Es war einer dieser verwunschenen Plätze, an denen alles stimmt.

Meine gute Laune fing beim Aufstieg in einem Seitencanyon an. Zunächst mal war ich wieder von Blumen umgeben – nach der Ödnis des Death Valley war das wie eine Heimkehr. Dann war da diese unerklärbare Faszination, um eine Ecke des verdorrten Canyons zu biegen und – zum ersten Mal seit Mexiko – einen verschneiten Hang aus solcher Nähe zu sehen, dass einzelne Bäume erkennbar waren. Und als ich schließlich zum Aguereberry Point hinaufkletterte, war da der intensive Biss der Bergluft.

Ich schlief unter einem überhängenden Felsen und mein Aussichtsfenster wurde vom Death Valley ausgefüllt. In der Nacht regnete es, aber eine Stunde nach der Morgendämmerung wirbelten die letzten Wolken über den sich wieder öffnenden Abgrund davon. Ein Regenbogen reckte sich ihnen hinterher. Bald lag die Wüste wieder in der Sonne.

Ich saß den ganzen Tag da und betrachtete das Death Valley. Es passierte nicht sehr viel, nehme ich an. Als ich einmal am Rand eines Abgrunds stand, stürzten zwei Schwalben vorbei und zerrissen – nur Zentimeter auseinander – förmlich die Luft. Wie aneinander geschraubt schwangen sie sich über die Felskante und schossen auf eine steilwandige, zerklüftete Bergspitze zu. Als es fast so aussah, als würden sie an ihr zerschellen, brachen sie mit einem abrupten Kurswechsel nach oben aus und beschrieben einen großen, unerwarteten Freiheitsbogen, der sie weit über die Unermesslichkeit des Death Valley trug, hoch in den blauen Wüstenhimmel, in dem sie schließlich als winzige Pünktchen verschwanden.

Am ersten Mai betrat ich bei Sonnenuntergang die Ranger-Station Emigrant – genau wie geplant.

Matt Ryan, der Ranger, saß mit seiner Frau im Garten.

Das Erste, was er sagte, war: »Wie wär's mit 'nem Drink?«

Das zweite war dann – mit dem Glas in der Hand: »Wissen Sie, ich habe mir über Ihre Route Gedanken gemacht. Die Temperaturen unten im Tal gehen schon auf die vierzig zu. Ich wüsste nicht, warum Sie nicht, wie geplant, direkt über die Panamints laufen sollten, wenn Sie's unbedingt noch wollen …«

5 Jenseits der Panamints

Nichts macht einem einen Ort mit größerer Zuverlässigkeit sympathisch als die Gewissheit, dass man ihn bald verlassen wird. Entsprechend sah ich auf den letzten hundert Meilen richtiger Wüste meine Umgebung so bewusst wie nie zuvor. Auch nach zwei Monaten konnte die Wüste noch mit Überraschungen aufwarten, konnte mir immer noch neue Facetten präsentieren. Und jetzt hatte ich endlich auch die Zeit, sie zu genießen.

Ich hatte ein bisschen Angst davor gehabt, dass ich nach der körperlichen Herausforderung des Death Valley so etwas wie einen Durchhänger erleiden könnte. Statt dessen fand ich eine neue Freiheit, sobald ich mich daran machte, in die Panamint-Berge hinaufzuklettern. Seit Mexiko hatte mich die Zeit ständig am Ärmel gezupft. Aufgrund der Death-Valley-Frist hatte ich nie ohne Gewissensbisse bummeln können. Doch nun fiel dieser Druck weg. Anstatt ständig irgendwohin zu streben, konnte ich mich jetzt dem Laufen selbst widmen.

Ich nahm mir daher zwei Wochen lang die Zeit, sowohl die Überraschungen der Wüste als auch die vielen Einzelheiten zu goutieren, die die ganze Zeit da gewesen, aber von mir unbemerkt geblieben waren. Manchmal tat mir der Mann in meinen Schuhen beinah leid, der zwei Monate lang nach Norden gehastet war. Ich blickte auf ihn zurück, wie wir immer auf uns zurückblicken: mit blasierter Verwunderung über die Kluft zwischen unserer gestrigen Naivität und unserer heutigen Erkenntnis.

Der erste Tag jenseits von Emigrant begann als körperliche Herausforderung. Schon vor Sonnenaufgang überquerte ich eine holprige Ebene, um den nicht gerade einladenden Osthang der Panamints zu erreichen. Während ich durch eine Reihe tiefer, ausgetrockneter Bachbetten kraxelte, fiel mir wieder ein, wie auf der Fahrt nach Süden ein junger Assistent des Rangers in Emigrant die Augen aufgerissen hatte, als er von meiner geplanten Route hörte. »Da wollen Sie doch wohl nicht rauf?«, hatte er gerufen. »Das ist 'ne verdammt unwirtliche Gegend.«

Jetzt erhoben sich diese Berge vor mir. Die Sonne erschien und bald war die ganze Kette braun und hart gebacken und leblos. Von dem ersten Sechzehnhundert-Meter-Rücken stürzten gewundene Grate abwärts, scharf wie Messer. Und wie Wunden schnitten sich Canyons tief und brutal durchs Gestein.

Doch was sich hier an Bedrückendem ankündigte, wurde nie konkret. Wie üblich schmolz es angesichts der Blumen und der umwerfenden Größenordnungen dahin. Nachdem ich auf der anderen Seite des Bergrückens siebenhundert Höhenmeter über Geröllhänge abwärts gerutscht war, schlief ich in dieser Nacht unter wogenden Bäumen, durch die ein schmaler, kristallklarer Bach floss. Es war mein erstes fließendes Gewässer seit dem Colorado.

Als ich erwachte, zwitscherten Vögel und das wärmende Sonnenlicht wurde durch raschelnde Blätter über mir gefiltert. Das Spiel von Licht und Schatten wirkte kühl und flüssig, wie die Kräuselschatten am Boden einer tropischen Lagune. Vor einem blauen Himmelsausschnitt schienen Vögel und Insekten sich den Platz streitig zu machen und zwischen ihnen flogen kleine Büschel Distelwolle herum und tanzten in der sanften Brise.

Ich setzte mich auf und lehnte mich an einen Baum. Sein mächtiger Stamm war gekerbt und zerfurcht wie der eines alten Mammutbaums. Seine Wurzeln griffen nach dem Leben spendenden Bach aus. Dessen Ufer waren auf jeder Seite zwei Handbreit weit dicht mit Pflanzen bewachsen und der ganze sandige Canyon-Boden war ein Gewirr aus Büschen und Bäumen. Das Stück heißen, braunen Wüstengesteins, das an einer Stelle durch den Bewuchs ragte, wirkte hoffnungslos fehl am Platz.

Ich lungerte fast den ganzen Tag an meinem Lagerplatz herum und beobachtete das Leben, das um das schmale Gewässer wimmelte.

Zwei- oder dreimal hatte ich schon halb beschlossen, wieder aufzubrechen, doch die Sonne stieg immer weiter und irgendwie blieb ich. Der Geruch der sonnengewärmten Blumen durchdrang den ganzen Canyon. Schmetterlinge flatterten vorbei. Riesige stahlblaue Fliegen mit zigarrenstummelgroßen Körpern segelten herum und hatten für ihren Lebensunterhalt offenbar nichts weiter zu tun, als eindringende Verwandte zu vertreiben. Kolibris inspizierten mich, stellten den Schwanz auf und huschten davon – und kamen dann wieder, um sich zu vergewissern.

Einmal hörte ich ein Trompeten, das mir schon auf dem letzten Stück am Colorado vertraut geworden war. Ich drückte mich bis zum Rand der Bäume durchs Gebüsch. Hundert Meter den grellen Hang hinauf standen die ersten Wildesel, die ich tatsächlich zu Gesicht bekam. Sie beäugten mich neugierig. Ihre cremefarbenen Schnauzen und Augenringe hoben sich von ihren schokoladenbraunen Fellen ab. Nach einer Weile galoppierte die Herde in einer Staubwolke davon.

Am späten Nachmittag brach ich schließlich das Lager ab und lief an der Quelle des Bachs vorbei bergauf. Der

Canyon öffnete sich zu einem breiten, baumlosen Tal und ich begann langsam, in weniger schroffe Bergausläufer hinaufzusteigen. Aus der Ferne trugen sie einen weichen, grünen Flor.

Drei Tage lief ich unangestrengt durch diese wohltuende Landschaft der Panamints und drei Tage sah ich keinen Menschen.

Das ganze Land ruhte unter einer fast greifbaren Decke aus Stille und Frieden. Es war offensichtlich, dass Menschen seit Anbeginn der Zeit hier nicht eingedrungen waren. Und wie üblich war das Offensichtliche schlicht falsch.

An dem Nachmittag, an dem ich den Bach verließ, folgte ich einem breiten, trockenen Wasserlauf. Die Pfade von Wildeseln führten durch ihn durch. Da entdeckte ich etwas Dunkles vor mir. Es hatte einen geraden, unnatürlichen Umriss. Wenig später stand ich neben einem metallenen Wegweiser. Von seiner Spitze zeigte jeweils ein Finger ozymandiushaft[7] über den menschenleeren und topfebenen Sand nach Norden und nach Süden:

←——————SURVEYORS WELL 20 MEILEN
JACKASS SPRING 15 MEILEN——————→

Und ein Metallschildchen warnte:

Die Zerstörung oder Beschädigung
dieses Wegweisers kann mit
Gefängnis bestraft werden.

[7] Gedicht von P. B. Shelley: Reste einer kolossalen Herrscherstatue, im Sockel die Inschrift: »Seht meine Werke, ihr Mächtigen, und zittert!«, aber ringsum ist nur noch Wüste. – Anm. d. Ü.

Der Wegweiser war in bestem Zustand.

Zwei Tage später stolperte ich über eine massive Granitschale, die halb im Boden steckte. Sie war etwa fünfundvierzig Zentimeter lang, dreißig Zentimeter breit und siebzehn Zentimeter tief. Von außen war sie nur grob behauen, aber ihre Oberfläche war glatt poliert. In der Erde unter ihr fand ich ein bisschen Holzkohle sowie ein paar kleine Knochenstücke. Nicht weit entfernt davon lag ein langes, halbwegs viereckiges Granitstück mit einem kleinen, ovalen Loch an einem Ende.[8]

In diesen vier Tagen Einsamkeit stolperte ich noch über ein paar andere Spuren von Menschen: ein Stück Metallrohr, das aus einer Quelle eine Quelle mit Wasserhahn machte; das Skelett einer Hütte; die Reste eines Viehpferches. Doch ihre Bedeutung ging in dem Frieden und der Stille unter, die über allem lagen.

Dann stieß ich am vierten Morgen auf eine Straße, eher eine schmale Lehmpiste, kaum mehr als eine Wagenspur. Doch als ich auf sie einbog, verspürte ich eine Traurigkeit. Eine Straße bedeutete Menschen – die ersten, seit ich den Ranger-Posten Emigrant verlassen hatte.

Ich hätte mir keine Sorgen machen müssen. Eine Woche lang folgte ich dieser Piste, die zunächst in eine Miniaturausgabe des Death Valley hinabtauchte und sich dann wieder bis auf hundertfünfzig Meter an die Schneegrenze hinaufzog. In dieser Woche bekam ich rund ein Dutzend Leute zu Gesicht. Und weil sich das Ende der Wüste näherte, sah ich mit neuen Augen, was seit Mexiko

---

[8] Später fand ich heraus, dass es sich dabei um indianische Mörser und Stößel handelte, mit denen *piñon* – nussartige Nadelbaumsamen – und andere Wild-, insbesondere Grassamen gemahlen wurden. Wahrscheinlich gehörten sie Shoshone-Indianern, bei denen solche Gegenstände bis zur Ankunft der Weißen in Gebrauch waren.

die ganze Zeit da gewesen war, zeigte mir die Wüste neue Facetten.

Hoch in einer Felsspalte ein rotes Leuchten. Ich kletterte die steile Kante hinauf. Ein Büschel stachliger, kleiner, brauner Körper drückte sich an das Gestein. Und aus ihrer Mitte erhob sich eine Batterie scharlachroter Blüten, die sich wie glühende Trompeten dem Himmel entgegenreckten.

Während ich sie fotografierte, ging mir die Rolle der Kakteen in der Wüste durch den Kopf.

Wenn der Dichter sagt

Dies ist das tote Land
Dies ist Kaktusland

dann empfinden wir seine Trostlosigkeit. Doch ich war jetzt fünfhundert Meilen an Kakteen vorbeigelaufen, ohne dass sie einen spürbaren Eindruck auf mich gemacht hatten. Sie hatten mich nicht zu andächtigem Staunen verleitet wie die Blumen. Sie hatten nicht an meinen Füßen gezerrt wie der Sand oder meine Stimmung gehoben wie die Sonnenuntergänge. Irgendwie hatten sie mich kaum berührt.

Zuerst waren da die eindrucksvollen Sahuaros gewesen, die bis zu sieben Meter hoch aufragten. Manchmal reckten sich ihre geriffelten Säulen mit den kleinen Seitenstummeln gerade in die Luft, manchmal gabelten sie sich und streckten ihre Arme zu einem starren Gebet empor. Entlang des Colorado hatte es die unordentlichen Kandelaber-Kakteen gegeben, die aussahen, als hätte man einen Haufen stachliger, grüner Würstchen wahllos mit den Enden an einer unsichtbaren Struktur aufgespießt. In der Mojave hatte ich komische, kleine, braune Stachelschwein-Fußbälle entdeckt, aus denen häufig weiße Baumwollbüschel sprossen. Sie alle waren ein fast unbemerkter Bestandteil der Wüstenlandschaft.

Seit Mexiko war ich auch ständig an »Biberschwänzen« vorübergekommen. Ihre pickligen, grünen Paddel machten sie zu den langweiligsten Kakteen schlechthin. Bis sie zu blühen begannen. Dann erglühten ihre becherförmigen, porzellanfeinen Blütenbüschel in feurigem Magenta. Selbst mitten im tiefsten Death Valley hatte mich ein einziges dieser strahlenden Büschel in meinem dumpfen Dahintrotten förmlich erstarren lassen. Und bei einem Nachtlager in der Mojave-Wüste hatte erst die Abend- und dann die Morgensonne die Stacheln eines Kaktushains in eine Galaxis aus dicht gedrängten Lichthöfen verwandelt. Doch insgesamt gesehen waren die Kakteen etwas derart Lahmes, dass sie auch nach fünfhundert Meilen nicht genug bleibenden Eindruck hinterließen, um die Trostlosigkeit des Dichters zu rechtfertigen. Bis sie blühten, waren sie einfach da – und das war es auch.

Als ich nach dem Knipsen der roten Trompeten in der Felsspalte den Fotoapparat verstaute, fühlte ich mich irgendwie beklommen. Es kam mir falsch – wenn nicht gar verwerflich – vor, dass solche Symbole der Wüste zu etwas geworden waren, das meinen Blick kaum mehr anzog, als ein Gully in einem städtischen Rinnstein.

Manchmal waren die neuen Facetten, die die Wüste mir zeigte, Variationen bekannter Themen.

Sie lag am Wegesrand und war im schwindenden Licht schon fast unsichtbar. Ich weiß immer noch nicht genau, was mich daran hinderte, auf sie draufzutreten. Vielleicht nahm ich eine geringe Bewegung wahr. Vielleicht hörte ich auch das schwache Summen. Wie auch immer – ich stoppte, anderthalb Schritte vor möglichem Ärger.

Die Schlange war kaum dreißig Zentimeter lang und nicht dicker als mein kleiner Finger. Ihr gewundener Körper schien angespannt; ihre fingernagelgroße Klapper reckte sich empor und bebte. Doch selbst wenn ich mich hinunterbeugte, konnte ich nur dasselbe schwache Fliegen-Summen hören, das auch schon aus dem Bauholzstoß an der Saratoga-Quelle gekommen war. Ich beäugte sie genauer, voller Neugier, ob es wirklich eine Gehörnte Klapperschlange war, denn ich hatte auf eine Gelegenheit gehofft, deren besondere, seitliche Fortbewegungsweise sehen zu können.

Und plötzlich fiel mir auf, dass ich selbst im ersten Überraschungsmoment keine Angst gehabt hatte. Nur Neugier. Mir war bewusst, dass dieser Schnürsenkel zu meinen Füßen genauso gefährlich war wie die teuflische Kreatur, die sich zwei Monate zuvor auf dem Wetback Trail breit gemacht hatte. Wäre ich ebenso ruhig gewesen, wenn diese hier genauso groß gewesen wäre? Ich war mir nicht sicher. Ich konnte nur hoffen, dass es Routine und nicht die Größe der Schlange war, die die Angst unterband.

Seit dem Death Valley war dies die dritte Klapperschlange, der ich begegnete. Zweimal war ich in den Panamints fast auf kleinere Exemplare draufgetreten. Jedes Mal hatte ich dabei nur ein bisschen Angst gespürt. Und jedes Mal hatte ich die Schlange davonkriechen lassen.

»Warum umbringen?«, hatte Matt Ryan in seiner Ranger-Behausung gefragt, als ich ihm von den vier Klapperschlangen am Colorado und von der einen an der Saratoga-Quelle erzählte. »Wenn Sie sie in Ruhe lassen, tun sie Ihnen nichts. Wussten Sie, dass sie mal eins von Amerikas frühesten Nationalsymbolen waren? Keine Angreifer, aber giftige Verteidiger. Und sie sind Gentlemen: Sie warnen einen vor, wenn man ihnen auch nur eine halbe

Chance lässt. Außerdem haben sie ihren Platz im Gleichgewicht der Natur. Wenn man sie ausrotten würde, brächte man alles mögliche durcheinander. Unsere Devise im Nationalpark lautet: Einfach leben lassen. Jedenfalls in der Wildnis. In der Nähe von Gebäuden oder wo Kinder sind, ist es natürlich was anderes. Aber generell wird ihre Gefährlichkeit weit übertrieben.«

»Stimmt es, dass gar nicht so viele Menschen von ihnen umgebracht werden?«, fragte ich.

»Die genauen Zahlen weiß ich auch nicht, aber ich tippe, dass sich die amtlich registrierten Todesfälle durch die kalifornische Geschichte hindurch auf etwa fünf addieren.[9] Und selbst dann kam meist noch ein anderer Umstand dazu – geringes oder hohes Alter, Herzschwäche oder irgendwas anderes. Also lassen wir sie leben. Schließlich versuchen wir, eine Ecke von Amerika so zu bewahren, wie die Weißen sie einst vorfanden. Die Leute an der Spitze des Nationalparksystems haben dieses Ziel immer im Kopf gehabt. Und die Weißen stießen nun mal auch auf Klapperschlangen. Irgendwelche Leute versuchen uns ständig weiszumachen, das sei das Risiko nicht wert, aber Teufel auch, seit der Gründung dieses Parks neunzehnhundertdreiunddreißig haben wir nicht einen einzigen Fall von Schlangenbiss gehabt! Manchmal fehlte nicht viel, natürlich, aber trotzdem: Niemand wurde gebissen oder ist gar gestorben. Und wenn wir sie

---

[9] Ein kleines bisschen verschätzte sich Matt. In seinem erschöpfenden, zweibändigen Werk über Klapperschlangen, *Rattlesnakes*, berichtet Laurence Klauber, dass diese Tiere in Kalifornien zwischen 1931 und 1944 für neunzehn Todesfälle verantwortlich waren. Er schätzt die durchschnittliche Todesrate auf zwei oder drei Fälle pro Jahr – bei einer Bevölkerung von dreizehn Millionen. Die Quote ist derart niedrig, dass sich an Matt Ryans Argumentation nichts ändert.

innerhalb des Parks nicht umbringen, warum sollten wir es dann außerhalb tun?«

Matts Argumentation war vernünftig. Folglich hatte ich die beiden nächsten Klapperschlangen entkommen lassen. Und hatte mich wohl dabei gefühlt.

Als ich jetzt auf den kleinen Schnürsenkel mit seiner kaum klappernden Klapper hinabsah, merkte ich, dass mich Klapperschlangen in der Anfangszeit der Tour mehr beunruhigt hatten, als ich mir eingestehen wollte. Während der ersten vier, fünf Wochen hatten mir raschelnde Zweige unter meinem Schlafsack mehr als einmal Unbehagen bereitet. Doch nun akzeptierte ich Klapperschlangen als Teil der Wüste. Ich würde nie anfangen, sie zu sammeln, wie manche Leute das tun, die zehn oder zwanzig von ihnen in einen Sack stopfen und als Trophäe über der Schulter tragen. Aber zumindest konnte ich einigermaßen mit ihnen leben.

Die Schlange behauptete immer noch ihre Stellung. Ich schnippte etwas Sand in ihre Richtung und sie fing an sich zurückzuziehen. Ihr Körper bewegte sich in weiten Bögen, die sie mit einer seltsamen, krebsartigen Bewegung vorwärts brachten, als wolle eine unsichtbare Kraft sie im rechten Winkel vom vorgesehenen Weg abbringen.

Sie verschwand in einem Busch und ich lief auf der Piste weiter und war seltsam zufrieden mit mir. Stück für Stück, wie es ihre Art ist, hatte die Wüste mir etwas beigebracht. Als ich anfangs die Klapperschlangen getötet hatte, hätte ich mich noch mit einer ganzen Reihe von Gründen rechtfertigen können. Doch es wären allesamt Ausflüchte gewesen. Jetzt wusste ich, dass das, was mich zum Töten getrieben hatte, nichts als schlichte, gewöhnliche, nachvollziehbare Angst gewesen war.

Einmal beim Mittagessen erhaschte ich aus nächster Nähe einen Blick auf die unbekümmerte Grausamkeit, die sich hinter der »Friedlichkeit« der Natur verbirgt. Eine Leoparden-Eidechse tauchte aus einem Busch auf und kaute dabei gedankenverloren auf einem Grashüpfer. Der Grashüpfer trat um sich, entkam und schleppte sich schwer verletzt über den Sand. Die Eidechse holte ihn sich in aller Ruhe zurück. Diese Vorstellung wiederholte sich zwei-, dreimal. Schließlich raffte der Grashüpfer seine letzte Lebenskraft zusammen und hüpfte mit seinem verbliebenen Bein in einen Busch. Die Eidechse kroch zehn, zwölf Zentimeter hinterher, schloss ihre Augen – und schlief ein.

Ein andermal saß ich – von der Sonne ein bisschen angematscht – neben der Piste. Um mich herum nichts als flache und leere Wüste.

Doch dann sah ich auf einmal, dass sie ganz und gar nicht leer war: Sie wimmelte vor Grashüpfern. Es waren kleine Geschöpfe, so klein, dass sie dem Auge nicht auffielen. Ich fokussierte mein Fernglas so nah auf die steinige Piste wie möglich. Und wie Alice nach dem Schritt durch den Spiegel fand ich mich in einer anderen Welt wieder.

Es war eine ausgedörrte, gleißende, schattenlose Welt. Durch ihre mit Findlingen übersäte Landschaft bewegte sich ein steter Strom von Pilgern den Hügel hinauf, in die Luft hinein und auf die Sonne zu. Kein dringlicher Grund trieb diese Pilgerschar vorwärts. Es schien lediglich eine allgemeine Einstellung von »Ich ziehe weiter, wenn ich will« und »Ganz schön heiß, diese Sonne« und »Wir kommen schon irgendwann hin« zu herrschen. Sie bildeten einen ungleichmäßigen, aber nicht abreißenden Strom; sie hüpften selten, meist krochen sie einfach und ruhten sich aus, krochen und ruhten sich aus. Wenn sie ausruhten, verfielen sie in Apathie, wobei sie alle gleich ausgerichtet waren, wie verankerte Schiffe in einer Dünung.

Sie existierten in hunderten von Formen und Größen und Farben. Manche waren klein und manche waren sehr klein. Manche hatte ganz offensichtlich Flügel und manche nicht. Manche liefen hinten eher spitz aus und manche stumpf. Aber alle hatten sie die dümmlichen Grashüpfergesichter, die auf ihre zusammengequetschte Art so ähnlich waren wie die von Giraffen.

Es gab schlecht erkennbare graue mit den blassen Augen halbseidener Filmschauspielerinnen. Es gab schlachtschiff-graue mit tropischem Leuchtfarbenanstrich. Es gab braune, die mutig gelb und rot und blau gesprenkelt waren. Und manche waren ganz und gar leuchtend zimtfarben.

Einmal kreuzte eine Blauäugige den Weg einer Schlachtschiff-Grauen und streifte dabei eins von deren Vorderbeinen. Die Schlachtschiff-Graue reckte daraufhin das Bein verträumt in die Luft. Sie hielt es zehn Sekunden so, dann senkte sie es zur Hälfte. Zwanzig Sekunden später setzte sie es fast wieder auf den Boden. Und nach einer ganzen Minute stellte sie es – immer noch mit der Entrückung eines Drogensüchtigen – schließlich ganz hin.

Ich fragte mich gerade, ob ihre Dösigkeit auf die Nachmittagssonne zurückzuführen war, als ich mir der Hitze auf meinem entblößten Nacken bewusst wurde. Ich schob meinen Hut zurück und setzte das Fernglas ab.

Und wieder war die Wüste um mich herum flach und leer.

Ich lief auf der Piste nach Norden. Um mich herum überall Sand und Steine und Kreosot-Büsche. Außer der Piste deutete seit Stunden nichts auf Menschen hin. Und dann stieß ich auf ein unübersehbares Objekt. Es stand allein und völlig für sich drei, vier Meter neben der Straße. Es war, in voller Lebensgröße, ein gewöhnliches, altmodisches, hölzernes Klohäuschen.

Manchmal waren die neuen Facetten der Wüste in jeder Hinsicht neu.

Am letzten Morgen, an dem ich der Piste folgen würde, erwachte ich bei Sonnenaufgang in kühler, fast schon kalter Luft. Ich hatte mein Nachtlager bei Dämmerung auf einer Hochebene aufgeschlagen. Jetzt entdeckte ich im Licht der ersten Sonnenstrahlen schneegefüllte Senken, die nicht einmal eine Meile entfernt waren. Seit Mexiko war ich Schnee nicht mehr so nahe gekommen, nicht einmal oberhalb des Death Valley. Und wieder entfachte der Schnee diese eigentümliche Faszination.

Ich stand auf und schüttelte meinen Schlafsack aus. Und da auf der Straße, keine zwei Meter von meinem Bett entfernt, so frisch in den dicken Staub eingedrückt, dass ich noch halb erwartete, den Verursacher die Piste hinabschlendern zu sehen, entdeckte ich eine blitzsaubere Luchsfährte. Das Flutlicht der tiefstehenden Sonne machte die Abdrücke zu deutlichen Reliefs. Wie auf einer grobkörnigen Fotografie war jedes Staubkörnchen präsent.

Nach dem Frühstück lief ich weiter die Piste entlang nach Norden. Die Luchsspuren liefen mir voraus. Die Ebene, durch die sich die Piste zog, war nicht gerade von besonderer Schönheit – einfach ein gewelltes Stück flaches Land mit dunklen, knopfartigen Wacholderbäumen, die den blassgrünen Beifuss tüpfelten. Doch irgendeine besondere Eigenschaft des Lichts verlieh ihr eine stimulierende Lebendigkeit.

Ich bog um eine Ecke. Ein Paar Wacholderbäume, jeweils einer auf jeder Seite der Piste, umrahmten ein vollkommenes Bild. Allerdings hatte es eigentlich nichts Besonderes. Jedenfalls nichts, das in Worte fassbar wäre. Es war kein Luchs da, kein phänomenaler Farbklecks, kein breites Panorama. Lediglich die dunklen Baumsäulen, die sich wie Schattenrisse von dem bleichen Staub der Straße abhoben. Und ein schmaler Ausblick darüber hinaus. Dieser Ausblick besaß eine feine, schwer beschreibbare Ausgeglichenheit, die von dem intensiven Licht verstärkt wurde. Und auf der linken Seite hingen, näher denn je, die schneegefüllten Senken. Das war alles.

Ich stand ganz still da und nahm jede Einzelheit der Szene in mich auf, als mir aus irgendeinem Grund einfiel, dass Montag war. Zu Hause in San Francisco war wieder ein Wochenende vorüber. Überall auf der Welt strömten Menschen zurück in ihre Laufrädchen.

Und ganz unvermittelt begriff ich, wie viel Glück ich hatte. Zum ersten Mal wurde mir ganz klar, dass das, was an meiner Tour zählte, die einfachen Dinge waren – Schnee und intensives Licht und Luchsspuren. Mein Hochgefühl schwoll an und floss über. Und als ich schließlich an den beiden Wacholderbäumen vorbei auf das andere Ende der Ebene zulief, hatte ich mit sämtlichen Leuten Mitleid, die nicht die Freiheit hatten, ihre hinderlichen, sinnlosen Tätigkeiten liegen und stehen zu lassen und mit einem Rucksack in den Wüstenmorgen zu wandern.

Auf den letzten hundert Wüstenmeilen stieß ich nur auf eine einzige, ständig bewohnte Ansiedlung.

Marble Canyon war ein trister Ort. Selbst in der hellen Sonne schwebte eine Atmosphäre der Verlorenheit über der Hand voll Kränen und Holzschuppen, die sich an der

Piste aufreihte. Doch neben einem der Schuppen stand ein Lastwagen und – am Rand eines Kreises aus weiß getünchten Steinen – ein sorgsam beschriftetes Schilderpaar:

Greer and Beals – Halten Sie an und waschen Sie Gold

Darunter ergänzte ein Stück rohes Sperrholz in weniger sorgsamer Schrift:

Lernen Sie Gold waschen.
Sie finden zwischen 2 und 6 Nuggets in jeder Pfanne.
$1.00 in Gold für jeden $1.00, den Sie ausgeben.

Die Tür des Schuppens war angelehnt. Ich klopfte.

Ein langes, wettergegerbtes Gesicht mit einem Zwölf-Zentimeter-Spitzbart erschien im Türrahmen. »Tag, mein Freund«, sagte eine gut gelaunte Südstaaten-Stimme. Blassblaue Augen lächelten mich an. Lange, graue Haare hingen über schmale Schultern herab.

»Ich dachte, Sie könnten mir vielleicht sagen, wie die Gegend in Richtung Eureka Valley aussieht«, sagte ich.

»Ich weiß nicht, ob ich Ihnen da großartig helfen kann«, sagte der Mann. »Aber kommen Sie doch erst mal rein, kommen Sie rein. Kaffee gefällig? Oder lieber Tee? Kein Problem. Ich habe immer reichlich Tee hier. Übrigens, ich heiße Greer, Walter Greer.«

Wir schüttelten uns die Hand. Greer hatte lange, feinfühlige Finger. Seine Hände waren nicht knorrig und schwielig wie die eines Schürfers und er trug ein dünnes, fein kariertes Hemd mit Button-down-Kragen. Es war sorgfältig gebügelt.

Die Hütte hatte drei Räume, war hell möbliert und sehr

sauber. »In diesen dreckigen Junggesellen-Hütten könnte ich nicht leben«, sagte er, während er Wasser aufsetzte. »Nein, ich spüle mein Geschirr nach jeder Mahlzeit.«

Bei Tee und Keksen fragte ich noch mal nach der vor mir liegenden Landschaft. Ich hatte zum ersten Mal seit Mexiko keine Karte in großem Maßstab, und die völlig unzureichende Karte, auf der das Eureka-Tal verzeichnet war, machte mir leichte Kopfschmerzen.

»Nein, ich fürchte, über diese Gegend kann ich nicht viel sagen. Es ist höllenmäßig trocken unten im Eureka, so viel ist mal klar. Aber ich kann heute nicht mehr so weit laufen, daher weiß ich verdammt wenig von der Ecke.«

»Oh, seit wann sind Sie denn schon hier?«

»Erst seit drei Jahren. Ich bin eher Angler als Schürfer. Hab mit Rute und Schnur überall in diesen ganzen Vereinigten Staaten geangelt, jawohl. Manchmal hab ich sogar Geld damit verdient. Davor bin ich siebenundzwanzig Jahre Bus gefahren. Die St. Louis–Chicago-Strecke. Drei Millionen Meilen ohne Unfall. Nein, ich glaube, wenn man es genau betrachtet, dann muss man wohl sagen, dass ich eher kein Schürfer bin.«

Er nahm einen Schluck Tee. »Aber ich hab auch noch eine Menge andere Sachen gemacht. Geboren und aufgewachsen bin ich in Arkansas. Ma starb und Pa heiratete noch mal, als ich elf war. Nach drei Wochen mit meiner neuen Ma bin ich abgehauen. Zog eine Weile rum, dann ging ich zur Handelsmarine. Bin zweimal um die Welt geschippert und hab hundertsechsunddreißig Länder gesehen. Blieb fünf Jahre bei der Seefahrt, einschließlich des Ersten Weltkriegs. Danach kam ich zurück und ließ mich häuslich nieder. Hab geheiratet, zwei Kinder in die Welt gesetzt und bin Bus gefahren, wie gesagt. Doch 1944 musste ich das wegen Arthritis drangeben. War regelrecht verkrüppelt. Die Hände völlig verbogen und meine Beine musste ich mit den Armen bewegen. Moment, ich zeig's Ihnen.«

Er öffnete eine Schublade, kramte darin herum und kam mit einem Foto zurück. Man konnte ihn fast nicht erkennen. Sein Körper war ausgemergelt und fast in Bückhaltung zusammengekrümmt; sein Gesicht war verzerrt und eingefallen.

»Mein Arzt schickte mich nach Arizona runter und die Wüste stellte mich schnell wieder auf die Beine. Ja genau, die Wüste kriegte mich flott wieder hin. Ich kriegte eine Rente – genug, um davon zu leben. Eine Weile lief alles prima, dann kriegte ich neuen Ärger. Sechs dicke Operationen in sechs Monaten. Haben mir den größten Teil meiner Innereien rausgenommen. Mein halber Dickdarm ist weg und ich hab keine Bauchmuskeln mehr, bloß noch Haut. Es hieß, ich würde nicht überleben. Aber als es kritisch wurde und ich merkte, wie ich wegdriftete, da sagte ich mir: ›Greer, sei doch nicht so blöd. Du kannst noch zwanzig Jahre prima angeln.‹ Und ich kam durch. An dieser Sache mit der Willenskraft ist verdammt was dran, aber wirklich. Wenn einer irgendwas nur fest genug will, dann kriegt er es meistens auch.

Danach hab ich überall geangelt. Mexiko, Florida, Neuengland, Kanada, Alaska, einfach überall. Kaufte den 49er Ford Cabover, der draußen steht. Ist eigentlich ein Paketpostwagen, aber ich hab ihn umbauen lassen. Zuerst kam meine Frau noch mit, aber nach einer Weile hatte sie diese Art Leben satt. Sie wollte in die Stadt mit Partys und dem ganzen Blödsinn. Also schickte ich sie heim. Nach anderthalb Jahren sah ich sie wieder. Danach waren es zweieinhalb Jahre. Da sagte ich zu ihr: ›Also, entweder kommst du in dem Cabover mit oder du willigst in die Scheidung ein. Du hast eine Stunde, um es dir zu überlegen.‹ Also kam sie mit. Für drei Monate. Dann sagte sie: ›Wenn's sein muss, dann such dir eine Frau, aber bring mich nach Hause.‹ ›Nach Hause bringen?‹, sagte ich. ›Wie steht's denn mit einem Bus?‹ ›Und meine ganzen Sachen?‹, fragte sie. ›Die schicke ich per Post‹, sagte ich. Also setzte ich sie in den Bus und sie ist immer noch zu Hause und kümmert sich um das Haus und das Restaurant und schickt mir die Schecks mit meiner Rente. Sie ist wirklich in Ordnung; ich weiß, dass ich mich auf sie verlassen kann … Trotzdem, ich hatte den Cabover richtig schön hergerichtet. Wenn Sie austrinken, zeige ich Ihnen das mal.«

Das Innere des Lastwagens sah aus wie ein Laden für Angelausrüstung. Simse waren voll von Rollen und anderem Angelzeug. Wobbler hingen in Girlanden aufgereiht wie Weihnachtsdekoration. Ein Dickicht aus Ruten blühte unter dem Dach und spross in Winkeln und Ecken. Über dem Fahrersitz war eine Bildergalerie angepinnt: Walter Greer mit Fisch am Meer, Walter Greer mit Fisch am Bergbach, Walter Greer mit Fisch am Wüstensee.

»Ich bin erst vierundsechzig«, sagte er während er mir die zwei herunterklappbaren Schlafkojen vorführte. »Und in mir steckt noch eine Menge Lust aufs Angeln. Hab viele Stellen noch nicht gesehen. Dabei bin ich schon in jedem Bundesstaat gewesen. Hier …« Er wies mit der Hand auf die Wagenfenster. Jedes war mit Aufklebern von Bundesstaaten dekoriert. Von den achtundvierzig schienen etwa zweiundsechzig vertreten zu sein.

»Es ist jetzt drei Jahre her, seit ich mich in diese Mine eingekauft habe. Dachte, mir würde die Abwechslung gut tun. Anfangs hatte ich ganz schön Ärger mit Klapperschlangen. Dieser Canyon hier ist voll davon. Hab allein im ersten Jahr siebenundvierzig umgebracht. Wegen meiner Operationen kann ich nicht allzu schwer in der Mine arbeiten – eigentlich soll ich nicht mehr als zehn Pfund heben, aber ich mach's natürlich trotzdem. Und ich nehme hier und da noch ein paar zusätzliche Dollar mit, indem ich zu Oldtimer-Treffen fahre und Gold wasche. Dann sind da die Treffen der Death-Valley-49er und dieses Zeug. Die machen alle auf lange Haare und so. Die Touristen stehen da drauf. Und alle Jubeljahre kommt auch mal ein Wagen hier durch. Deswegen hab ich die Schilder aufgestellt.« Wir hatten den Cabover wieder verlassen und standen in der Sonne.

»Würde es Ihnen was ausmachen, wenn ich Sie beim Goldwaschen fotografiere?«, fragte ich.

»Ganz und gar nicht. Warten Sie, ich hole bloß meinen Schutzhelm und mache die Karbidlampe dran fest.«

Ich knipste ihn ein paar Mal, wie er vor den Schildern saß und Nuggets in einer Waschpfanne hin und her schwenkte. Für Kunden hatte er eine Reihe Behälter vorbereitet, jeden mit einer Ladung Sand und einem kleinen bisschen Gold. Es grenzte sehr an Schwindel und hatte etwas Armseliges – es passte überhaupt nicht zu ihm.

Die ganze Zeit über kam ständig eine schwarzweiße Katze ins Bild und rieb sich voller Zuneigung an Greers Bein. »Man wird nicht gerade fett von Eidechsen«, sagte er und kraulte ihr das Kinn. »Aber schnell genug ist sie. Sie müssten sie mal sehen, wenn sie auf dem Dach des Cabover Fledermäuse fängt.«

»Wie regeln Sie das mit dem Wasser?«, fragte ich, als wir zurück zu seiner Hütte gingen.

»Ich schaffe mein eigenes Trinkwasser her. Jedes Mal wenn ich in der Stadt bin, bringe ich welches mit. Und ich sammle jeden Tropfen Regenwasser vom Dach in einem unterirdischen Tank. Seit ich hier bin, hatte ich noch nie Wasserprobleme. Allerdings verschwende ich auch keins.«

Wir gingen wieder hinein. »Tja, drei Jahre bin ich jetzt hier. Seit St. Louis war ich nirgendwo so lange. Das ist auch ganz o.k. so, aber seit einiger Zeit versuche ich jetzt schon, wieder zu verkaufen. Diesen Sommer würde ich gern wieder angeln. Was nicht heißt, dass ich mich von der Wüste verabschiede – ganz und gar nicht. Aber da gibt's noch viele Seen und natürlich den Colorado. Allerdings dürfte das hier nicht so leicht zu verkaufen sein. Einmal kam ein ganzer Trupp Kerle und zeigte sich interessiert. Sie hatten siebentausend Dollar in bar dabei. Aber sie wollten die Kohle nicht mit mir zusammen zur Bank bringen. Erst wollten sie das Geschäft abschließen, mit Unterschrift und allem. Sie meinten, bei der Bank könne man Fragen stellen. ›Das könnte ich genauso‹, sagte ich. ›Woher stammt das Zeug denn überhaupt?‹ ›Aus einem Geschäft als Inflationsausgleich‹, sagte einer. Mir war natürlich klar, dass das nichts mit 'nem Ausgleich zu tun hatte. Höchstens mit 'nem Goldausgleich. Und wie groß waren meine Chancen, das Geld heil zur Bank zu kriegen? Die hatten allesamt .38er im Gürtel stecken. Also lehnte ich ab.

Danach versuchte ich, eine Anzeige im *Wall Street Journal* unterzubringen. Zuerst wollten sie sie nicht annehmen. Wollten Bankreferenzen und so Zeug. Und selbst als ich ihnen Referenzen schickte, sagten sie noch Nein. Also schrieb ich noch mal und erklärte ihnen, ich sei kein Schwindelmakler, sondern bloß ein abgehalfterter Goldsucher, der verkaufen müsse. Und da kriegte ich die netteste Antwort zurück, die man sich denken kann. Schon ein gutes Blatt, dieses *Wall Street Journal*, verdammt gutes Blatt. Kriegte einen ganzen Stoß Antworten auf die Anzeige und jede Menge Leute kamen vorbei, um sich das hier mal anzusehen. Etliche schienen auch wirklich interessiert, aber ich hab trotzdem nie einen Abschluss hingekriegt. Wahrscheinlich hab ich zu viel geredet.«

Als abschließende Überraschung zeigte sich die Wüste gewissermaßen klassisch. Für zwanzig Meilen verwandelte sie sich unerbittlich in jene Einöde, die die meisten von uns mit dem Wort »Wüste« assoziieren und die ich auch erwartet hatte, als ich vor fast drei Monaten über den Imperial-Damm hinausgewandert war: ein menschenfeindliches Ödland, eine ausgedörrte Monotonie aus Sand und Hitze – und Durst.

Auf der Fahrt nach Süden hatte ich, zu spät, um noch etwas dagegen tun zu können, festgestellt, dass es auf der allerletzten Etappe – durch das Eureka-Tal – überhaupt kein Wasser gab. Doch ein stämmiger Ranger namens Mark Halderman hatte mir versprochen, in ein paar alten Hütten einen Vorrat für mich zu deponieren.

»Sie können sie nicht verfehlen«, hatte er gesagt. »Quer durch das Nordende des Eureka-Tals läuft eine Straße und Sie finden diese zwei oder drei Hütten dicht beieinander auf der Westseite des Tals, ungefähr zwei Meilen, bevor Sie auf die Straße treffen. Vielleicht auch drei Meilen – genau weiß ich's nicht. Wie auch immer, es läuft eine kleine Nebenstraße zu ihnen raus. Sie können sie gar nicht verfehlen.«

»Was würden Sie sagen, wie weit sind die Hütten aus meiner Richtung, also vom letzten Wasser im Marble Canyon aus?«

»Tja, schwer zu sagen. Ich bin selbst nie da unten gewesen. Wollen mal sehen: Also Ihr letztes Wasser kriegen Sie im Marble Canyon beim alten Greer – also, schätzen würde ich: fünfzehn Meilen. Jedenfalls nicht über zwanzig. Wie auch immer, spätestens bis zur ersten Maiwoche stelle ich Ihnen das Wasser in eine dieser Hütten, da brauchen Sie sich keine Sorgen zu machen.«

Aber ich machte mir Sorgen. Ich schätzte Mark Halderman zwar als erfahrenen und durch und durch zuverlässigen Mann ein. Aber ich hätte mir auch Sorgen gemacht, wenn ein Erzengel für dieses Wasser zuständig gewesen wäre. Die Hütten waren auf meiner Karte in kleinem Maßstab nicht eingezeichnet und möglicherweise schwer zu finden. Außerdem gab es immer auch Leute wie den Bergbanausen an der Saratoga-Quelle, der noch damit angegeben hatte, eine volle Wasserflasche aus einem Depot im Death Valley mitgenommen zu haben. Wie ich es auch betrachtete, ich fand es schwierig, mir *keine* Sorgen zu machen.

Schon bald nachdem ich Walter Greers Hütte verlassen hatte und den Marble Canyon abseits der Straße hinunterwanderte, verdichtete sich meine vage Unruhe zu etwas Handfesterem.

Es fing damit an, dass ich meine Karte verlor. Als meine Hand in meiner Hemdtasche auf Leere stieß, erstarrte ich mitten im Lauf. Den ganzen Tag über hatte es mich beunruhigt, dass die Karte nicht gut genug war. Aber jetzt kam ich mir vor wie ein Bergmann ohne Licht.

Ich stellte den Rucksack ab und ging den Weg zurück. Mir war klar, dass ich wahrscheinlich Zeit verschwendete. Immer wieder fegten Windstöße den Canyon hinab, und die Karte, die ich aus Gewichtsgründen auf Postkartenformat zusammengeschnitten hatte, würde kaum da liegen bleiben, wo sie hingefallen war. Doch ich verfolgte weiter meine Fußabdrücke zurück und erfasste dabei zum ersten Mal, wie sehr ich mich an Karten gewöhnt hatte.

Nach zwanzig Minuten kam ich an die Stelle, an der ich zum letzten Mal meine Route überprüft hatte. Der Wind war stärker geworden und von dem kleinen Papierfetzen war nichts zu sehen. Ich hastete den Canyon zurück. Mit jedem Schritt wuchs meine Unruhe.

Außer dem Verlust der Karte war eigentlich nichts passiert. Jedenfalls nichts Besonderes. Eine Stunde zuvor war eine magere Schlange vorbeigehuscht, fast zwischen meinen Beinen hindurch. Sobald ich dazu kam, nachzudenken, wusste ich, dass sie harmlos war. Aber trotz meiner neuen Haltung gegenüber den Klapperschlangen hatten mir die Geschwindigkeit und Plötzlichkeit in diesem Augenblick Angst gemacht. Und solche Angstimpulse brauchen Zeit, um abzuklingen. Vermutlich spielten auch noch andere Dinge eine Rolle, Dinge, die für sich genommen überhaupt nichts bedeuteten: bedrohliche Canyon-Wände, schwindendes Licht, Zweifel an Mark Haldermans Wasserdepot, Walter Greers Schlangengeschichten, selbst Böen, die mir kalt über den Rücken fegten, wo sonst der Rucksack hing. Während ich eilends den Canyon zurücklief, dachte ich: »*Wenn* ich jetzt von einer Klapperschlange gebissen würde, dann wäre der Rucksack verdammt weit weg.« Das Anti-Schlangenbiss-Päckchen hatte ich immer in meiner Shorts-Tasche, aber ich würde auch Wasser sowie einen Schlafsack brauchen, um mich auszukurieren. Auf dem ganzen Rückweg fühlte ich mich nackt und ungeschützt. Als ich den Rucksack schließlich sah, war das wie eine Heimkehr an einem Winterabend, bei der schon ein Feuer im Kamin lodert.

Die Suche nach der Karte hatte mich vierzig Minuten gekostet. Bei Einbruch der Dunkelheit war ich gerade erst in Sichtweite des Canyon-Ausgangs. Dahinter erstreckte sich unbekanntes Terrain. Ein grauschwarzes Nichts.

Während ich mir mein Abendessen kochte, versuchte ich den ersten Eindruck vom Eureka-Tal zu verdrängen. Ich redete mir ein, dass ich mir die Einzelheiten der Karte so gründlich eingeprägt hatte, dass ihr Verlust unerheblich war. Aber als ich mich in meinen Schlafsack schob und dann routinemäßig mein »Büro« (Brille, Stift und Notizblock) in meinen Stiefeln am Bett verstaute, war mir intensiv bewusst, dass bei den Unterlagen eine Karte fehlte.

Als ich am nächsten Morgen aufwachte, war die Unruhe weitgehend verschwunden.

Eine Stunde nach dem Frühstück ließ ich die letzten Felsformationen des Marble Canyon hinter mir, während sich vor mir die ganze Weite des Eureka-Tals öffnete. Felsbrocken lagen halb vergraben im Sand – wie Grabsteine einer untergegangenen Zivilisation. Geisterhafte Rauchbäume standen unter dem grauen Licht eines düster drohenden Himmels. Und über allem schien ein Leichentuch zu liegen, als hätte sich der Staub der Zeitalter auf dem Boden eines riesigen, uralten Sarges angesammelt.

Doch was mich am meisten umwarf, war die schiere Größe.

Ich stand dort im Ausgang des Marble Canyon und blickte auf die graue Ödnis, die ich durchqueren sollte, und ich empfand das Gewicht der Unermesslichkeit noch intensiver als am Eingang zum Death Valley. Doch verglichen mit dem Death Valley ist Eureka eine Puddingschüssel. Vielleicht hatte mich vor allem der Verlust der Karte kalt erwischt, oder vielleicht wusste ich auch nur allzu gut, dass ich in dieser knochentrockenen Senke von Wasser abhing, das an einer ungenau definierten Stelle, die sich auf keiner Karte fand, von jemandem deponiert worden war, den ich kaum kannte. Aber wie auch immer – Tatsache bleibt: Als ich in diese leichengraue Staubschüssel hineinzulaufen begann und über den Schutt und die Steine knirschte, die sich aus dem Marble Canyon ergossen, da fühlte ich mich sehr klein, sehr zerbrechlich und sehr schutzlos.

Fast augenblicklich begann ich nach den Hütten Ausschau zu halten. Am Abend zuvor war ich von Walter Greers Mine aus vielleicht zehn Meilen gelaufen und Mark Halderman hatte gesagt, von dort bis zu den Hütten dürften es kaum mehr als zwanzig sein. Also würden sie mit etwas Glück bald auftauchen.

Ich war kaum eine Meile gelaufen, als ich weit vor mir zwei schwarze Punkte entdeckte, die Dächer sein konnten. Eine halbe Stunde später wusste ich, dass es keine waren.

Anfangs lief es sich ziemlich leicht; es ging eine flache, steinige Steigung hinauf. Dann fingen die leeren Wasserläufe an: tief eingeschnittene Kerben mit steilen, bröckelnden Wänden. Ich ritt sie wie ein Küstenfrachter die Wellen des Hochatlantik. Schweiß lief mir den Rücken hinunter. Bei der ersten Pause beschränkte ich mich auf ein einziges Schlückchen Wasser.

Gegen halb neun weckte ein zweites, weit entferntes Paar dunkler Punkte meine Hoffnung erneut. Nach einer weiteren halben Stunde waren auch sie zu etwas geworden, das ich zwar immer noch nicht erkennen konnte, das aber erkennbar keine Hütten waren.

Die Flussbette wurden tiefer. Der Talboden, der von Ferne eben und einladend gewirkt hatte, war, wie sich zeigte, aus weichem, nachgiebigem Sand. Ich schleppte mich dahin wie ein Kettensträfling. Bald war ich völlig von staubiger Wüste umgeben. Ich fing an mir zu wünschen, ich wäre umsichtiger mit der Gallone Wasser umgegangen, die ich aus Walter Greers Hütte mitgenommen hatte – als ich den Marble Canyon an diesem Morgen hinter mir ließ, hatte ich schon über die Hälfte davon verbraucht.

Für die meisten Leute gehört Durst genauso zur Wüste wie Sand und Kakteen. Einsame Kinohelden stolpern schweißüberströmt und mit aufgerissenem Mund durch endlose Dünen den unvermeidlichen In-letzter-Minute-Oasen entgegen. Ich hatte mich bemüht, Dramen solcher Art zu vermeiden. Seitdem ich von der spartanischen Wasserrationierung zur »Trink ein bisschen, wenn du willst«-Methode übergegangen war, hatte ich überhaupt nur einmal wirklich Durst gehabt, und das war aus Leichtsinn gewesen. Eines Morgens hatte ich den Tag in den Panamint-Bergen mit lediglich einem knappen Liter Wasser in meiner Feldflasche in Angriff genommen, da ich mich auf wenigstens drei in der Karte verzeichnete Wasserstellen verließ. Acht Stunden später war ich, hoch in den Bergen, die letzten Meter bis zu einem alten Viehtrog und seinem wunderbar grünen Inhalt gerannt. Und jener Tag war nach Wüstenmaßstäben kühl und angenehm gewesen.

Als ich mich jetzt über den Grund des Eureka-Tals vorankämpfte, war der Tag weder kühl noch angenehm. Graue Bewölkung drückte schwer. Die Luft war heiß und klebrig. Während ich lief, stellte ich im Kopf Überschlagsrechnungen an. Bis zu den Hütten würde ich mit meiner knappen halben Gallone Wasser bequem kommen – wenn ich sie aber nicht fand oder wenn dort kein Wasser war, hatte ich mindestens noch zwanzig knochentrockene Meilen vor mir. Natürlich hatte ich das schon bei meinem Aufbruch gewusst. Aber da war ich mir des Erfolges sicher gewesen. Als ich jetzt meine Füße durch den weichen Sand zog, war ich mir nicht mehr so sicher.

Ich trottete weiter. Unvermittelt betrat ich einen Streifen aus hartem, ausgeschwemmtem Schlammboden. Die Erleichterung war dieselbe, wie wenn man nach stundenlangem Fahren auf einem löchrigen Knüppeldamm plötzlich auf eine gut ausgebaute Landstraße kommt. Doch nach einer halben Meile war der weiche Sand wieder da und zerrte an meinen Füßen. Ich erlaubte mir noch einen kleinen Schluck Wasser, ehe ich mich wieder aufraffte. Die graue Wolkendecke wurde dünner und die Sonne kam durch. Die Hitze verschärfte sich, aber der Staub lag immer noch wie ein graues Laken über allem.

Eine halbe Stunde später stieß ich erneut auf einen Streifen Landstraße aus gebackenem Schlamm. Und ganz kurz darauf entdeckte ich weit voraus eine Straße, die sich unterhalb der Erhebungen im Westen entlangzog. Selbst mit dem Fernglas konnte ich keine Hütten entdecken. Aber an der Straße bestand kein Zweifel. Meine Uhr sagte halb elf. Ich konnte es kaum glauben, dass seit meinem Aufbruch erst viereinhalb Stunden vergangen waren.

Natürlich war eine dürftige Straße noch keine Garantie für Wasser. Aber sie genügte, um meine Zweifel auszuräumen. Ich machte Pause. Um für alle Fälle dennoch Wasser zu sparen, aß ich die zwei Eier, die Walter Greer mir mitgegeben hatte. Dann schlief ich kurz unter einem Busch. Um elf machte ich mich wieder auf den Weg.

Zehn Minuten später sah ich die beiden Hütten.

Es war genau Mittag, als ich sie erreichte. Sie drückten sich eng aneinander. Sie waren niedrig und hässlich. Sie sahen aus wie Himmelstore.

Neben der zweiten stand ein alter, silbriger Wohnwagen, an dessen Tür ein Stück Papier flatterte:

> Colin: Deine Wasserflaschen sind drin.
>
> Mark

Ich machte die Tür auf. Hitze schlug mir entgegen wie aus einem Flammenwerfer. Ich ging hinein. Überall lagen alte Zeitschriften herum – auf dem Boden, der Sitzbank, der Koje, auf der Fensterbank und auf dem Tisch. Doch an der Seite standen auf dem Tisch zwei Weinflaschen im Gallonenformat. Ein Zettel behütete sie:

> Bitte diese Wasserflaschen hier stehen lassen.
> Dies ist ein Etappenpunkt für einen Herrn,
> der zu Fuß unterwegs ist – er ist auf dieses
> Wasser angewiesen.
> Danke.
>
> Mark Halderman.
> Big Pine.

Beide Flaschen waren voll.

Eine halbe Stunde später lag ich mit gelöschtem Durst auf der Koje und las.

In dem ganzen Papiermüll war mir eine abgegriffene Ausgabe der *Saturday Evening Post* vom 13. August 1955 in die Finger gefallen. Ein Kasten auf der Titelseite hatte meine Aufmerksamkeit erregt.

Aus der Welt der Death Valley Ranger:

Tollkühne Touristen
im Kampf mit der Wüste

Die Schlagzeile des Hauptartikels lautete:

In der Wüste lauert der Tod

Das Foto darüber zeigte Matt Ryan, der eine Touristengruppe eine befestigte Straße im Death Valley entlangführte. Der Artikel war voller Geschichten von Reisenden, die durch Hitzschlag und Durst die grässlichsten Tode gestorben waren.

Er las sich interessant.

Am folgenden Nachmittag stieg ich schließlich zum Ausgang eines schmalen Passes hoch. Hier war die Wüste zu Ende. Ab hier begannen die Berge.

Ich ruhte mich auf einem Granitblock aus und blickte über das Eureka-Tal zurück. Es war immer noch flach, riesig und grau. Aber weit hinter ihm konnte ich die blauen Spitzen der Panamints erkennen. Sie kamen mir als bleibende Erinnerung viel passender vor.

Drei Monate zuvor hatte ich mich der Wüste eher verbissen genähert – das klassische Bild von Sand und Kakteen, Durst und Monotonie nahm ich als gegeben hin. Doch was ich jetzt mitnahm, war eine großartige Melange aus Erinnerungen.

Den Sand und die Kakteen gab es natürlich. Sogar den Durst. Aber sie wurden überwältigt von Kolibris und Libellen und von Kojotengeheul, von Tamarisken und warmen Granitplatten, von Bergen und Canyons und trockenen Wasserläufen, von Hitze und Morgenfrische, von Grellheit und sanften Abenden.

Ich erinnerte mich daran, wie es war, am Colorado aufzuwachen und den Himmel voller dahinsegelnder, weißer
Vögel zu sehen. Ich erinnerte mich daran, oberhalb des
Devil's Elbow zu stehen, während der blaue Fluss dreihundert Meter unter mir dahinwirbelte. Ich erinnerte
mich daran, einen Grashüpfer an meinem Lagerfeuer zu
beobachten und ihn plötzlich mitten durch die Flammen
springen und offenbar unversengt auf der anderen Seite
landen zu sehen. Ich erinnerte mich daran, wie ich den
toten Körper einer Eidechse aus einem Metallscharnier
herausgeholt und die Leiche mal so und mal so gedreht
hatte, um das Licht einzufangen, und wie ich dachte, dass
die Zeichnung noch genauso leuchtend und der Körper noch genauso fest und stämmig wirkten, als sei das
arme Ding noch am Leben. Und ich erinnerte mich, wie
die Leiche ein Auge geöffnet und damit direkt in meins
geblickt hatte und wie sich nach dem ersten Moment
glasig dummen Starrens der zappelnde Körper freige-
strampelt hatte und abgezischt war wie eine Höllen-
echse.

Ich erinnerte mich an Echos entfernter Orte. In der
Nähe der mexikanischen Grenze war ich an einem heißen Nachmittag durch ein Indianerreservat gelaufen. Ich
stieß auf einen Platz, eine Art Versammlungsstätte, an
dem die nackte, rote Erde ganz fest- und glattgetreten war.
Auf einer Seite davon stand ein niedriges, ungestrichenes,
verlassenes Gebäude mit einer tiefen Veranda. Der ganze
Ort döste, dankbar für die Freundlichkeit der Sonne. Doch
die Sonne hatte das Lebendige aufgesogen. Ich hätte genauso gut wieder in Kenia sein können. Es hätte mich
wohl nur mäßig überrascht, wenn aus dem Schatten der
Veranda ein Kipsigis-Hirte herausgetreten wäre, sich ge-
reckt hätte und dann – auf einem glänzenden, schwarzen

Bein stehend und seine Decke fest um sich schlingend – innegehalten hätte, um mich anzustarren.

Weiter waren da Iras Hereford-Rinder gewesen, die sich irgendwie am Colorado durchschlugen. Sobald sie mich erblickt hatten, waren sie abgehauen. Ich fragte mich, wie einer der bedächtigen, konservativen Bauern aus Hereford an der englisch-walisischen Grenze wohl auf diesen Anblick reagieren würde. Der Gegensatz zwischen den Felsrücken und den trockenen Flussbetten am Colorado und dem saftigen Weideland in seinem eigenen Wye-Tal würde ihn faszinieren, aber bestimmt nicht mehr als der himmelweite Unterschied zwischen diesen rasenden Hindernismeistern und seiner eigenen, gemächlich beharrlichen Rasse, von der diese ersteren abstammten. Zurück im heiligen Freiraum seiner Dorfkneipe würde er die Aufrufe für die letzte Bestellung mit dem triumphierenden Singsang-Finale seines Berichts untermalen: »... und sie hatten alle weiße Gesichter, sage ich – allesamt weiße Gesichter.«

Doch am besten erinnerte ich mich an die Blumen. Ich erinnerte mich an die zwei ätherischen Halbkugeln, die an meinem Wasserdepot in der Mojave-Wüste über dem Sand geschwebt waren. Ich erinnerte mich an den durchscheinenden, malvenfarbenen Cognac-Schwenker, der mich mit seinen fünf roten Feder-Intarsien verblüfft und entzückt hatte. Und in der staubigen Ödnis des Eureka-Tals hatte ich just an diesem Vormittag eine einsame Butterblume gesehen, die eine Belobigung wegen Tapferkeit verdiente. Aber es waren nicht die einzelnen Blumen, die zählten, und auch nicht die Art, wie sie einen Abhang anfüllten – dicht und durcheinander wie ein Baseballpublikum. Was ich nie vergessen würde, war die atemberaubende Masse, die unaufhörliche Wiederholung, die Endlosigkeit. Am Imperial-Damm hatte ich mich gefragt, wie weit sich die Blumen wohl erstrecken mochten. Jetzt, nach sechshundert Meilen, wusste ich es.[10]

Es kam mir ganz in Ordnung vor, dass all die Blumen bei mir zu einer einzigen, allumfassenden Vorstellung verschmolzen. Denn das Wesentliche meiner Erinnerungen bezog sich auf etwas, das hinter den physischen Einzelheiten lebte. Zu Hause in San Francisco hatten mich Gespräche über die Wüste oft verwundert – die Wüste schien einen Zauber auf Menschen auszuüben. Ich hatte mich gefragt, warum sie Urlaube dort verbrachten, immer und immer wieder hinfuhren und schließlich manchmal sogar ganz dorthin zogen. Jetzt verstand ich es. Doch zu vermitteln, wieso ich das jetzt verstand – oder gar was –, das war schwierig. Es hatte etwas mit dem Duft von zerdrücktem, wildem Lavendel unter meinem Schlafsack zu tun oder mit der Vitalität einer staubigen Mesa nach einem Regenguss. Es hatte etwas mit der Offenheit des Raums zu tun, Meile um Meile, Tag um Tag. Auch die Morgen spielten eine Rolle, wenn graue Hügel von der aufgehenden Sonne zu rotem Leben erweckt wurden. Und die Abende: die brennenden Konturen eines westlichen Himmels bei Sonnenuntergang, das zunehmende Blauschwarz der Hügel im Zwielicht. Die Abende vielleicht

[10] Mir war die ganze Zeit über durchaus klar, dass ich Glück hatte, weil ich ein feuchtes Jahr erwischt hatte. Aber *wie viel* Glück ich hatte, begriff ich noch nicht so ganz. »In den meisten Jahren«, klärte mich später ein Geographen-Freund auf, »sind diese Vorberge der Panamints, die du mit »weichem, grünem Flor« bedeckt gesehen hast, deprimierend braun. Und du hättest das ausgetrocknete Flussbett in der Mojave den ganzen Tag entlanglaufen können und hättest vielleicht ein Dutzend Blumen gesehen. Ehrlich gesagt stehen die Chancen extrem schlecht, aus der Wüste die Erinnerung an einen endlosen Blumengarten mitzubringen.«

am meisten. Gott sei Licht, erzählt man uns, und die Hölle sei äußere Dunkelheit. Wenn man sich einen Wüstenhügel ansieht, der von der Sonne entblättert daliegt, dann erfährt man lediglich etwas Geographisches. Wenn man jedoch zusieht, wie die Dunkelheit ihn sich holt, dann mag einem für einen Augenblick aufgehen, warum Gott den Teufel erschaffen musste – oder der Mensch beide.

Es sind diese Augenblicke der Erkenntnis, mit denen die Wüste Menschen an sich bindet.

Walter Greer war nicht der Einzige. Matt Ryan und seine Frau Rosemary hatten in Emigrant einen Frieden gefunden, der sie selbst angesichts der nuklearen Explosionen drüben in Nevada ruhig bleiben ließ. Und ich war noch anderen begegnet. Ein hoch aufgeschossener junger Mann hatte in den Schluchten des Death Valley sowohl eine Herausforderung gefunden als auch einen Ort, an dem er seine kaputte Ehe vergessen konnte. Ein ehemaliger Milchmann – ein Philosoph – war durch sein Anglerleben im Wohnwagen am Colorado den Anstrengungen entronnen, die seinen Herzanfall ausgelöst hatten. (»Vor zwei Jahren konnte ich kaum bis zur nächsten Ecke laufen – jetzt schleppe ich einen Zentnersack Kartoffeln.«) Diese Leute hatten in der Wüste gefunden, was ihnen gefehlt hatte. Ich wusste nicht mehr genau, wie Chickenhouse Smith aussah, aber ich wusste mit mehr Sicherheit als je zuvor, dass er Weisheit besaß. Vermutlich wusste er nicht, wie man Hypotheken manipulierte, aber mit seinen »fünf oder sechs Wohnungen in der ganzen Wüste« brauchte er das auch nicht. Und er hatte gesagt: »Nie versuchen, gegen die Wüste anzukämpfen. Einfach lernen, mit ihr auszukommen.« Auf ihre jeweilige Art hatten diese Leute alle gefunden, was sie gesucht hatten.

Auch ich hatte gefunden, was ich gesucht hatte. Ich bin kein Blitzmerker, und mir war damals klar, dass die tiefer gehenden Auswirkungen erst im Lauf der Zeit sichtbar werden würden, aber die Einzelheiten an der Oberfläche sahen schon sehr gut aus. Mein Körper war zwanzig Pfund leichter – ich bestand nur noch aus Muskeln und Knochen. Ich hatte simple Genüsse neu gelernt, etwa die Fähigkeit, mich nackt in den Wind zu stellen, wenn ich überhitzt und müde war. Und es hatte Momente gegeben, in denen mich die Wüste vollkommen gefangen genommen hatte. Ich erinnerte mich an ein abgelegenes Tal (auch Wildesel werden mir den Namen nicht entreißen), in dem ich getagträumt hatte, hier eine Hütte hinzustellen, vielleicht sogar ein Haus. Ich hatte eine Stelle mit Schatten und Wasser und einer gewundenen Zufahrt entdeckt; selbst eine Landepiste für Flugzeuge war schon vorhanden. Außerdem gab es Salzfelder und schwarze Lavagebiete und drumherum Panorama-Berge von ungeheurer Harmonie. Doch am besten fand ich den abendlichen Schaukampf zwischen den Bergspitzen. Zuerst zogen lange Schattenfinger eine blaue Decke über den Talboden. Dann umringte der Schatten langsam die Berge. Eine nach der anderen wurden die sonnenbeschienenen Spitzen ausgelöscht. Wie hypnotisiert hatte ich zugesehen, als sich ein Wettstreit darum entwickelt hatte, welches die letzte rosa Felsnadel sein würde. Und als das Turnier vorüber war – gewonnen von einer Außenseiterin weit im Norden –, da hatte ich davon geträumt, auf der Veranda meiner Hütte zu sitzen (oder würde es ein richtiges Haus sein?) und dieses Schauspiel jeden Abend zu genießen.

Als ich mich jetzt auf dem Pass über dem Eureka-Tal ausruhte, war mir klar, dass diese Hütte ein Luftschloss war. Doch ich wusste auch, dass ich mich nie wieder darüber wundern würde, dass Menschen so oft und so ganz und gar dem schleichenden, aber insgesamt wohltuenden Bann der Wüste erlagen.

Zu guter Letzt drehte ich mich um und sah über den Pass auf die Berge im Westen.

Eine Woche zuvor hatte ich in der Nähe der Gipfelkette der Panamints einen Blick auf die Sierra Nevada erhascht. Eine schneebedeckte Spitze neben der anderen, hatte sie im Hintergrund eine eigene Welt für sich gebildet. Jetzt befanden sich die nächsten dieser Spitzen in unmittelbarer Nähe. Doch ihre sich nach Norden verjüngende Kette wurde von dem mächtigen Klumpen des White Mountain verstellt. Er wirkte riesig und bedrohlich. Viel bedrohlicher, als seine kompakten Umrisse es angedeutet hatten, als ich in meiner Wohnung in San Francisco überlegte, auf welcher Route ich ihn besteigen sollte. Und einladender hatte er allemal gewirkt.

Ich warf noch einen Blick zurück auf die Wüste. Dann lief ich den Pass nach Westen hinab – auf meinen ersten großen, amerikanischen Berg zu.

6 Über den White Mountain

Eins der wirklich zufrieden stellenden Dinge an einem Berg – an fast jedem Berg – ist, dass er so vielen Leuten zur selben Zeit ausschließlich gehören kann.

Während der zweiten Junihälfte gehörte der White Mountain mir. Ich wusste, dass er mindestens noch zwei anderen Männern gehörte, aber das spielte keine Rolle.

Schon ehe ich aus der Wüste hinauskletterte, wusste ich, dass der Berg Doug Powell gehörte. Ich hatte Doug in San Francisco während der hektischen Planungswoche kennen gelernt. Unsere zufällige Begegnung entpuppte sich als füllhornhafter Glücksfall. Doug war ein höchst praktisch veranlagter Geograph, und sobald er seine natürlichen Zweifel gegenüber meiner Tour überwunden hatte, spuckte er Informationen aus wie ein Computer. Er rasselte die Temperatur-, Feuchtigkeits- und Niederschlagswerte von Örtlichkeiten herunter, von denen die meisten Kalifornier noch nie gehört haben dürften. Er konnte von Wasserstellen in der Wüste und von abgelegenen Bergpässen aus eigener Anschauung berichten. Und es dauerte nicht lange, bis ich entdeckte, dass er zu jenen seltenen und unschätzbaren Fachleuten gehörte, die immer zugeben, wenn sie sich ihrer Sache nicht ganz sicher sind.

Ich hätte vermutlich schon in San Francisco merken müssen, wie Doug zum White Mountain stand – mehr durch das, was er verschwieg, als durch das, was er mir mitteilte (obwohl ihn seine Begabung für *understatement* beinah für die britische Staatsbürgerschaft qualifiziert). Ich hätte die Bedeutung seines »O ja, von der Spitze hat man einen bemerkenswerten Ausblick« erfassen müssen. Aber ich war zu sehr damit beschäftigt, nach Fakten zu wühlen. Die Zwischentöne nahm ich erst wahr, als ich Doug während einer dreiwöchigen Ruhephase am Fuß des Berges wiedertraf, wo ich darauf wartete, dass der größte Teil des Schnees abschmölze.

Diese ganzen drei Wochen hindurch tauchte Doug zu den merkwürdigsten Zeiten und an den seltsamsten Orten auf. Ich begann zu verstehen, warum einer seiner Freunde mir gesagt hatte: »Doug Powell gehört zu diesen Leuten, von denen man erwartet, dass man sie unerwartet mitten im Hang eines abgelegenen Berges trifft. Er grüßt dich so selbstverständlich, als wärt ihr euch gerade auf der Hauptstraße begegnet. Und nach einem netten Fünf-Minuten-Plausch zieht er dann vermutlich mit einem beiläufigen ›Wir sehen uns wahrscheinlich später noch‹ weiter. Aber das Verrückte an Doug ist, dass er das höchstwahrscheinlich wahr macht.«

Doug selbst hätte selbstverständlich jede Andeutung zurückgewiesen, ihm »gehöre« der White Mountain – nicht einmal teilweise. Aber das ändert nichts an der Situation: Sein unerklärter Anspruch beruht auf einer soliden Grundlage. Kein lebender Mensch weiß mehr über diesen ungezähmten Krümel der Erdkruste als er.

Mit sechzehn sah er den Berg zum ersten Mal. Damals war er im Juli mit einer Gruppe von Jungen in einem Zeltlager hoch oben in den westlichen Ausläufern der Sierra Nevada. Eines Tages unternahm die Gruppe eine lange Klettertour auf einen Viertausender. Schließlich erklomm auch Doug die Spitze. Tief unter ihm dehnte sich die riesige braune Wüste aus, doch fünfzig Meilen weiter erhob sich gänzlich unerwartet eine massige Bergkette aus der Wüste und verstellte den Blick nach Osten. Ihr

Rücken hatte dieselbe Höhe wie der Gipfel, auf dem Doug stand, und war in seiner ganzen Länge mit Schnee bedeckt. Er setzte sich etwas abseits von den anderen Jungen auf einen Stein und starrte lange schweigend auf das riesige Massiv, auf seine glitzernden Schneefelder und auf seine dunklen, steilen Abhänge. Dann stand er auf und fragte den Leiter der Gruppe. »Das ist der White Mountain«, sagte der, »aber offenbar weiß man nicht viel über ihn.« Und in diesem Augenblick wurde ein Geograph geboren.

Gut zwei Jahrzehnte sind seitdem vergangen. In dieser Zeit entstand eine wissenschaftliche These über die Entstehung des White Mountain und noch vieles andere. Sommers wie winters, wann immer er konnte, zog Doug über die Schneefelder und Felshänge des Massivs, kletterte seine Kanten und Schluchten hinauf und hinunter. Seine Kenntnisse sind umfassend. Es gibt Augenblicke, da spüre ich, dass er genau mitbekommt, wenn jemand einen Stein aus seiner Lage bewegt. Erst kürzlich – ein Jahr nachdem ich den Berg hinter mir gelassen hatte – zeigte ich ihm die Nachtaufnahme eines Lagerfeuers, das ich in dreitausend Meter Höhe entzündet hatte. »Ah, genau«, hatte Doug gesagt, »das ist direkt neben der umgestürzten Borstenkiefer bei Eva Belle. Dieser gegabelte Stock, den du beim Kochen verwendet hast – der linke –, steckte immer noch da, als ich vor ein paar Monaten dort vorbeikam.«

Zum Ausgleich hat der Berg Doug weit mehr gelehrt als Geographie. Er hat ihm ein tiefes Verständnis unserer Welt verschafft. Er hat ihm geholfen, Felsen und Flüsse, Pflanzen und Tiere, Menschen und ihre Bestrebungen nicht allein als solche zu verstehen, sondern auch die feinen, sich ständig verändernden Beziehungen zwischen ihnen zu begreifen, die sie alle miteinander verbinden.

Ich wusste, dass ich nicht erwarten konnte, Doug unerwartet auf halber Höhe des White Mountain zu begegnen. Am Tag meines Aufbruchs war er zu einer Tour durch die peruanischen Anden losgefahren. Aber ich wusste, dass ich auf dem Berg immer an ihn denken würde.

Doug erzählte mir noch von einem anderen »Mitbesitzer«.

Auf dem schmalen Rücken des Berges unterhält die Universität von Kalifornien drei Höhen-Forschungsstationen. Die eine liegt auf etwa 3000 Meter Höhe, die zweite etwa bei 3800 Meter und die dritte, die selten offen ist, ganz oben auf dem Gipfel auf 4343 Meter. In der mittleren Station lebt ganz allein – bis auf einen Assistenten im Spätsommer – Bill Roche. Abgeschnitten von der Welt und im Winter in ständigem Kampf mit hurrikanartigen Stürmen und arktischen Temperaturen, unterhält er eine beträchtliche Menagerie von Versuchstieren und bewegt sich zu Fuß oder in Kettenfahrzeugen über das kahle Plateau. In fünf Jahren hat er den Berg nur während zwei oder drei kurzer Urlaube verlassen.

»Wenn Bill Roche beschließt, dir auf irgendeine Weise zu helfen«, sagte Doug Powell, »dann macht er das gründlich. Andererseits kommen im Sommer immer etliche Fremde da hochgewandert und ihm gehen die Störungen allmählich auf den Wecker. Wenn du willst« – und ich betrachtete das Angebot als Ehre –, »kannst du meinen Namen erwähnen, obwohl ich nicht weiß, ob das was helfen wird.«

Berge, die ausreichend groß und mächtig sind, erzeugen keinen Neid. Ich habe Doug Powell und Bill Roche nie zusammen erlebt, aber ich bin mir ziemlich sicher, dass sie sich nicht nur gegenseitig tolerieren; sie bringen für den anderen – wenn auch vielleicht widerstrebend – beträchtlichen Respekt auf.

Als ich von der Wüste aus meinen Aufstieg in Angriff nahm, wusste ich die meisten dieser Einzelheiten. Und ich erkannte an, dass diese beiden Männer ältere Rechte auf den White Mountain geltend machen konnten als ich. Doch für zwei Wochen war es trotzdem mein Berg.

Die Spitze des White Mountain bildet den Höhepunkt eines langen, schmalen Gebirgszugs, der sich – eigenwillig und unwahrscheinlich wie ein Riff aus dem Meer – zwischen dem schneebedeckten Sierra-Massiv und der welligen Lahonta-Wüste erhebt. Die Westwand dieser Erhebung steigt ohne Unterbrechung dreitausend Meter in einer Serie von sich atemberaubend aufeinandertürmenden Pfeilern auf. Auf der Ostseite ist der Aufstieg leichter. Wenn man unten in der Wüste steht, ragt die riesige Masse in geheimnisvollen Buckeln und Ausbuchtungen über einem auf. Junge Sturzbäche winden sich aus verborgenen Tälern heraus. Wie jeder anständige Berg lockt und schreckt auch dieser gleichzeitig.

Über diesen Hang kletterte ich langsam auf die Spitze des White Mountain zu.

Ich vermute, dass in jedem von uns ein gewisses Widerstreben steckt, die Sicherheit des Bekannten zu verlassen. Am Ende meiner drei Ruhewochen fiel mir auf, dass ein Teil von mir zögerte, sich von der vertrauten Wüste loszureißen – von jener Wüste, die vier Monate früher fremd gewesen war. Doch sobald ich begann, zwischen den Buckeln und Felsnasen nach oben zu steigen, löste sich dieses Widerstreben auf.

Ich kletterte gemächlich und hielt an, wann immer

mir der Sinn danach stand. An manchen Tagen blieb ich nur zwei oder drei Stunden auf den Beinen. Ab und zu folgte ich schwach erkennbaren Spuren, die sich ständig verloren, sodass ich anhand des Gefälles schätzen musste, wo sie weitergingen. Häufiger folgte ich aber der Karte und meinen Eingebungen. Und während ich immer höher stieg, spürte ich den Bann der Wüste schwinden.

In der ersten Nacht schlief ich in einem sandigen Canyon, in dem das Gewisper eines Bergbachs widerklang.

In der zweiten Nacht schlief ich in der kleinen, runden Bratpfanne einer Beifußwiese. Wacholder tüpfelte die umliegenden Abhänge. Als ich am nächsten Tag zwischen steilen Granitklippen hindurchkletterte, erhaschte ich meinen ersten Blick auf den Gipfel. Graue Wolken umwirbelten eine weit entfernte, schneebedeckte Pyramide. Sie war unnahbar, erschreckend, faszinierend.

In der dritten Nacht entrollte ich meinen Schlafsack zwischen Steinen und Büschen. Ein Murmeltier – dick und pelzig wie ein Kinderteddy – ließ sich auf einem der Steine nieder und tschilpte mich unpassenderweise mit Vogelstimme an. Zweihundert Meter darüber klebte eine Schneewehe auf dem Kamm einer Anhöhe.

In der vierten Nacht wusste ich, dass ich die Wüste endgültig hinter mir hatte.

Das Geheimnis der Wüste ist das Geheimnis der Entfernung. Die Sonne legt alles bis auf die Knochen bloß – allein in der Entfernung gibt es Dunst und Zweifel. Jenseits deines flackernden Lagerfeuers erstreckt sich unendliche Dunkelheit. Das Mondlicht enthüllt ungeheure, widerhallende Räume.

Doch das Geheimnis des Waldes ist ein Geheimnis der Vorstellungskraft. Es erfüllt dich mit der intensivsten Art der Befriedigung – jener Art, die immer einen Teil von dir unbefriedigt lässt. Selbst das helle Tageslicht räumt nie sämtliche Zweifel aus. Ein Stein rollt einen steilen Hang hinab, und du kannst nur raten, was ihn in Bewegung gesetzt hat. Ein Eichhörnchen? Ein Reh? Ein Bär? Oder gar nichts? Du spähst durch die Bäume, du registrierst eine Bewegung, die nicht von einem Eichhörnchen stammt – vielleicht von einem Reh, vielleicht sogar von einem Bären – auf jeden Fall war da für einen Moment zweifellos etwas. Nachts tanzen Gestalten in rätselhaften, aufreizenden Rhythmen auf Baumstämmen um dein Lagerfeuer. Und später fällt dann das Mondlicht durch die Bäume und erschafft grüne, geheimnisvolle Manegen. Eine Erinnerung taucht auf. Du siehst wieder die Bühnenbilder von *Peter Pan* und *Heidi*, die dich vor vielen Jahren so fasziniert haben. Zu Beginn jeder Szene, wenn die Lichter noch so schwach leuchteten, dass die Gestalten auf der Bühne nichts als Schatten waren, hatte das Bühnenbild etwas Magisches. Es versprach gigantische Bäume oder unermessliche Höhlen oder verwunschene Hexenringe oder alle drei zusammen oder auch ganz etwas anderes. Danach wurde einem immer alles verdorben, wenn die Lichter langsam heller wurden und man sah, dass die schattenhafte Kontur nichts als ein großer Baum oder eine tiefe Höhle oder ein pottnormaler Hexenring war; danach konnte sie jedenfalls nicht mehr alle drei zusammen sein oder gar etwas ganz anderes. Aber in einem Wald macht niemand die Lichter heller. Jedenfalls nicht vor dem Morgen – und das ist eine ganz andere Welt.

Ich schrieb eben: »das Geheimnis des Waldes«, dabei bin ich mir nicht sicher, ob es am White Mountain etwas gibt, das sich als Wald bezeichnen lässt. Er ist wohl eher ein Wüstenberg. Aber er hat Bereiche, die man beinah als üppig bezeichnen kann, und nach den Meilen und Monaten in echter Wüste schwelgte ich in seinen dünn mit Bäumen bestandenen Hängen und seinen wasserreichen, kleinen Tälern.

In dieser vierten Nacht lagerte ich an einem Espenhain. An meinem Bett lief ein Bach vorbei. An seinem grasigen Ufer balancierten violette Götterblumen, die aussahen, als würden sie jeden Moment von ihren zarten Stielen stürzen. Wenn ich die fünf, sechs Meter bis zu einem bestimmten, bemoosten Felsblock ging, konnte ich wilde Erdbeeren riechen. Nach Einbruch der Dunkelheit tanzten die Schatten meines Lagerfeuers Menuette und Sambas auf den schlanken Espenstämmen. Und im Hintergrund erschuf das Mondlicht zwischen den Bäumen eine riesige Höhle oder den Steinkreis eines Druiden oder beides zusammen oder auch ganz etwas anderes.

Und in der fünften Nacht lagerte ich in einem kahlen, steinigen Land, hoch über der letzten Wiese, zwischen Schneewehen und den ältesten Lebewesen der Erde.

Die Borsten- oder Grannenkiefern, die hoch im Osthang des White-Mountain-Massivs wachsen, erreichen das erstaunliche Alter von fast fünftausend Jahren. Das übertrifft den bekannten Weltrekord, der davor von einem anderen kalifornischen Baum, dem riesigen Sequoia oder Mammutbaum, gehalten wurde, um mehr als zwei Jahrtausende.

Lebende Borstenkiefern sind nicht beeindruckend; sie haben nichts von der Majestät der Mammutbäume. Einige werden über zwanzig Meter hoch, aber sie wuchern unregelmäßig vor sich hin. Die meisten kommen nicht über zehn Meter hinaus. In einem Sequoia-Hain würde eine lebende Borstenkiefer überhaupt nicht auffallen.

Doch der Adel der toten Bäume wischt die Frage der Größe beiseite. Jedes Baumskelett ist ein Wahrzeichen des Alters. Von einem am Boden kauernden Kernstück, das weniger an einen toten Baumstumpf als an einen riesigen, versteinerten Muskel erinnert, greifen hundert gequälte Arme zum Himmel aus, glatt und flehend und irreal. Das ausgereifte braune Holz, das unter den hier herrschenden Bedingungen praktisch unzerstörbar ist, hat lange Risse und verknotet sich zu schwanger wirkenden Rundungen. Die sprechenden Toten leben unter den schweigsamen Lebenden weiter.

Für eine Borstenkiefer kommt der Tod langsam. Ein scheinbar lebloses Gerippe kann immer noch – irgendwo auf halber Höhe an einem Arm – einen einzelnen, lebenden Trieb ernähren. Im Licht der Abenddämmerung stand ich still und ernst vor so einem verscheidenden Methusalem. Irgendwo in dieser verdrehten Struktur war noch Leben vorhanden. Dabei hatte dieser Baum die Halbzeitmarke seines Lebens bereits überschritten, als Jesus starb.

Zwischen diesen Borstenkiefern fand ich die Blockhütte der alten Eva-Belle-Mine.

Bei meinem nicht unbedingt geradlinigen Weg den Osthang hinauf stieß ich insgesamt auf drei Hütten. In allen spiegelte sich die Vergänglichkeit menschlichen Strebens.

Die Erste – sie lag nur knapp über Wüstenniveau am Ende einer Lehmpiste – war kaum mehr als ein Unterschlupf. Die Zweite – eine aufgegebene Forststation in knapp dreitausend Meter Höhe – war dagegen solide gebaut. Doug Powell hatte mir erzählt, dass sie sommers noch ein, zwei Monate von Cowboys genutzt wurde, die ihre Herden aus den trockenen Tälern des Osthangs hier heraufbrachten. Aber obwohl die einzelnen Gebäude in gutem Zustand waren, wirkten sie wie Treibgut am Gestade der Zeit. Außerdem waren sie keine richtigen Berghütten. Ihre glatten Bretterwände und grünen Kunststoffdächer hätten nahtlos in Walter Greers Wüstencanyon gepasst.

Aber die Blockhütte von Eva Belle war anders.

Untersetzt und trotzig kauerte sie zwischen den Schneewehen, die sich unter den Borstenkiefern immer noch hielten. Auf drei Seiten stiegen kahle Steinhänge mit bedenklichen Schneebrettern gut dreihundert Meter empor. Selbst in der warmen Sonne konnte man sich diesen Platz leicht im Winter vorstellen – leblos, abweisend, ja bedrohlich.

Die Hütte hatte im Kampf mit den Elementen einen schweren Stand. Wie eine Napfschnecke schien sie sich an dem schrägen Untergrund festzusaugen. Die mächtigen, rohen Stämme der Wände ragten an jeder Ecke ein gutes Stück heraus, als wollten sie sich selbst gegen Erdbeben stemmen. Das niedrige Holzdach wurde von Steinen festgehalten.

In der Hütte hing eine stark verrostete Bratpfanne an einem Nagel an der Wand. Durch das Dach sickerte Licht. Es beleuchtete schwach ein Bettgestell, grob gezimmerte Tische und Bänke sowie einen kleinen Eisenherd. Auf dem schmutzigen Boden lag ein Besen und in einem gesprungenen Teller ein Stück Seife. Alles war dick mit Staub bedeckt. Bei einem Unwetter würde die Hütte willkommenen Schutz bieten, aber das war auch alles.

Ich lief fünfzig Meter den Abhang hinunter und baute mein Lager auf. Und zum ersten Mal schmolz ich Schnee, um Wasser zu bekommen.

Von meinem Lagerplatz aus gewann die Blockhütte ihre Würde zurück, und sie hatte etwas Dauerhaftes an sich, etwas, das noch stabiler war als selbst die trutzigen Wände, etwas, das ich nicht so ganz zu fassen bekam.

Irgendwann nach Mitternacht wachte ich auf und öffnete die Augen. Mondlicht überflutete die kleine Lichtung. Der Wind ging durch die Baumwipfel wie durch ein Meer. Ich sah zu der Hütte hinauf. Ihre niedrige Kontur hob sich eckig vor dunklen Bäumen und glitzerndem Schnee ab. Hoch darüber lag der kalte, weit entfernte Bogen des Gipfelgrats.

Eine unvermutete Gefühlsanwandlung tauchte in mir auf. In England gibt es die Tradition der Blockhütte nicht – das ist alles zu lange her, wenngleich sie in den abgelegeneren Winkeln des Empire und in unterschiedlichen Ausprägungen natürlich noch Teil der zerbröckelnden Gegenwart ist. Aber im ländlichen Amerika spielt die Blockhütte eine Rolle. Jedes amerikanische Kind weiß, dass Abe Lincoln in einer Hütte wie der von Eva Belle geboren wurde und aufwuchs. Und dieser Hintergrund trug mit dazu bei, ihn zu einem großen amerikanischen Symbol werden zu lassen. Ein heutiger Präsidentschaftskandidat kann die Eva-Belle-Ursprünge verdrängen oder sie auf eine Mietskaserne übertragen. Aber die Echos der Tradition sind weiterhin vernehmbar. Sie durchdringen sogar die wachsenden Vorstädte: Der moderne westliche Supermarkt gefällt sich in Anspielungen auf einen urwüchsigen Individualismus, indem er seine niedrigen Ranch-Wände mit unechten Eva-Belle-Baumstämmen bepflastert.

Die Rolle, die die Blockhütte dabei gespielt hatte, die amerikanische Vorstellung von westlicher Kultur auszubreiten, war mir schon lange bewusst gewesen, aber es ist eine Sache, ein Symbol wahrzunehmen, und eine völlig andere, es zu empfinden. Und ohne Empfindungen bleibt ein Symbol eine leere Hülle. In dieser Nacht auf dem

White Mountain, in der der Wind an den Baumkronen zerrte und das Mondlicht dunkle Schatten unter das Vordach der Eva-Belle-Grube warf, begriff ich zum ersten Mal etwas von der Wärme und Sicherheit, die die Blockhütte in der amerikanischen Geschichte verkörperte.

Blockhütten sind aber nicht das einzige Zeugnis von der Vergänglichkeit menschlicher Werke, die der White Mountain anzubieten hat.

Amerika insgesamt und Kalifornien ganz besonders sind als Länder des Aufbruchs und Wachstums bekannt, doch selbst in Kalifornien gibt es Inseln der Pleiten und des Niedergangs. Am Colorado hatte ich in den aufgegebenen Ranches oberhalb von Picacho eine »Insel« gefunden, die für die Pleiten stand. Und mit dem Gebiet am White Mountain ging und geht es bergab. Was bleibt, sind Museumsstücke.

An der Mündung des Canyon, durch den ich meinen Aufstieg begann, fand ich alles, was noch von White Mountain City übrig ist: einen kleinen Schmelzofen, der aussah wie ein Hügelgrab, und die Umrisse einiger Steinhäuser. Zu seiner Glanzzeit als Bergbauzentrum hatte die Bevölkerung dieses Weilers nie die Hand voll überschritten, und sein Hauptbeitrag zur Geschichte ist eigentümlicherweise ein politischer. Doug Powell hatte mir die Geschichte erzählt. Bei den kalifornischen Senatswahlen von 1861 waren im Wahlbezirk White Mountain City fünfhunderteinundzwanzig Stimmen abgegeben worden. Diese Stimmen gaben den Ausschlag bei einem Kopf-an-Kopf-Rennen zwischen vier Bewerbern um zwei verfügbare Sitze. Ein verärgerter Kandidat, der in dem Nest am Fuß des White Mountain lediglich ein Grüppchen Bergarbeiter vorfand, überprüfte daraufhin das Wahlregister. Es folgte eine regelrechte Untersuchung. In einem Bericht darüber heißt es: »Ein Bürger, der sich die Liste ansah, war von der Vertrautheit mancher Namen höchst überrascht. Schließlich versicherte er, sie sei eine Kopie der Passagierliste jenes Dampfers, mit dem er von Panama nach San Francisco gekommen sei.« Die Gerechtigkeit siegte. Zwei Jahre nach der Wahl wurden die unrechtmäßigen Senatoren abgesetzt.

Nachdem ich über Eva Belle hinausgeklettert war, erblickte ich im Norden ein kleines, geneigtes Hochplateau, das ich bereits getauft hatte: Das Mekka der Schafhirten. Diese Hochfläche in gut dreieinhalbtausend Meter Höhe liegt bedenklich nah an der Kante eines sechshundert Meter tief abfallenden Geröllhangs. In den 1890ern, so hatte Doug Powell mir erzählt, bildete sie das Ziel eines alljährlichen Trecks von französischen Schafhirten, die sich im oberen San-Joaquin-Tal niedergelassen hatten. Jeden Frühling trieben sie ihre Herden ostwärts. Bis zum Hochsommer waren sie bis in die High Sierra oder bis zum White Mountain gekommen. Als Höhepunkt der Reise trieben einige von ihnen ihre Schafe dann im August auf dieses scheinbar unzugängliche Plateau. Gegen Ende Oktober waren sie wieder zu Hause im San-Joaquin-Tal – nach einer sechsmonatigen Wanderung von über siebenhundert Meilen. Meine White-Mountain-Karte von 1917 zeigte zwei Pfade, die sich über einen abschüssigen Geröllhang in der Nähe des Hauptgipfels wanden. »Auf dieser Route brachten sie ihre Schafe runter«, hatte Doug Powell gesagt. »Ich begreife nur nicht, wie. Von irgendwelchen Pfaden ist inzwischen so gut wie nichts mehr zu sehen, und ein Mensch hat dort schon genug zu tun, um selbst heil durchzukommen.«

Ein Jahrhundert hat White Mountain City auf ein paar Steine reduziert. Die Pfade der französischen Schafhirten sind nach siebzig Jahren fast verschwunden. Und der Niedergang geht weiter und durchdringt auch die weitere Umgebung. Der Nordzipfel des White-Mountain-Massivs überschreitet die Staatsgrenze nach Nevada. Nun ist es so, dass die Gesetzgebung von Nevada Aktivitäten erlaubt – und oft auch dazu ermuntert –, über die man in Kalifornien und anderen Bundesstaaten die Nase rümpft. Siehe Reno und Las Vegas. Doch selbst die älteste menschliche Einrichtung hat sich als anfällig gegenüber der drückenden Nähe des White Mountain erwiesen. Eine Regionalzeitung berichtete kürzlich von der Schließung eines abgelegenen Unternehmens, welches lange Zeit unmittelbar hinter der Staatsgrenze quasi im Schatten des Bergmassivs in Betrieb gewesen war. Der Artikel zitierte den resignierten Unternehmer mit den nicht allzu überraschenden Worten: »Wahrscheinlich ist das hier nicht die ideale Gegend für ein Bordell.«

»Oben«, hatte Doug Powell mich vorgewarnt, »ist es nie ruhig.«

Als ich die letzten Borstenkiefern hinter mir ließ und auf das schmale Hochplateau kam, wusste ich, was er gemeint hatte.

Unten an der Eva-Belle-Grube war es eine Stunde zuvor richtig warm gewesen. Die lebenden Bäume hatten genauso reglos dagestanden wie die toten. Schneewehen schwitzten in der Sonne.

Hier oben aber war es wie auf der anderen Seite einer Drehbühne. Minutenlang war der Wind lediglich eine kräftige Bewegung kalter Luft. Doch dann prallte ich auf einen körperlosen Eisberg, ging durch ihn hindurch und zog weiter. Selbst in dieser kargen Einöde – viel karger als die meisten Wüstengebiete – konnte ich die Böen herankommen hören. Sie raspelten wie eine Feile über das Gestein.

Anfangs sah ich nichts als braunen Fels, der in so glatten Wellen verlief, als habe ihn jemand mit Sandpapier abgeschmirgelt. Doch dann entdeckte ich kleine, struppige Grasbüschel. Und hier und da duckte sich ein kleiner Zwergsalbei an den Boden. Und zwischen den Steinen wuchsen zarte Blumen, weiß, gelb und violett und so winzig, dass man sie nur entdeckte, wenn man sich hinkniete. Und über und zwischen diesen Blumen tummelte sich eine ausgedehnte Population aus Käfern und Spinnen. Angesichts der Bedrohung durch die unbegreifliche Masse eines italienischen Bergstiefels flüchteten sie nicht etwa in einen sicheren Unterschlupf, sondern stellten sich dem Kampf – angriffslustig wie ein Werfer beim Baseball.

Ich überquerte eine halbe Meile Steinschutt, kletterte auf zwei Schneedünen und folgte dann einer wild-kurvigen Jeepspur nach Norden.

Als Doug mir erzählt hatte, dass die Höhen-Forschungsstation auf einer Straße erreichbar sei, hatte ich befürchtet, dass deren pure Präsenz jene bestrickende Feindseligkeit zerstören würde, auf die man an allen hohen, baumlosen Orten stößt. Das heißt: Feindseligkeit ist als Ausdruck womöglich zu stark. Vielleicht meine ich eher: jene großartige Überheblichkeit, oder auch nur: die Selbstgewissheit unerschütterlicher Schönheit. Es ist eine Eigenschaft, die etwas mit Kargheit zu tun hat, mit Kälte, mit Nähe zum Himmel und mit ungeheuren Entfernungen. Wer mit hohen Orten vertraut ist, wird wissen, was ich meine.

Diese rätselhafte Eigenschaft wischte die blasse Gegenwart der Straße völlig beiseite. Ich spürte, dass ich auf die Höhe reagierte. Das Heitere hoch gelegener Orte ist ge-

177

nauso wahr und genauso schwer zu beschreiben wie ihre Feindseligkeit. Ich vermute, dass das eine sich aus dem anderen ergibt; allerdings lässt sich kaum sagen, was dabei Ursache und was Wirkung ist. Es ist eine biologische Tatsache, dass große Höhen die Gehirntätigkeit reduzieren, doch es ist ein Erfahrungswert, dass Berggipfel erheiternd wirken. Möglicherweise meine ich damit nur die Erregung, die Aufwallung, die auf die vollbrachte Leistung folgt, denn ich bin nie länger als ein paar Tage in wirklich großen Höhen gewesen, und zwischen den einzelnen Erlebnissen lagen immer lange Pausen. Kann sein, dass die wirklich Erfahrenen diese Heiterkeit nicht mehr empfinden.

Zwei Stunden lang folgte ich der Straße nach Norden. Die Pyramide des Gipfels stand sechs oder sieben Meilen entfernt in aller Klarheit vor mir. Sie war jetzt keine unnahbare, drohende Zitadelle mehr, die von wirbelnden Wolken halb verborgen wurde. Scharf umrissen vor dem blauen Himmel glomm ihr Gestein in warmem Braun. Schneefelder funkelten. Die Pyramide war nicht nur zugänglich, sie lud geradezu ein.

Der Weg fiel ab. Der Gipfel verschwand aus dem Blickfeld. Und gegen sechs Uhr erreichte ich eine kleine Senke, die der kleinen Gruppe von Gebäuden in ihr nicht allzu viel Schutz bot: Höhen-Forschungsstation Nummer zwei.

Ich fand Bill Roche in seiner Küche. Er war mager und bebrillt und hatte einen nicht zu bändigenden Strubbelkopf. Nichts an ihm schmeckte nach Bergsteiger oder Einsiedler oder Exzentriker. Er hätte durchaus auch der Wäschereibote sein können.

»Soso, Sie sind also ein Bekannter von Doug Powell, ja?«, sagte er, während er Vorräte aus Kartons auspackte. »Haben Sie letzte Nacht in Station eins übernachtet?«

Die Forschungsstation Nummer eins – die tiefstgelegene der drei – lag zehn Meilen die Straße zurück in dreitausend Meter Höhe. Ich erläuterte, dass ich über den Osthang des Massivs gekommen war und die Station daher nicht besucht hatte.

»Oho, ein echter Wanderer«, sagte er und schwieg dann für einen Moment. »Also, wenn Sie ganz hoch wollen, dann sollten Sie die Gipfelstation nutzen. Aber heute Abend schaffen Sie das nicht mehr. Es sind über fünf Meilen von hier und das letzte Stück ist ganz schön happig. Bleiben Sie doch über Nacht bei uns.«

»Also …«

»Ach was. Wir kriegen hier bestimmt eine genauso gute Mahlzeit hin, wie Sie aus Ihrem Rucksack. Heute sind ein paar Leute zu Besuch gekommen und haben Vorräte mitgebracht. Wir sind schon drei zum Essen, da macht einer mehr auch nichts aus. Kommen Sie, Sie sollten sowieso erst mal einen Drink nehmen. Es ist eh die Zeit dafür – und dabei können Sie's sich in Ruhe überlegen.«

Die Besucher erwiesen sich als zwei Biochemiker, die hier Tierversuche machen wollten. Und der Ersatz für meine Trockenkartoffeln und meinen Pemmikan samt geschmolzenem Schnee entpuppte sich als Avocados, T-Bone-Steaks, frische Himbeeren und Burgunder. Nach dem Essen zogen wir in das Obergeschoss der geräumigen Wellblechbehausung. Draußen hörte man schwach den Wind pfeifen, drinnen versanken die Füße in dicken Teppichen.

Bill Roches freundliche, braune Hündin folgte uns nach oben. »Das ist das intelligenteste Tier, das ich je erlebt habe«, sagte er. »Sie kam mit einem Schwung anderer Hunde für eine Versuchsreihe hier hoch. Fünfzig Injektionen. Die anderen knurrten immer, aber Brownie

179

hier streckte nach den ersten paar Malen die Pfote aus und drehte den Kopf weg. Das war vor zwei Jahren. Seitdem ist sie hier.«

»Wahrscheinlich haben Sie hier oben nicht allzu viel Gesellschaft«, sagte ich.

»Ach, es geht, zeitweise hilft noch jemand mit hier oben. Im Sommer kommen häufiger mal Leute her, um Experimente zu machen – und auch Gelegenheitsbesucher sind gar nicht so selten. Von denen sind manche allerdings ganz schön seltsam. Sind Ihnen die Granitstrukturen aufgefallen, die hier überall aus dem Boden treten? Letztes Jahr kam ein Elektroingenieur aus Los Angeles mit seiner Frau hier hoch. Er sah sich diese Formationen lange an. Und dann fragte er mich schließlich: ›Sagen Sie mal, wozu hat man *die* hier aufgestellt?‹«

Ich lachte. »Und im Winter? Kommt da jemals jemand hier rauf?«

»Nicht oft. Mit einem Wiesel – das sind die leichten Kettenfahrzeuge, die Sie draußen gesehen haben – kommt man zwar über das Plateau, aber das ist nicht ungefährlich. Natürlich stehe ich in Funkkontakt, sofern die Kiste es tut. Aber ich bin hier ziemlich autark. Letzten Sommer haben sie Strom gelegt – über ganz gewöhnliche Leitungsmasten. Es wär ja auch zu schön gewesen! Der erste Sturm riss alles weg, genau wie ich es prophezeit hatte.« Bill Roche versuchte gar nicht erst, sein Entzücken über das Versagen jener zerbrechlichen Gerätschaften zu verbergen, von denen die gewöhnliche, verwöhnte Welt abhängt.

»Und der Nachschub?«

»Oh, ich habe Vorräte. Früher gab es einen Piloten, der dringende Sachen herbrachte. Er landete immer auf der so genannnten Achterbahn – die liegt zwei Meilen den

Kamm runter. Er war der Einzige, der das hinkriegte. Manchmal warf er auch Sachen ab. Als einmal der Schnee so hoch lag, dass ich draußen nicht weit vorwärts kam, drehte er neun oder zehn Runden und warf dann einen kleinen Fallschirm drei Meter vor der Haustür ab. Das war ein Pilot, mein lieber Mann! Er kam bei einem Absturz um. Gerade erst letzten Monat. Flügelbruch. Hatte keine Chance.« Bill Roche verharrte einen Augenblick schweigend, im Gedenken an jemanden, den er hatte respektieren können. Dann stand er auf. »Ich gehe noch mal nach den Tieren sehen.«

Einer der Chemiker begleitete ihn. Als sie draußen waren, nickte der andere in Richtung Tür. »Außergewöhnlicher Mann, dieser Bill Roche. Einfach ideal für den Posten hier draußen. Unheimlich selbstständig. Der geht im Winter allein raus und montiert eine neue Kette auf das Wiesel – und diese Dinger wiegen über hundert Kilo. Und belesen ist er auch noch. Soweit ich gehört habe, muss er ziemlich fit in östlicher Philosophie sein. Und ein Händchen für Tiere hat er sowieso.«

»Werden hier alle Untersuchungen mit Tieren gemacht?«

»Nein, ungefähr halb, halb. Tiere und Menschen, meine ich. Mit Menschen kommt Bill genauso gut zurecht. Man könnte ja vermuten, dass er ein bisschen schrullig ist, wo er ganz allein in dieser Höhe lebt. Ist er aber gar nicht. Wir sind jetzt schon mehrmals hier oben gewesen und wir sind immer prima mit ihm klargekommen.«

»Wie hoch sind wir hier eigentlich genau?«

»Exakt dreitausendachthunderteins Meter«, sagte der Biochemiker. »Hoch genug, dass es jeder merkt, der sich länger hier aufhält. Und natürlich gibt es Leute, die Bill vorwerfen, er würde sich hier wie ein kleiner Bergkönig aufführen. Himmelherrgott, hier oben geht es nicht anders!«

Ich nickte. Das White-Mountain-Plateau war in der Tat nichts für Willensschwache.

»Er hat es hier zum Teil mit richtig üblem Wetter zu tun«, fuhr der Biochemiker fort. »Der Wind erreicht hier manchmal hundertfünfzig Stundenkilometer und die Temperaturen gehen bis auf minus fünfunddreißig runter. Dabei ist das nicht mal das Schlimmste. Im Winter gibt es hier manchmal Schneestürme, die zu den heftigsten gehören, die die Welt zu bieten hat. Bis zu anderthalb Meter in sechsunddreißig Stunden. Im Dezember 1955 hatte er hier so einen. Und richtig warm wird es hier auch nie. Selbst im Sommer sind zwölf, dreizehn Grad das höchste der Gefühle. Ich finde es auch jetzt ziemlich kalt hier – in Bishop, das ist unten am Fuß des Massivs, hatten wir die ganze Woche über dreißig.«

Bill Roche kam mit dem anderen Biochemiker wieder die Treppe herauf. Der Gast sank erschöpft auf einen Stuhl. »Mann, diese Höhe macht einen fertig«, sagte er. »Und nicht bloß körperlich. Man kann hier oben überhaupt nicht konstruktiv denken.«

»*Konstruktiv* denken?«, sagte Bill Roche. »Manche Leute kommen hier hoch und stellen fest, dass sie überhaupt nicht mehr denken können. Ich hatte Akademiker hier, die mussten erst zur Station eins runter, wenn sie zwei und zwei zusammenzählen wollten.«

»Ach, du meine Güte, das kann die Hälfte von uns doch nicht mal auf Meereshöhe«, sagte einer der Gäste.

Bill Roche griente. «Natürlich wirkt sich die Höhe auf jeden anders aus. Viele Leute können anfangs offenbar nicht mehr schlafen.«

»Mag sein«, sagte der Biochemiker, während er sich

von seinem Stuhl wuchtete. »Ich dürfte dieses Probem jetzt aber nicht haben.«

Am nächsten Vormittag führten mich die beiden Wissenschaftler durch zwei große Gebäude voller Käfige mit Hühnern, Ratten, Kaninchen und Meerschweinchen. Zwischendurch hielten wir an, um einigen Kaninchen ihre spezielle Nahrung zu verabreichen.

Unvermittelt sprach einer der beiden mich an: »Sie halten es für falsch, sie für solche Sachen zu benutzen, nicht? Ich sehe es Ihrem Blick an. Aber es ist alles in bester Ordnung, glauben Sie mir. Die sind ganz zufrieden. Schauen Sie, die Käfigtür steht jetzt seit fünf Minuten offen, und keins hat versucht abzuhauen.«

Zwei große, flauschige Kaninchen – schlappe Geschöpfe mit sanften, fast ausdruckslosen Augen – saßen in dem kleinen Käfig. Die Barthaare des einen streiften die geöffnete Tür. Keins von ihnen machte Anstalten, sich zu rühren.

»Sehen Sie?«, fragte der Chemiker.

Keine Frage, die Kaninchen wurden gut versorgt. Sie lebten ein zufriedenes Leben, fernab von den Gefahren, denen sich ihre Vorfahren noch gegenübergesehen hatten. Natürlich: Es war nicht nur vertretbar, sondern sogar lobenswert, sie für Untersuchungen einzusetzen. Wer mit solchen Tieren arbeitet, gewöhnt sich an ihren Zustand – und hat vielleicht auch Recht. Aber für mich steckte in diesen sanften Augen und in diesen schönen, flauschigen, schlaffen, weißen Körpern etwas Beängstigendes – ein unbehaglicher Anklang an *Schöne neue Welt*. Ich war froh, wieder in die klare, kalte Welt aus Schnee und Stein hinauszukommen.

Wir liefen zu zweit zu dem Wellblechgebäude zurück. »Wir bleiben noch mehrere Tage hier oben«, sagte der

Biochemiker, als wir uns die Hand schüttelten. »Sie sind wahrscheinlich vor uns vom Gipfel runter und wieder unten im Owen Valley. Denken Sie an uns, wenn Sie wieder zu den Flachländern gehören, ja?«

»Na klar«, versprach ich mit einem halben Lächeln.

Bis ich mich vor dem Hauptgebäude von Bill Roche verabschiedete, wurde es fast Mittag. Er deutete mit dem Kopf nach Norden in Richtung der kurvigen Straße. »Ihr einfachster Weg ist die Straße«, sagte er. »Sie läuft direkt zum Gipfel. Ich habe das größte Stück geräumt, aber die letzten dreihundert Höhenmeter sind noch von Schnee blockiert. Auf diesem letzten Stück würde ich an Ihrer Stelle gerade den Hang rauflaufen.« Er holte einen Schlüssel aus der Tasche. »Damit kommen Sie in die Gipfelstation. Dieses Jahr war noch niemand oben, aber es gibt immerhin einen Butangaskocher, der einem das Leben erleichtert. Und ein Ölofen ist auch da.«

Sein Blick folgte der Straße bis zu dem Felsrücken, der uns den Blick auf die Spitze verstellte. »Es wird Ihnen oben gefallen«, sagte er bedächtig. »Immer wenn ich oben bin, möchte ich am liebsten dort bleiben.« Er seufzte. »Ich muss mich immer regelrecht zwingen, wieder runterzukommen.«

Jedes anständige Gebäude sollte seine Umgebung widerspiegeln. Das ist allerdings nicht ganz einfach, wenn das betreffende Gebäude auf der Spitze eines Berges klebt, der gerade mal achtundsiebzig Meter niedriger ist als der höchste Berg der USA.

Die Forschungsstation auf dem Gipfel löste diese Aufgabe, indem sie sich als stilistische Kombination darbot: halb Maginot-Schuhkarton, halb Riviera-Villa. Damit reflektierte sie gleichzeitig ihren unaufhörlichen

184

Kampf mit den Naturgewalten wie auch die großartigen Schauspiele der Sonne und des Raums.

Das Dach bildete das Schuhschachtel-Element. Eine dicke Betonplatte, nur aufgelockert von zwei Blitzableitern und einem dünnen Luftschacht, ruhte mit militärischer Exaktheit und Effizienz auf den niedrigen Steinmauern. Fröhliche rote Fensterläden brachten andererseits die Riviera auf den Berg. Als ich sie aufstieß, begrüßten sie freudig die Sonne, wie die Fensterläden in Rapallo das tun. (Vielleicht muss man mich als etwas überkandidelt bezeichnen, wenn ich in ein paar bemalte Holzbretter so viel hineinlese – aber andererseits: Wenn man in Rapallo die Läden entfernen würde, würde doch was fehlen.)

Die Station stand auf einem kleinen Plateau von gut dreißig Meter Durchmesser. Auf der Fläche selbst war der Wind einfach nur ein Wind. Aber an der Kante schoss – selbst an diesem freundlichen Tag – ein ohrenbetäubender Sturm wie aus einer Düse senkrecht in den Äther. Er hatte vermutlich auch die ganzen Fliegen und Käfer hertransportiert, von denen die Schneewehen wimmelten. Der Gipfel selbst war für derart überbordendes Leben viel zu ungastlich.

Seine Strenge setzte sich im Inneren der Forschungsstation fort. Zwei quadratische Räume beherbergten Doppelstockbetten, Tische und Bänke, einen Butangaskocher und einen Ölofen. Ein Wandthermometer zeigte drei Grad an. Auf einem Wandbrett stand das Schild, das im Sommer draußen hing:

**FORSCHUNGSSTATION WHITE MOUNTAIN
GIPFELLABOR
4343 METER ü. d. M.**

Der eigenwillige Ölofen nahm der Kälte zwar die Schärfe, aber er bekam die Raumtemperatur nie über zehn Grad auf Kniehöhe. Der Kocher machte seine Sache besser. Mit seiner Hilfe kochte ich das Ei, das Bill Roche mir gegeben hatte. (»Gelegt in dreitausendachthunderteins Meter Höhe – das ist mehr, als die meisten Vögel von sich behaupten können.«) Das Wasser kochte bei vierundachtzig Grad. Nach zehn Minuten war das Ei immer noch zu glibberig.

Ich hatte schon vorher beschlossen, meine Ausrüstung zu testen, indem ich draußen schlief. Eine Kombination wie hier würde ich nicht oft gleichzeitig an einem Ort vorfinden: niedrige Temperaturen, eine beständige Wetterlage sowie eine Zuflucht, falls irgend etwas schiefging.

Ich hatte ein kleines Nylonzelt dabei, das inklusive seiner Aluminiumstangen tausenddreihundertneunzig Gramm wog. Ich stellte es mitten auf der kleinen Fläche auf das nackte Gestein, das bei der Errichtung der Station eingeebnet worden war. Um seinen wasser- und luftdichten Boden zu schützen, breitete ich die vier Bögen Zeitungspapier darunter aus, die ich aus Bill Roches Küche mitgebracht hatte.

Das holzgefasste Wandthermometer aus dem Labor legte ich in bequeme Reichweite neben das Zelt. Als ich mich, in zahlreiche Kleidungsschichten gewickelt und alle übrigen Sachen unter mich geschichtet, in den Schlafsack schob, zeigte es minus drei Grad an. Ich zog den Reißverschluss der Zeltöffnung komplett zu, wonach mir recht bald warm wurde und ich eine insgesamt angenehme Nacht verbrachte. Ich wachte nur selten und immer nur kurz auf. Aber das war natürlich kein echter Test für die Ausrüstung. Auch um fünf Uhr früh war die Temperatur nicht unter minus vier gefallen und der Wind war in der Plateaumitte nur schwach. Dennoch, ich war's zufrieden. Mit einer Luftmatratze oder einer anderen guten Isolierung hätte ich vermutlich so gut geschlafen wie zu Hause.

Während der zwei Tage, die ich auf dem Gipfel verbrachte, war ich nie richtig durchgefroren. Trotzdem verbrachte ich die zweite Nacht drinnen. Ich schlief oben auf einem der Doppelstockbetten und ließ außerdem den Ofen an, und als ich dann nackt in meinem Schlafsack lag, war es das einzige Mal, dass mir durch und durch warm war – Zehen, Finger und alles –, bis ins Mark.

In welche Richtung man von der Spitze des White Mountain auch sieht, der Anblick beginnt mit Gestein und Schnee. Dahinter verliert man sich in der Tiefe enormer Entfernungen. Im Osten wellt sich braun und grau die Wüste. Nach Westen hin ist das Panorama rosa, blau und weiß – rosa der Boden des Owens-Tals, blau seine Seen und die dahinter liegenden Vorgebirge, weiß das beherrschende Schauspiel: die schneebedeckte Fassade der Sierra Nevada.

Obwohl das Owens-Tal zum Greifen nahe scheint, liegt es doch fast mehr als zwei Meilen unter einem. Bis zu den Schneegipfeln der Sierra sind es sogar fünfzig Meilen – dabei wirkt es so, als brauche man nur hinüberzulangen, um sich eine Hand voll Schnee zu holen. Die dünner werdende Kette der Bergspitzen hört nach Norden hin nicht auf – am äußersten Punkt des Horizonts kann man lediglich die Schneegipfel nicht mehr von entfernten Wolken unterscheiden. In der klaren Morgensonne ist alles ganz Reinheit und Unschuld.

Gegen Mittag vertieft sich der Anblick. Er schiebt den

zögerlichen Dunst beiseite und enthüllt ungeahnte Risse. Narben und tiefe Schluchten treten zutage.

Doch die Zeit mildert die Ernüchterung. Den Hügeln und Bergen, die der Nachmittag zusammengestaucht hatte, verhilft der Abend wieder zu ihrer angemessenen Statur. Bei Sonnenuntergang leuchten die Schneegipfel der Sierra in einem milden, feinen Rosa. Und wenn man annimmt, diese Sanftheit bilde den Abschluss, dann kommt der Höhepunkt.

Denn über hundert Meilen der glühenden Wüste – und über sie hinaus und in den Dunst dahinter – schiebt sich nun mit Ehrfurcht gebietender und unaufhaltbarer Ausdehnung die gigantische Pyramide des Bergschattens. Für lange, deutliche Minuten bildet sie das passende Monument zum Tag. Dann umschließt der Schatten die gesamte Wüste und sie ist bereit für die Nacht.

Dieser Höhepunkt bildet aber noch nicht das Ende. Der eigentliche Anblick geht in Schwärze unter. Zurück bleibt jedoch ein breiter farbiger Doppelbogen, der am Himmel hängt und fast ein Viertel des Horizonts umgreift. Der untere Streifen besteht aus tiefem, sattem Rosa; der obere aus allerblassestem Aquamarin, wie der frisch gewaschene Himmel eines April-Morgens. Der Bogen hält sich bis weit in die Nacht hinein – er verschwindet so langsam, dass man es kaum wahrnimmt. Er gibt der Hoffnung Raum, dass er für immer gegenwärtig bleibt – wie die fruchtbaren Nachklänge eines erfüllten Lebens.

Ich war schon halb den Berg runter, ehe ich seine Kraft wahrnahm.

Nichts versöhnt mehr mit einer wilden Landschaft als Sonnenschein, und seit jenem ersten Anblick grauer Wolken, die um den Gipfel wirbelten, hatte ich Tag für Tag unter blauem Himmel gelebt. An dem Nachmittag, an dem ich mich an den Steilhang im Westen machte, schien sie nach wie vor, doch ich unterschätzte den Abstieg. Bei Sonnenuntergang war ich erst halb unten. Kurz darauf blockierte eine Felszinne meinen Weg. Der jenseitige Hang der Zinne war steil und bestand aus bröckligem Gestein. In dem schwindenden Licht wäre ich hier unnötige Risiken eingegangen. Ich übernachtete auf einer schmalen Plattform.

Bevor das Licht völlig verschwand, richtete ich den Blick nach oben. Hoch über mir ragte die Bergspitze, immer noch hell angeleuchtet vor dem blassen Himmel. Schwarze Kanten strebten ihr entgegen. Ich sah hinab. Auf allen Seiten stürzten Felskanten in die Schwärze. Ich kam mir vor wie eine Fledermaus, die sich auf halber Höhe der Strebepfeiler einer Kathedrale festklammerte. Die Frage nach der Angst stellte sich nicht. Der Morgen würde mir zeigen, wie es weiterging – notfalls wieder nach oben. Doch als ich mich dann auf meinen Felsrand drückte und mir sehr klein vorkam, wurde mir die Albernheit eines »Besitzanspruchs« so richtig bewusst. Stärker als ich es je am Osthang oder auch auf dem Gipfel getan hatte, spürte ich Kraft und Ungebändigkeit, die sich in der gigantischen Masse verbargen, die ich als »meinen« Berg zu bezeichnen mir angemaßt hatte.

Der Abstieg am nächsten Morgen bereitete so gut wie keine Schwierigkeiten. Gegen zehn Uhr krabbelte ich aus den letzten Felsausläufern auf platten Sand hinaus.

Ich war wieder ein Flachländer.

Wie ich versprochen hatte, gedachte ich der beiden Biochemiker. Aber nicht allzu lange. Als ich zu der weit entfernten Spitze zurücksah, merkte ich, dass das Tageslicht mein »Besitzergefühl« wieder halbwegs aufgepäppelt hatte. Und als ich mich nach Norden wandte und durch ein flaches Tal davonwanderte, dachte ich, nicht ohne Verlust zu empfinden, dass ich den Berg nun wieder seinen ständigen Besitzern zurückgegeben hatte – nicht nur Bill Roche, der wohlbehalten in seinem Zuhause saß, wie sich das gehörte, sondern auch Doug Powell, selbst wenn er im Moment mit den Bergen Perus fremdging.

7 Bodie

Nächst dem Jazz besteht Amerikas bedeutendster Beitrag zur Weltkultur bisher in der Saga des Wilden Westens. Es ist zwar gerade mal siebzig Jahre her, dass die Saga endete, aber jetzt schon ist sie bis zur Unkenntlichkeit entstellt. Ein paar vereinzelte, im Schwinden begriffene Reste gibt es noch, etwa die Überbleibsel des alten Westens, auf die ich entlang dem Colorado gestoßen war. Doch die Städte sind fast alle verschwunden. Meistens war es der Fortschritt, der sie auslöschte. Ein paar wurden unter der Zierglocke des modernen Kommerzes »erhalten«, doch diese Art der Behandlung ist nur ein Grad weniger tödlich.

Nur sehr wenige echte Geisterstädte entgingen sowohl dem physischen Verfall als auch der brutalen Vermarktung.

Die Sonne war beinahe untergegangen, als ich aus dem Canyon auf die Bodie-Ebene hinaustrat, und bis ich die Meile staubiger Straße hinabgelaufen war, lag der größte Teil der alten Stadt im Schatten.

Ein breiter Lichtstrahl fiel noch schräg durch eine Lücke in den Hügeln und schlug eine Schneise durch die verlassenen Gebäude. Für eine Weile brachte er Leben und Wärme in ihre verwitterten Holzbohlen und malte neben ihnen tiefe Schatten. Dann war er über sie hinweggeglitten, hatte sie dunkel und still zurückgelassen und beleuchtete nun nur noch das trist-graue Pochwerk am gegenüberliegenden Hang. Dann war auch hier Feierabend und der Tag existierte nur noch oben auf dem zernarbten Hügel zwischen den abgeflachten Halden. Schließlich war das Licht fort, und alles – die Ebene und die kahlen Hügel und der »Geist« der Geisterstadt, der sie verwandelt hatte – war blau und grau und bereit für die Nacht.

Eine Zeit lang blieb ich an der Peripherie der Stadt stehen und sah zu, wie das Blau verging und das Grau allmählich zu Schwarz wurde. Dann lief ich zwischen den alten Holzhäusern herum. Die meisten standen stolz und aufrecht da und hingen allenfalls an den Dachfirsten ein wenig durch. Ein paar wirkten allerdings sehr müde und wurden nur noch von alten Telegrafenmasten aufrecht gehalten. Von den Fenstern waren manche mit Brettern vernagelt, andere wirkten wie leer starrende Augenhöhlen. Und nichts regte sich, weder in den Häusern noch auf den staubigen Straßen.

Ich lief, bis ich an einem Haus auf ein weißes Schild VERWALTER stieß. Er war ein großer, weißhaariger Mann, der beim Stehen seine linke Seite nach vorn gedreht hielt, sodass ich die Worte auf seinem großen Silberstern lesen konnte: DEPUTY SHERIFF, MONO COUNTY.

»Tja, das ist ein Fleckchen, was?«, sagte er. »Zwölftausend Leute haben hier mal gelebt. Seinerzeit in den Siebzigern. Natürlich war die Stadt damals auch viel größer – *vor* den ganzen Bränden. In Bodie hat's schon immer gebrannt. Zum letzten Mal nach dem Zweiten Weltkrieg, als sie versuchten, wieder hochzukommen. Da oben auf dem Hügel, oberhalb der Halden, können Sie noch das ausgebrannte Pochwerk sehen. Bodie hat aus diesen Minen mal Gold für hundert Millionen Dollar rausgeholt.« Der Verwalter deutete auf die Hänge im Osten, auf denen gerade noch das letzte Sonnenlicht gelegen hatte. In der Sonne waren die Halden ausgesprochen farbig gewesen: helles Sägemehl, blasse Schokolade, Sepia und reines Weiß mit grünen Streifen. Jetzt war das alles in einem neutralen Braun aufgegangen.

Der Verwalter nahm seinen Vortrag wieder auf. »Das lange, graue Gebäude war Hoovers Haus ...« – er wartete, bis ich fragend die Brauen hochzog – »... Bruder des Präsidenten. Er wohnte da mit Edison zusammen. Drüben im Museum steht der älteste Elektromotor der Welt. Sie müssen wissen: Bodie hatte früher Strom als San Francisco. Tja, Sir, Bodie ist schon was Besonderes. Die älteste Geisterstadt der USA, die nicht umgemodelt wurde. Massenhaft Filme sind hier gedreht worden.

Wasser? Da hinten neben den alten Benzinpumpen finden Sie das beste Wasser in den ganzen Vereinigten Staaten. Wird viereinhalb Meilen aus den Bergen hergepumpt. Aber ich fürchte, Sie müssen Ihr Lager außerhalb von Bodie aufschlagen. Im Ort ist das Campen verboten – und das Feuermachen sowieso. Sie wollen sich vermutlich ein Plätzchen suchen, ehe es völlig dunkel ist, aber ich denke, ich sehe Sie morgen noch.«

Früh am nächsten Morgen kehrte ich in die besonnten, leeren Straßen zurück. Das lebende Bodie musste ein hässlicher Ort gewesen sein. Kahle Anhöhen umringen eine baumlose Ebene. Die Häuser sind kastenförmig und plump: Auch wenn die Hauptstraße sich mit ein, zwei ansatzweise ambitionierten Fassaden schmückt, sind die dazugehörigen Häuser doch einfach nur Schachteln.

Doch die Zeit hat Bodie erträglicher gemacht. Seine wenigen Ziegelhäuser haben eine verdorrte, rotbraune Reife erlangt. Und ungestrichene Holzhäuser, die sich in Wind und Wetter ein tiefes, sattes Braun zugelegt haben, dominieren jeden Block. Ihre Wärme – die ich zuerst für »abendliches Glühen« gehalten hatte – besteht auch im hellen Tageslicht fort.

Die Natur hat bereits mit ihrer langsamen Rückerobe-
rung begonnen. Vor einem Saloon bohrt sich Gras durch
Risse im Bürgersteig. Beifuß umwuchert das graue und
rostige Pochwerk. Im Eingang eines Hauses nickt wilde Iris
und verbirgt halb eine Schwelle, die von vielen Füßen
abgewetzt wurde.

Der Nachhall der Vergangenheit ist stärker als die son-
nenbeschienene Gegenwart. Ein durchlöcherter, schief
hängender Zaun schützt einen Flecken Spartgras, der einst
ein Garten gewesen war. Planwagen, die aus heutiger Sicht
plump und gleichzeitig zerbrechlich wirken, stehen immer noch auf ihren eisenbeschlagenen Rädern – jede Bewegung, das spürt man ganz deutlich, würde sie zerstören,
so wie Luft einen Körper zerstört, der über Jahrhunderte
in einem verschlossenen Sarg gelegen hat. Die Gebäude
sind, von drei oder vier Ausnahmen abgesehen, lediglich
Hüllen. Die Dielenbretter sind vermodert und die affek-
tierten Tapeten der besseren Häusern sind von den Wänden gefallen. In der Methodistenkirche macht der Wind
unheimliche Geräusche und wirbelt Staub durch die
schmucklosen, an die Wände gelehnten Sitzbänke.

Das Haus des Verwalters gleich neben der Kirche hatte einst der örtliche Bankier bewohnt. Während ich seine verwitterte, aber schöne Haustür betrachtete, fragte
ich mich, was den Stadtvätern von Bodie wohl durch
den Kopf gegangen wäre, hätten sie gewusst, dass ihre
boomende Stadt so bald zu einer touristischen Kuriosität
herabwelken würde. Und ich fragte mich auch, wie lange es wohl dauern würde, bis Touristen die verwitterten,
alten Türen an der entvölkerten Wall Street bestaunten.
Ein Ort wie Bodie besitzt die Kraft, unsere normalerweise
kurzsichtige menschliche Betrachtung der Zeit ein kleines
bisschen in Richtung Realität zu verschieben.

Im Verlauf des Vormittags kamen vereinzelt Autos mit Touristen an. Ich sah, wie ein kleines Mädchen auf Zehenspitzen durch das Fenster des verschlossenen Bestattungsunternehmens starrte. Plötzlich wandte es sich abrupt ab und rannte schreiend in Richtung ihrer Eltern: »Da sind Papi-Särge drin und Mami-Särge und sogar ganz kleine Kindersärge!«

Als touristisches Zentrum diente das Museum im ehemaligen Haus der Bergarbeitergewerkschaft. Hier fand ich auch den weißhaarigen Verwalter.

»Doch, während der Saison öffnen wir jeden Tag«, sagte er. »Häufig ist hier auch ganz schön was los – an manchen Wochenenden hundert Leute pro Tag.

Die Straße ist natürlich wirklich miserabel und das schreckt sicher viele ab. Aber die Gelder sind schon bewilligt, um uns unter Denkmalschutz zu stellen. Dann wird das Ganze nächstes Jahr eine staatliche Sache und die Ranger bauen eine feste Straße. Im Moment stammt das einzige Geld, mit dem wir den Laden in Schuss halten können, aus den Eintrittskarten für das Museum. Sie müssen wissen, bisher gehört Bodie immer noch Mr. und Mrs. Cain. Sie sind beide hier geboren, aber jetzt wohnen sie in Bridgeport. Mrs. Cain hat dieses Buch über Bodies Geschichte geschrieben und es hat sich ganz gut verkauft.« Der Verwalter nahm ein braunes Taschenbuch von einem Stapel. »Ich bin jetzt beim Mittagessen, aber Sie können sich gern hier hinsetzen und lesen, wenn Sie wollen. Für den Rest des Tages kümmert sich meine Frau um das Museum.«

Also setzte ich mich in Bodies Gewerkschaftshaus in eine Ecke und schlug *Die Geschichte von Bodie* von Ella M. Cain auf.

Als ich am Abend zuvor zugesehen hatte, wie die Sonnenstrahlen eine Schneise durch die alte Stadt zogen, war mein normalerweise träges geschichtliches Vorstellungsvermögen erwacht. Während ich den Vormittag über durch die besonnten Straßen gelaufen war, hatte es ständig in mir rumort. Mrs. Cains Buch brachte es dann mit einem Ruck auf die Beine.

Das Buch ist kein literarisches Meisterwerk. Doch Mrs. Cain hat auch kein historisches Werk verfasst – sie hat eine Geschichte aufgezeichnet, deren Entwicklung sie selbst miterlebt hat. Selbst die Anekdoten, die sie erzählt, stammen oft aus ihrer eigenen Kindheit.

Mrs. Cain war in einem Haus geboren worden, das nach wie vor gegenüber der Methodistenkirche steht. William Bodey war 1859 – über zwanzig Jahre zuvor – auf dieser unwirtlichen Ebene auf Gold gestoßen, doch bis 1877 waren in der Stadt, die falsch nach ihm benannt wurde, nie mehr als zwanzig Wähler ins Register eingetragen. Der große Aufschwung kam 1878. Meldungen von ergiebigen Vorkommen machten im goldhungrigen Westen die Runde. Männer strömten aus San Francisco und aus Virginia City herbei, wo der Haupterzgang verlief. Die Überlandstraßen waren mit steifachsigen Wagen und mit Packzügen verstopft. Schürfer trotteten neben voll gepackten Mulis einher. Bodies Postlinie, die vierundfünfzig Pferde einsetzte, bediente regelmäßig acht Stationen. Die Aktien der Bodie Mining Company schossen innerhalb eines Jahres von fünfzig Cent auf vierundfünfzig Dollar hoch und die Bevölkerung von einer Hand voll auf zehn- bis zwölftausend.

Drei Jahre später wurde Mrs. Cain geboren.

Von Anfang an überschattete Bodies schlechter Ruf selbst seinen phänomenalen Reichtum. Ein beliebter Morgengruß unter den Minenarbeitern lautete: »Gibt's Menschenfleisch zum Frühstück?« Ein Mensch, dem der Revolver recht locker saß und der als »Zwei-Knarren-Al« bekannt war, erklärte, er habe sein Arsenal verdoppelt, denn »ich hätte mich in Bodie sonst nackt gefühlt«. Mordfälle nahmen ihren Ausgang häufig in den Opiumkaschemmen der Chinatown. Der berüchtigtste Mordfall jedoch begann in dem Gewerkschaftshaus der Bergarbeiter, in dem ich gerade lesend saß.

Während einer Tanzveranstaltung widmete ein Franzose der Frau eines Mannes aus Cornwall mehr als die sich ziemende Aufmerksamkeit. Bei der folgenden Auseinandersetzung schlug er dann vor, man möge die Sache doch draußen regeln. Sechzig Schritte die Straße runter hielt er dem unbewaffneten Briten eine Pistole an den Kopf und drückte ab. Der Mann war sofort tot – eine blutige Leiche im Schnee.

Das Wort »lynchen« machte die Runde. Um den Gefangenen vor dem Mob zu schützen, brachte man ihn aus dem Gefängnis in ein Wohnhaus und stellte ihn dort unter Sonderbewachung. In der folgenden Nacht entkam er, »vermutlich während der Bewacher schlief«. Die aufgebrachten Bürger formierten eine Bürgerwehr. Der Franzose wurde wieder eingefangen und zurück nach Bodie gebracht. Dann schleppte man einen riesigen Kranwagen an die Stelle, an der das Blut des Mannes aus Cornwall immer noch den Schnee färbte. Um Mitternacht wurde dem Gefangenen eine Schlinge um den Hals gelegt und zwanzig Männer ergriffen das Seil und entfernten sich langsam damit. Der trudelnde, strampelnde Körper wurde in die Höhe gezogen. Der Friedensrichter notierte in seinen Unterlagen: »Klage abgewiesen, da Mob sich an Beklagtem durch Aufknüpfen rächte.«

Die Bürgerwehr entfernte in der Folgezeit derart viele

unerwünschte Personen aus der Stadt, dass jemand, der einräumte, in der Gegend von Bodie gewesen zu sein, überall im Westen mit der Standardfrage aufgezogen wurde: »Bist du der Schurke aus Bodie?«

Der schlechte Ruf der Stadt wuchs. Der Herausgeber einer entfernten Zeitung druckte das Abschiedsgebet eines kleinen Mädchens ab: »Mach's gut, lieber Gott, wir ziehen nach Bodie!« Der Herausgeber der Bodier Zeitung behauptete daraufhin, das Mädchen sei falsch zitiert worden. In Wirklichkeit habe es gesagt: »*Wie* gut, lieber Gott, wir ziehen nach Bodie!«

Das Leben in Bodie wurde von heißblütigen Männern und Frauen gelebt, die vielleicht ungehobelt waren, aber auch vor Vitalität strotzten. Das Buch von Mrs. Cain wimmelt von Geschichten, die sich nicht erfinden lassen.

Es berichtet von der nicht enden wollenden Rivalität zwischen den beiden Metzgersfrauen – der arroganten Engländerin und der attraktiven Ex-Prostituierten. Es schildert den Niedergang des jungen Indianermädchens, das die Geliebte des Tong[11]-Chefs der Chinatown wurde, dem Opium verfiel und sich schließlich selbst umbrachte, indem es Hände voll giftigen Pastinak aß.

Da gab es etwa den »Lügenden Jim« Townsend – Freund von Bret Harte und Mark Twain sowie Herausgeber einer der Zeitungen von Bodie –, der die Ansicht vertrat, dass »man für eine gute Erzmine nichts als ein Loch im Boden und einen guten Lügner braucht«.

Weiter war da der ehrliche Hank Blanchard, Absolvent einer Eliteuniversität an der Ostküste, der das Zollhaus in Betrieb hielt und auf den Vorschlag, wieder auf Achse zu

---

[11] Ein in den gesamten USA tätiger chinesischer Geheimbund. – Anm. d. Ü.

gehen, mit der Äußerung reagierte: »Ich habe mein Zuhause, meine Familie, mein Geld und meine Selbstachtung fürs Saufen aufgegeben – wieso sollte ich jetzt das Saufen aufgeben?«

Dann gab es den alten Buffalo Bill mit seinem »Jagdhund«, der ihm beim Klauen von allem half, was nicht niet- und nagelfest war. In einem Winter entdeckten Nachbarn von ihm verdächtige Spuren bei ihren Brennholzstapeln. Einer von ihnen füllte ein ausgehöhltes Scheit mit Sprengstoff und platzierte es oben auf einem der Stapel. Ein paar Tage später wurde die Vorderseite von Buffalo Bills Hütte weggesprengt, und er selbst fand sich draußen im Schnee wieder – derart eingeschwärzt, dass selbst sein alter Jagdhund ihn kaum noch erkannte.

Und immer wieder brannte es – von der Katastrophe von 1892, die Bodies meilenlange Hauptstraße in Schutt und Asche legte, bis zu dem Feuersturm von 1932, der das Aus für die Stadt bedeutete. Eine kleine Nebengeschichte zu einem der Brände verdeutlichte mir die Authentizität von Mrs. Cains Buch. Sie beschreibt, wie zwei Enkelinnen des Bankiers von der anderen Straßenseite aus zusehen, wie die Bank abbrennt. Eins der Mädchen hält einen Webster in der Hand, das andere das Skelett einer Kröte, das es aus einer Vitrine gerettet hat. Man kann sich leicht ausmalen, wie dieses Skelett jahrelang bei den Mädchen zu Hause aufgestellt war und wie die dazugehörige Geschichte immer und immer wieder erzählt wurde. Das Buch verrät es zwar nicht, aber diese Mädchen waren Mrs. Cains Töchter.

Als ich mich schließlich von der *Geschichte von Bodie* losriss und im Museum umherwanderte, nahm das Gelesene Gestalt an. Um das Tanzparkett herum, auf dem der Franzose mit der Frau des Mannes aus Cornwall geflirtet hatte, waren die letzten Überbleibsel des lebenden Bodie angeordnet: übergroße Schneeschuhe für die Pferde (da es in zweitausendfünfhundert Meter Höhe liegt, überwintert Bodie manchmal unter Schneedecken von bis zu drei Meter Dicke); Bilder der Chinatown in den 1880ern; das Hauptbuch eines Gemischtwarenhändlers, das – in jener wundervoll fließenden Handschrift, die seinerzeit eine der Hauptvoraussetzungen für einen Buchhalter darstellte – im August 1879 auflistet:

	$	¢
2 Stück Butter	–	65
23 Schinken	4	60
581 Kartoffeln	29	05
2 Gall. Brandy	9	–;

Dann war da noch die rote, schmiedeeiserne Laterne, die Rosa May, eine der bekannteren Damen aus Bodies Rotlichtviertel, aus ihrer Heimatstadt Paris mitgebracht und über ihrer Tür in der Maiden Lane aufgehängt hatte (oder hatte sie um die Ecke in der Virgin Alley gewohnt?); sowie – und hier verknüpfte sich die Geschichte mit der handfesten Gegenwart – ein Gruppenfoto der selbstbewussten jungen Männer, die die »Bodie Mutts« bildeten, Bodies Baseballteam in der Saison 1907/08.

Die Frau des Verwalters zeigte mir mehrere Ausgaben des *Miner Index*, jener Zeitung, die der »Lügende Jim« Townsend herausgegeben hatte. Die »Läster«-Kolumne vom 1. Januar 1898 spiegelt seine hauptsächlichen Themen – Schuldner, Politiker, Bodies Schlechtigkeit sowie die Konkurrenz der Stadt zu den »rivalisierenden« Stadtzentren von San Francisco und Los Angeles:

Ein frohes neues Jahr all jenen, die den Drucker bezahlt haben.

William Jennings Bryan hat sein Maul in Mexiko derart heftig entladen, dass verschieden Vulkane ausgebrochen sind.

Nachdem Richter Wallace die Vorwürfe gegen den Geschworenen Smythe, er habe sich der Gerichtsmissachtung schuldig gemacht, zurückgewiesen hat, sieht es so aus, als ob Durrant am 7. mit dem Abdruck einer Hanfkrawatte am Hals zur Hölle fahren wird.

Für eine Stadt ihrer Größe und wirtschaftlichen Vorzüge ist San Francisco der schwerfälligste Ort der Welt. Es gibt nur eine erträgliche Straße dort, aber andererseits über 11 000 leer stehende Häuser. Ein Großteil der Menschen aber, die durch die heruntergekommenen Durchgangsstraßen wogen, hungern und haben kein Dach über dem Kopf. Die Stadt liegt auf der falschen Seite der Bucht. Wenn sich die Bürger von Oakland auf der anderen Seite ein paar Jahre am Riemen reißen würden, käme San Francisco als äußerst schlechter Zweiter aus dem Rennen.

Wenn man die Zeitungen von Los Angeles liest und ihre Selbstbeweihräucherung unkritisch schluckt, dann muss man wohl zu dem Schluss kommen, dass es keinen anderen Ort im Universum gibt. Selbst Boston und der Himmel werden ignoriert.

Die Kristallkugel des »Lügenden Jim« scheint bisweilen wolkenverhangen gewesen zu sein. Ich konnte dem *San*

Francisco Chronicle, für den ich wöchentliche Artikel verfasste, eine frühe Einschätzung seines heute einzigen Konkurrenzblatts übersenden:

> Der *Examiner* hat angekündigt, um den Ersten des neuen Jahres herum eine neue Abendzeitung herauszubringen. Wenn der junge Mr. Hearst nicht aufpasst, wird er über einigen seiner Vorstellungen bankerott gehen.[12] San Francisco hat bereits mehr Zeitungen als es ernähren kann. Sie sind zu groß und zu aufgeblasen.

Als ich mich endlich von dem Museum losriss, war es später Nachmittag. Ich ging an der Methodistenkirche vorüber, dann an dem Holzhaus, in dem Mrs. Cain geboren worden war, und stieg den flachen Hang zum Friedhof empor.

Das lebende Bodie war streng in drei Bereiche unterteilt gewesen: die anständige Gegend, Chinatown und den Rotlichtbezirk. Diese Grenzen wurden durch den Tod nicht aufgehoben. Nur Menschen von untadeligem Charakter – untadelig nach Bodie-Maßstäben – wurden innerhalb des Zauns des »ehrbaren« Friedhofs beerdigt. In Zweifelsfällen fällte die Stadt ein Urteil darüber, ob die Sünden des Verstorbenen seine Verlegung in den ungeweihten Bereich unterhalb des Zauns rechtfertigten, der als »Stiefelhügel« bekannt war – benannt in Hinblick auf jene, die in ihren Stiefeln gestorben waren, jedoch nicht auf sie beschränkt. Bei solchen Beratungen schlugen die Wogen bisweilen so hoch, dass Pistolen zur Entschei-

---

[12] William Randolph Hearst begründete das größte Zeitungsimperium der Vereinigten Staaten. – Anm. d. Ü.

dungsfindung eingesetzt werden mussten und der Friedhof reichlicher als vorgesehen beliefert wurde.

Chinesen wurden sämtlich oberhalb des Zauns begraben. Heute ist von ihrem Friedhof fast nichts mehr zu sehen – die Gebeine wurden schon vor langer Zeit exhumiert und nach China verschifft. Doch dieser kleine Sonderbereich des Friedhofs war einst ein spezieller Anziehungspunkt für hungrige Paiute-Indianer, die spitzbekommen hatten, dass an frischen chinesischen Gräbern immer Lebensmittel hinterlegt wurden – einschließlich des traditionellen gebratenen Schweinefleischs.

Auch der »Stiefelhügel« ist heute kaum mehr als ein salbeibestandener Abhang. Gedenksteine oder -tafeln wurden hier nur selten aufgestellt. Selbst das einst sorgsam gepflegte Grab von Rosa May aus der Maiden Lane ist heute nur noch ein armseliges, abschüssiges kleines Zaunviereck. Die Ruhestätten von vielen anderen sind überhaupt nicht gekennzeichnet – von James DaRoche, dem Franzosen, den man um Mitternacht über dem Blut seines Opfers strangulierte; von Neva Pine, die an einer Überdosis Opium starb; von Charlie Jardine, den »Pioche« Kelley ins Herz geschossen hatte; von Jim Desmond, der bei einer Kneipenschlägerei in seinen Stiefeln starb; von »Peek-a-boo« Patten, einer unternehmungslustigen Frau; oder von Henry Chatterton, der im Suff erfror.

Der ehrbare Friedhof ist Bodies Haupttouristenattraktion, doch er hat weniger zu bieten als die meisten Friedhöfe. Der Bestand an verblichenem Leid wird durch Vernachlässigung betont. Die Füße der Touristen halten zwar den Salbei in Schach, aber nur wenige Gräber werden gepflegt. Das beeindruckendste Monument, eine hohe Granitsäule, trägt eine einigermaßen überraschende Inschrift:

ERRICHTET
ZUM
GEDENKEN AN
JAMES A. GARFIELD

1879, als Bodie boomte, spendete die Bevölkerung fünfhundert Dollar für ein Denkmal, das die neue Ruhestätte
von William Bodey, dem Begründer der Stadt, markieren
sollte. (Bodey war ein paar Monate, nachdem er seinen
Treffer gelandet hatte, dicht bei seiner Fundstätte in einem
Schneesturm umgekommen. Seine Knochen, sein Bowie-
Messer und seine Pistole, die sein Partner im nächsten
Frühjahr vergraben hatte, wurden erst 1879, also zwanzig
Jahre später, wiederentdeckt. Der Partner wurde wenig
später am Fuß des White Mountain von Paiute-India-
nern umgebracht – nach einem Kampf, der zehn der Angreifer tot auf dem Boden seiner Hütte zurückließ. Das
Schicksal dieser beiden Schürfer setzte den Goldsucher-
aberglauben in die Welt, wonach der Entdecker lohnen-
der Lagerstätten eines tragischen Todes stirbt.) Das Gra-
nit-Denkmal für William Bodey wurde 1881 fertig gestellt,
gerade als die Nachricht von der Ermordung des neuen
Präsidenten, Garfield, Bodie erreichte. Die Betroffenheit
erreichte ein solches Ausmaß, dass die Bürger das Denkmal umwidmeten. Heute bildet es die Hauptattraktion
des Friedhofs von Bodie – während die Gebeine des Stadt-
gründers irgendwo in der Nähe in einem nicht gekenn-
zeichneten Grab liegen.

Ebenfalls in der Nähe befindet sich ein grauer Grab-
stein mit einem seltsamen Loch in der Mitte. Dieses Grab
holt den Friedhof aus der Vergangenheit in die Gegenwart – oder wenigstens ins Gestern. Zwei Messingplatten
verschlossen einst das Loch. Als Bodie während der Pro-

hibitionszeit in den letzten Zügen lag, pflegte der orts-
ansässige Schwarzbrenner im Schutz der Dunkelheit eine
der Platten zu entfernen und seine Schnapsflaschen in
der Öffnung zu deponieren. Akzeptierte der Saloon-Be-
sitzer die Lieferung, dann hinterließ er Geld an derselben
Stelle.

Von dem kahlen Friedhofshügel aus hat man einen
Panoramablick über Bodie. Von hier oben sah ich den
Ort zum ersten Mal als isolierten Vorposten in einer le-
bensfeindlichen Umwelt. Ich konnte mir ausmalen, wie
die Bergarbeiter bei Temperaturen von minus vierzig Grad
von der Schicht kamen – beim »echten Lungenentzün-
dungswetter«, wie es bei Mrs. Cain hieß. Ich konnte mir
vorstellen, wie drei Meter Schnee die Hauptstraße füllten
und von einem Bürgersteig zum anderen Tunnel gegra-
ben wurden. Ich konnte spüren, wie sich die Kälte in
William Bodey fraß, während er seine letzten torkelnden
Schritte machte.

Eine erfrischend kühle Abendbrise wehte aus den Bergen hinter mir herab und ich begann wieder hügelab-
wärts zu laufen.

Während ich lief, fragte ich mich, ob es wohl noch andere Geisterstädte gab, die so unverdorben und phanta-
sieanregend waren. Und ich fragte mich, was an Bodie es
wohl sein mochte, das meine Vorstellungskraft so fesselte.
Aber vielleicht, so dachte ich, ersteht nicht für jeden aus
den braunen Hausgerippen von Bodie eine Vergangenheit wieder auf. Vielleicht würde sie das auch für mich
nicht immer tun; unsere Wertschätzung von »Geistern«
hängt sehr stark von unserer augenblicklichen Stimmung
ab. Vielleicht war meine Stimmung gerade reif für sie gewesen, als ich über den Hügel gekommen war und Bodie
zum ersten Mal erblickt hatte.

Als ich mich daran machte, Bodie wieder zu verlassen, legte sich gerade wieder die warme Abendsonne auf die verwitterten Holzwände und sättigte ihr volles Braun, das für mich zum Wahrzeichen der Stadt geworden war. Ein unruhiger Wind weinte in alten Stromleitungen. Der letzte Tourist war fort und der Verwalter war weggefahren, um etwas zu besorgen.

Während ich hinaus auf die Ebene lief, war ich froh, mit Bodie und seinen Gespenstern allein zu sein. Ich passierte das kaum noch erkennbare Oval, das einst der Rennplatz gewesen war, und wandte mich nach Süden. Am Fuß des Hügels, der mir gleich den Blick auf die Stadt verstellen würde, hielt ich an und blickte noch ein letztes Mal zurück.

Wieder fiel der breite Lichtstrahl aus den Hügeln im Westen schräg auf das Mosaik aus braunen Wänden. Zwischen den entferntesten Häusern errangen das Grau und Blau der Nacht ihren täglichen Sieg. Noch während ich zusah, erreichten die kriechenden Schatten das Pochwerk und die vernarbten Hänge hinter ihm.

Hinter Bodie wanderte ich vierzig Meilen weit auf die Schneegipfel der Sierra Nevada zu. Unterwegs beobachtete ich, wie die Halbwüste sich in eine grüne, freundliche Mittelgebirgslandschaft verwandelte.

Zuerst kam ich durch eine Gegend, die so dürr war wie Bodie flach. Salbei zerkratzte mir die nackten Beine. Zikaden raspelten in der Sonne. Bläulich schimmernde Grashüpfer gaben bei ihren kurzen, unbeholfenen Flügen hektisch zischelnde Geräusche von sich.

Dann kamen die Bäche. Und mit ihnen kam eine reichere Fauna. Aufgeringelte blaue Wasserschlangen schliefen am Ufer eines Quellbachs. Silbrige Fische, groß wie

Heringe, patrouillierten am mit Kresse dicht bestandenen Ufer.

Die Bäche speisten sumpfige Wiesen mit groben Gräsern. Der Salbei ging zurück. Meine Beine entdeckten die Brennnesseln neu. Eine Wasserpfütze ernährte ein halbes Dutzend Enten und dreißig unerklärliche Seemöwen. In einem Stück feuchter Erde sah ich meine ersten Waschbärspuren seit Mexiko. Und wenig später durchstöberten drei Rehe die Landschaft.

Am zweiten Tag betrat ich zur Mittagszeit ein grasbewachsenes Bachufer und schlug eine amphibische Division kleiner Frösche mit olivfarbenen Rücken, weißen Bäuchen und gelben Warzen in die Flucht. Sie stürzte sich panisch und *en bloc* ins Wasser und flüchtete an der Oberfläche mit fest angelegten Vorderbeinen.

Am dritten Tag lief ich durch kniehohe Gräser. Zu beiden Seiten der Wiese tuschelten sich Espen Gebirgsgeheimnisse zu. Und spät an diesem dritten Nachmittag erreichte ich schließlich den West Walker River. Er war ein ausgewachsener, quirliger Forellenfluss. Kiefern säumten seine Ufer.

Auf einem grob zugehauenen Brett stand: PICKNICK-BEREICH. Weiter hinten auf einer Wiese reflektierten die Ruten von Anglern in roten Hemden die Sonne. Über ihnen – jetzt nah und einladend – ragten Gipfel der Sierra Nevada auf.

Meine Phantasie sprang zu den Bergspitzen empor. Hinter ihnen wartete ein neues, ganz anderes Stück von Amerika. Und es waren nicht allein die Berge, an die ich dabei dachte. Jeder passionierte Angler neigt dazu – auch wenn es noch so unlogisch sein mag –, seine Ansicht über ein Land davon beeinflussen zu lassen, welche Angelmöglichkeiten er dort vorfindet. Dem Hörensagen zufolge sollte das Angeln jenseits dieser Gipfelkette – im Tal des Silver King – etwas ganz Besonderes sein. Die ganze Wüste hindurch hatte ich davon getagträumt: Nichts beraubt einen sicherer des Vergnügens als überzogene Erwartungen. Doch jetzt konnte ich endlich Nägel mit Köpfen machen.

8 Am Silver King

Während der hektischen Vorbereitungsmonate in San Francisco hatte ich eines Tages mit einem Freund namens Herb Pintler telefoniert, der in der kalifornischen Behörde arbeitete, die für Jagd und Fischerei zuständig ist.

»Du kommst vermutlich durch Alpine County«, hatte er gesagt. »Ich kenne eine Stelle da oben, die ist für dich wie geschaffen. Ist 'ne wilde Gegend, so gut wie unberührt. Es gibt da einen kleinen Bach namens Silver King mit einer besonderen Sorte von Purpurforellen[13], die nicht viele Leute kennen. Willst du was zu lesen über sie haben?«

»Na klar«, hatte ich geantwortet. »Ich bezweifle zwar, dass ich genug Zeit haben werde, um mich dort …«

Herb hatte nur leise ins Telefon gelacht. »Wenn du erst mal da oben bist, *nimmst* du dir die Zeit.«

Selbst damals schon, noch ehe ich mehr wusste, meinte ich, in mir eine Regung verspürt zu haben. Und als ich hoch über dem West Walker River durch die letzte Schneewehe eines Dreitausend-Meter-Passes stapfte, wusste ich schließlich, was ich in Herb Pintlers Stimme gehört hatte. Hinter der Schneewehe fiel der Berg wieder ab. Und dort, unter mir, lag das Tal des Silver King.

Baumbestandene Hänge bildeten ein gewundenes V, in dem der Bach floss. Zwei Meilen stromabwärts leuchteten smaragdfarbene Wiesen. Hinter ihnen reihten sich die Gipfel der Sierra einer nach dem anderen bis zum Hori-

---

[13] *Salmo clarki*, kalifornische See- und Flussforelle. – Anm. d. Ü.

zont im Norden. Nichts deutete darauf hin, dass ein Mensch hier auch nur ein Blatt berührt oder einen Grashalm geknickt hatte.

Als ich meinen Stock in den Schnee bohrte, um das Gewicht des Rucksacks abzufangen, war mir plötzlich klar, was ich die ganze Zeit schon vermutet hatte: Im Silver King würde ich erheblich mehr finden als nur eine besondere Forellenart. Ich konnte bereits jetzt die Faszination des Tals spüren. Seine entfernten Hänge lagen in tiefem Schatten. Aus diesen Schatten stießen Baumspitzen wie grüne Stalagmiten in die schräg einfallenden Sonnenstrahlen empor. Der Kontrast und die Wechselwirkungen zwischen Licht und Schatten verschafften der Szenerie eine feenhafte, verzaubernde Atmosphäre, die beinahe schon zu perfekt war.

Nach einer Weile machte ich mich an den Abstieg. Der Schnee hörte auf. Ich erreichte die Baumgrenze. Zwischen den Kiefern und Fichten tauchten riesige Wacholderbäume auf; die spiralige Borke ihrer orangefarbenen Stämme leuchtete noch in mehr als zwanzig Meter Höhe. Von der anderen Seite der Lichtung starrte mich ein Reh an, unsicher, ob es Angst haben musste. Ein Balken aus Sonnenlicht durchstach den Waldschatten und tauchte eine karmesinrote Taube in Flutlicht. Dann erreichte ich das ungebärdige Wasser des Bachs und lief durch Felder aus Sonnenblumen und Lupinen und scharlachroter Kastillea.

Bis ich mein Lager aufschlug, war der Bach angeschwollen. Seine Becken hatten jene Tiefe bekommen – eher eine bestimmte Farbtiefe als eine entfernungsmäßige –, von der jeder Forellenangler weiß, dass sie Fische anzeigt. Doch irgendwie stellte sich der Drang zum Angeln nicht ein. Das machte mir aber nichts aus – ich wusste, die

Fische würden warten. Denn ich wusste auch, dass dieses wunderschöne, kleine Tal sich für niemand anderen als für mich hier versteckt gehalten hatte.

Am nächsten Morgen fing ich schon vor dem Frühstück an zu angeln. Ich wusste genau, worauf ich aus war. Zu Hause in San Francisco hatte ich mich gründlich mit dem Material der Jagdbehörde beschäftigt, das mir Herb Pintler geschickt hatte. Es begann mit dem üblichen trockenen Zeug, wie es Ichthyologen immer schreiben: Im Quellgebiet des Silver King Creek existierte eine eigene Unterart der Purpurforelle. Dieser isolierten Art, die nach den ortsansässigen Indianern Paiute-Forelle genannt wurde, fehlten die typischen Forellenflecken, dafür trug sie ihr Leben lang das Fleckenband junger Lachse, war aber vor allem natürlich an ihrer purpurnen Färbung zu erkennen. Sie war schon vor langer Zeit durch die Barriere der Llewellyn-Fälle von der ursprünglichen Population getrennt worden und hatte im Lauf der Jahrhunderte ihre eigene Musterung und Färbung entwickelt.

Während ich las, merkte ich, dass dieser Fisch mehr sein musste als eine wissenschaftliche Rarität. Selbst die Ichthyologen hoben ab. Sie sprachen von einem »irisierenden Glanz – wie das Spiel der Farben in einem mexikanischen Feuer-Opal«. Und sie nannten den Fisch Seleniris – nach Selene, der griechischen Mondgöttin –, wegen einer »Ähnlichkeit seiner vergänglich-feinen Färbung mit dem Mondregenbogen«.

Also wusste ich an diesem ersten Morgen am Silver King genau, worauf ich aus war.

Vor dem Frühstück fing ich nichts. So ist Angeln nun mal, sagte ich mir. Wäre es anders, dann würde man das Geld für Angellizenzen besser in Fischmärkte investieren. Doch auch mittags hatte ich noch nichts gefangen. Am späten Nachmittag schulterte ich mein Gepäck und fing an, das Tal entlangzulaufen und im Gehen zu angeln. Um sieben hatte ich immer noch kein Lebenszeichen eines Fischs wahrgenommen.

Dann kam ich unterhalb einer steilen Kaskade an eine Reihe von Biberteichen. Drumherum leuchteten abgenagte Espenstümpfe hell wie abgebrochene Bleistiftspitzen.

Als ich mich durch die Espen arbeitete, die den zweiten Teich umstanden, erstarrte ich. Ein Nebenbach speiste hier den Teich. Und über dessen Kiesbett schwebte in vielleicht fünfundzwanzig Zentimeter tiefem Wasser eine Gestalt. Ein Sonnenstrahl, der schräg durch die Bäume fiel, glitzerte auf Farbtönen und Schattierungen, wie ich sie bei einer Forelle noch nie gesehen hatte.

Plötzlich heftiger atmend, glitt ich außer Sicht und zu Boden und ließ meinen Rucksack von der Schulter rutschen. Als ich dann bachabwärts kroch, bebte die kleine Angelrute in meiner zitternden Hand. Der Fisch schwebte immer noch über dem Kies. Er war kaum länger als zwanzig Zentimeter, aber das spielte keine Rolle. Was eine Rolle spielte, war der zarte, lavendelfarbene Glanz, der im Sonnenlicht aufschien.

Als ich die Angel zum Wurf hob, schlug mein Herz, als wollte es sich losreißen. Ich war plötzlich wie ein kleiner Junge von sechs oder acht oder dreizehn, der auf ein Wunder wartet. Die ganze große, aufregende Welt war zu diesem noch ungefangenen Fisch zusammengeschrumpft.

Meine Aufregung vermasselte den ersten Wurf. Die Fliege flog zu weit, schlug gegen einen Baum – und verfing sich. Ich senkte die Rute, zog direkt an der Schnur und betete. Die dünne Nylonschnur riss an der Fliege ab und schnippte zu mir zurück. Die Forelle zeigte keine Regung.

Ich nahm eine neue Fliege aus meinem Vorrat und knotete sie mit fliegenden Fingern an die Schnur. Beim zweiten Wurf landete sie sauber unter einem von Bibern gefällten Schößling direkt oberhalb der Forelle. Sie sank herab und strich über den Kiesboden. Die Forelle bewegte sich sacht zur Seite, öffnete ihr Maul und nahm wieder ihren alten Platz ein. Ich zog die Schnur an.

Der Fisch huschte bachaufwärts, spürte den Zug der Angel, kehrte um und schwamm auf einen untergetauchten Holzstamm zu. Einen Augenblick lang hielt ich einfach nur fest und ließ die Rute in meiner Hand ausschlagen. Dann kehrte der Fisch erneut um, und ich wusste, ich hatte gewonnen. Sekunden später war ich auf den Knien und starrte auf die bebenden Schuppen.

Selbst als ich der Forelle den Hals brach und sie vom Leiden erlöste, nahmen meine Augen noch Einzelheiten ihrer Zeichnung wahr. Doch diese Einzelheiten verblassten angesichts der Entdeckung dessen, was die Ichthyologen zur Poesie animiert hatte. Außerhalb des Wassers war der lavendelfarbene Glanz der Forelle ein leuchtendes Purpur, unter dem ein goldener Hauch lag, am Kopf fast flammend rot. Und all diese Farben waren delikat und changierend. Der »irisierende Glanz« und die »vergänglich-feine« Färbung waren keine dichterische Erfindung gewesen.

In den nächsten zwanzig Minuten begriff ich auch, warum die Ichthyologen von »Färbungen und Schattierungen« gesprochen hatten, »die sich mit jeder neuen Laune des Fischs verändern«. In diesen zwanzig Minuten fing ich noch drei Exemplare. Jedes von ihnen hatte die schmalen roten Striche unter ihrem Unterkiefer, die dieser Forelle den Namen geben[14], und jede trug an den Seiten die Junglachszeichnung, die die meisten Forellen mit der Geschlechtsreife verlieren – eine Reihe schwarzer Flecken, die wie ein Satz Fingerabdrücke aussieht. Doch ihre Färbungen variierten von blassem Lavendel bis zu tiefem Königspurpur.

Der vierte Fisch war ein bisschen größer als die anderen, vielleicht dreißig Zentimeter. Sobald er am Haken war, sprang er radschlagend hoch in die Abendsonne und auf mich zu – bald vollführte ein weiterer Paiute seinen Kriegstanz auf dem Bachufer. Während ich neben ihm kniete und verzückt die Farben bestaunte, die auf den bebenden Schuppen auftauchten und wieder verschwanden, kapierte ich, wieso Herb Pintler gesagt hatte, ich würde mir die Zeit »nehmen«, um am Silver King bleiben zu können. Ich war jetzt schon entschlossen, mehr über diese kleine Forellen herauszufinden. Ich wollte einfach wissen, wie groß sie wurden und wie sehr diese atemberaubenden Farben variierten. Ich wollte ihre bevorzugten Plätze entdecken – schnell oder langsam fließendes Wasser, tiefere Bereiche oder flache Stromschnellen, im Hauptstrom oder in Nebenarmen. Ich wollte wissen, welche Fliegen sie annahmen und wie sie kämpften – und schmeckten. Und, beinah noch vor allem anderen: Ich wollte ein hybrides Exemplar sehen.

Herb Pintler hatte die Hybriden eines Tages in San Francisco am Telefon erwähnt. »Ich habe selbst nie eine gesehen«, hatte er gesagt. »Aber vielleicht begegnen dir ein oder zwei. Irgendwann wurden mal ein paar Regenbogen- und ein paar normale Purpurforellen oberhalb der

---

[14] Der amerikanische Name der Purpurforelle lautet »cutthroat«, wörtlich: durchschnittene Kehle. – Anm. d. Ü.

Llewellyn-Fälle ausgesetzt, und man vermutet, dass sich die Paiuten mit beiden gekreuzt haben. Wenn du so eine Hybride fängst, dann würde ich gerne ein paar Dias von ihr sehen.«

Trotz ihrer unterschiedlichen Färbungen war ich mir ziemlich sicher, dass von den Exemplaren, die ich bisher gefangen hatte, keins so eine Kreuzung war. Doch ich hatte bereits beschlossen, eine Hybride zu fangen. Natürlich wollte ich Bilder für Herb Pintler machen, aber das war nur ein Vorwand. Ich wusste einfach, wie man es einfach manchmal weiß, dass ich nicht mehr ruhig schlafen würde, ehe mir das nicht gelungen war.

Während ich weiter den Bach hinablief und dabei anfing, mich nach einem Lagerplatz umzusehen, der für mehr als nur einen Tag geeignet war, konnte ich Herb Pintler beinahe sagen hören: »Ich hab's dir ja gesagt.«

Der kaum erkennbare Pfad, dem ich folgte, führte zwischen Espen hindurch. Bei manchen waren Namen und Daten in die Rinde geschnitzt, die im Lauf der Zeit schwarz geworden waren. FELIX LARRANETA, 1914, hieß es einmal. MIGUEL YIURRALDE, JUUO 27, 1912, stand an einer anderen Stelle. Eigentlich hasse ich es, wenn Leute ihre Namen in Bäume schnitzen. Aber diese nachgedunkelten Buchstaben besaßen eine stille, unerwartete Würde. Vielleicht lag das nur an ihrem Alter. Doch zum Teil lag es wohl auch daran, dass ich wusste, dass sie von baskischen Schafhirten eingeritzt worden waren – von derselben zähen Sorte wie die Franzosen, die mit ihren Schafen auf das unzugängliche Plateau in der Nähe des White-Mountain-Gipfels vorgedrungen waren. Ich hoffte, einem von ihnen zu begegnen – oder einem ihrer Söhne oder Enkel.

Ich lief weiter bachabwärts. Ein Blauhäher pfiff von einem Wacholderbaum herunter. Ein Komitee von Zieseln nahm mich mit fromm zusammengelegten Pfoten in Augenschein, ehe es sich zur Beratung zurückzog. Ein wuscheliges Murmeltier spähte hinter einem Baumstumpf hervor und schwankte sichtbar zwischen Neugier und Bedenken – der schwarze Streifen über seiner Nase war deutlich in Bewegung.

Bis ich einen guten Lagerplatz gefunden hatte, wünschte ich bereits, ich könnte einen Monat in diesem abgeschiedenen, seltsam unwirklichen Tal zubringen. Und nicht nur wegen der Forellen. Ich wollte auch seine stillen Wälder erforschen, seine sonnenbeschienenen Wiesen und die schneebedeckten Gipfel, die über ihnen emporragten.

Schließlich »nahm« ich mir genug Zeit, um eine Woche am Silver King verbringen zu können.

Drei Tage lang blieb ich ausschließlich im Bereich der kleinen Wiese, auf der ich mein Lager aufgeschlagen hatte. Es war fast zu schön, um wahr zu sein, denn auch aus der Nähe besaß sie noch die feenhafte, verzaubernde Atmosphäre, die ich oben auf dem Pass gespürt hatte.

Am ersten Morgen wachte ich auf, als die Sonne gerade über die Bäume stieg. Ein Hirschbock äste auf der betauten Wiese, seine Konturen glänzten im Silber des Sonnenlichts. Unvermittelt hob er seinen gehörnten Kopf. Sein Körper spannte sich. Ohne Eile, aber auch ohne Zögern ging er auf den Waldrand zu. Einen Moment lang hielt er dort aufmerksam inne. Dann war er in den Schatten verschwunden.

Am oberen Ende der Wiese lagen die Biberteiche. Sie waren maßgeschneidert für jemanden, der seinen Wurf so weit beherrschte, dass seine Fliege nicht an herumstehenden Bäumen hängen blieb, und gut genug balancieren konnte, um sich durch die herumliegenden hindurchzuarbeiten. Durch das Zentrum der Wiese mäanderte der Bach und bildete eine Kette aus Teichen und Schmalstellen. Man musste weit vom eigentlichen Bachufer wegkriechen und die Fliege dann in ein Ziel werfen, das die Größe einer kleinen Bratpfanne hatte. Am unteren Ende, wo die Wiese wieder in Wald überging, stürzte der Bach ungestüm über Granitbrocken, zwischen denen er dann ruhige Felsteiche bildete. Hier konnte man Polaroid-Infanterie-Angeln, was in meinen Augen die beste Angelmethode überhaupt ist: Man benötigt dazu eine Polaroid-Sonnenbrille[15], um die spiegelnde Oberfläche zu durchdringen und den Fisch sehen zu können, sowie eine Infanterie-Ausbildung, um mit allen Tricks kriechend und krabbelnd ganz langsam und mit improvisierter Tarnung nah genug heranzukommen, um eine Fliege exakt da abzusetzen, wo der Fisch ihr am wenigsten widerstehen kann.

Meine Wiese war jedoch mehr. Sie war ein Ort ständig wechselnder Stimmungen. Morgens wachte ich bei Sonnenschein auf, doch am Nachmittag schoben sich schwarze Wolken vor die Sonne. Oft zogen sie ohne Niederschlag nach Norden weiter, doch manchmal peitschte auch Regen oder Hagel herab. Zwischen den Gipfeln zerhackten Blitze die Luft und Donner krachte in das düstere Tal hinunter. Das ging eine halbe Stunde lang so und dann standen Regenbogen über den funkelnden Bäumen. Am Rand der Biberteiche glühten die filigranen Äste toter Fichten in einem seltsam diffusen, malvenfarbenen Licht, das nicht ganz von dieser Welt war. Und am nächsten Morgen war das Tal wieder von Sonne erfüllt.

---

[15] Die Firma Polaroid brachte als Erste lichtpolarisierende Brillengläser auf den Markt. – Anm. d. Ü.

Ob Sonne, Regen oder Hagel – die kleinen Paiute-Forellen nahmen meine Fliegen an, als hätten sie eine Woche lang gefastet und nur auf mich gewartet. Ich gewöhnte mich daran, dass die Oberfläche des Bachs von rosafarbenen Fischmäulern punktiert wurde.

Ich lernte, dass die Fische in allen Bereichen des Flüsschens lebten; dass sie so ziemlich jede Art von Fliege annahmen – »nasse« (die untergehen) oder »trockene« (die oben schwimmen); dass sie offenbar nicht über achtundzwanzig Zentimeter hinauswuchsen; dass sie immer hart, aber selten spektakulär kämpften; und dass sie wie ... ja, wie Forellen schmeckten.

Die Frage, ob sie besser schmeckten als andere Forellen, ist sinnlos. Wenn man unter freiem Himmel kocht und die Fische derart frisch sind, dass man mühsam verhindern muss, dass sie sich in der Pfanne zu Kringeln zusammenrollen, dann hat man Besseres zu tun, als Vergleiche anzustellen. Das Einzige, was man bewusst wahrnimmt, ist Hunger. Man probiert das kleinste Exemplar, um zu prüfen, ob es fertig ist. Und man beißt Happen um Happen ab, bis es alle ist. Inzwischen sind die anderen fertig. Also nimmt man die Pfanne vom Feuer, stellt sie auf einem flachen Stein ab und schlingt ohne Pause sämtliche dieser knusprigen, kleinen Fische in sich hinein – direkt vom Herd sozusagen, kochend heiß und vor Butter tropfend. Alles, was man anschließend sagen kann, ist, dass Forellen die hinreißendste Mahlzeit sind, die ein Mensch je gegessen hat. Genau so schmeckten die Paiuten.

Ein Exemplar war ungewöhnlich blass, als ich es an Land brachte. Ich holte meinen Fotoapparat heraus. Innerhalb von dreißig Sekunden hatte ich scharfgestellt, doch da hatte der Fisch schon das übliche Paiute-Purpur angenommen. Die meisten toten Fische dunkelten nach, bis sie ein tiefes Purpur annahmen, das fast schwarz war. Ein paar behielten aber auch ihre ursprüngliche Tönung. Andere verblassten zu einem angelaufenem Silber, fast schon zu Weiß, und bekamen blassorangefarbene Bänder an den Seiten.

Doch bei allem, was ich über die Paiuten lernte – nach drei Tagen auf meiner Wiese hatte ich immer noch kein hybrides Exemplar gefangen.

Der geeignetste Ort dafür schien mir unmittelbar ober- oder unterhalb der Llewellyn-Fälle zu sein, jener Barriere, die die Paiuten seit Jahrhunderten von den Forellen weiter bachabwärts abschnitt. Also machte ich mich am vierten Nachmittag auf den Weg dorthin.

Unterwegs begegneten mir die einzigen vier Menschen, die ich die ganze Woche über zu Gesicht bekam.

Die ersten beiden waren zwei berittene Ranger, die erzählten, dass sie nur einmal im Jahr so weit in die Berge hochkämen.

Als ich später zu einer stabilen Holzhütte kam, die auf der Karte als »Connell's Cow Camp« bezeichnet wurde, banden gerade zwei Gestalten, die aus einem Westernfilm entsprungen sein konnten, ihre Pferde an einem Geländer fest.

Einer von ihnen war eine Eiche von Mann mit einem Gesicht wie eine gutmütige Walnuss. »Howdy!«, sagte er und hielt sich damit ans Drehbuch. »Ich bin Charlie Roberts. Und das ist Sid Henderson.«

Sid Henderson, hager und sympathisch, grinste unter einem riesigen neuen Strohhut hervor.

Charlie Roberts blickte zum bedrohlichen Nachmittagshimmel auf. »Wahrscheinlich fängt's jeden Moment an zu regnen«, sagte er. »Am besten kommen Sie mit rein.

Überhaupt, warum bleiben Sie nicht heute Abend hier? In der Hütte gibt's reichlich Schlafplätze.«

Es ist immer schwer, einem Menschen wie Charlie Roberts etwas abzuschlagen. Und wenn er auch noch etwas vorschlägt, was sich bereits im eigenen Kopf herauszubilden beginnt, dann wird eine Zurückweisung schlechterdings unmöglich.

In der Hütte hängte Sid Henderson seinen Strohhut auf – er behandelte ihn, wie eine Frau ein Kleid von Dior – und ging dann wieder hinaus, um die Pferde abzusatteln.

Charlie fing an, einen mächtigen Eisenherd auszuräumen. Während er damit beschäftigt war, berichtete er, er sei Rancher östlich der Berge, am Rand der Wüste von Nevada. »Aber geboren bin ich in West-Texas«, sagte er mit Stolz. »Sid dagegen ist Kalifornier. Ist 'n guter Mann. Was Pferde angeht, einer der besten, die ich habe.«

Das Unwetter brach direkt über uns los. Zehn Minuten lang schüttete es wie aus Eimern. Dann rissen die Wolken wieder auf und verzogen sich.

Sid ging zur Tür und blickte über die glitzernde Wiese. »Wie wär's heute mit Forellen zum Abendessen, Charlie? ... Gut, dann geh' ich ein paar Würmer ausgraben.«

Fünf Minuten später liefen wir zusammen durch die Wiese. Sid schlenkerte seine Wurmbüchse in Richtung Hütte. »Beeindruckender Mann, der Charlie. Besitzt ein halbes Dutzend Ranches unten in Nevada – keine Ahnung, wie viele Hektar insgesamt. Hat schwer was auf dem Konto – und geht sehr zurückhaltend damit um. Aber wenn's drauf ankommt, gibt er einem sein letztes Hemd. Kann mir keinen besseren Arbeitgeber vorstellen.«

Im Bereich der Hütte war der Bach schnell und wirbelig; hier angelte man besser mit Würmern als mit Fliegen.

Innerhalb der nächsten halben Stunde holte ich mit meinen Fliegen vier durchschnittliche Exemplare aus dem Wasser. Sid Henderson, der offen am Ufer auf und ab lief und gar nicht erst versuchte, sich oder seinen Hut zu verstecken, fing in dieser Zeit mit seinen Würmern zehn gute Exemplare. Doch immer noch war keine Hybridforelle darunter.

»Seit sieben Sommern komme ich jetzt hierher«, sagte Charlie später, während er seinen Teller mit drei Forellen und drei Bergen aus Makkaroni, Zwiebeln und Bratkartoffeln belud. »Von Juni bis September jeden Monat zwei, drei Tage. Und jedes Mal freue ich mich auf die Forellen. Das ist natürlich nicht das Einzige. Ich kann schon verstehen, dass es dem alten Connell hier gefallen hat – das ist der, der die erste Hütte hier gebaut hat. Neunundfünfzig Sommer lang ist er hier raufgekommen. Er wollte unbedingt die Sechzig vollmachen, aber er bekam irgendwelche Herzprobleme, und seine Frau hat es ihm schließlich ausgeredet. Vor drei Jahren ist er gestorben.« Charlie schüttelte den Kopf. »Ist doch ein Jammer, oder? Hätte er die Sechzig geschafft, wäre er glücklich gewesen und ... ach, was soll's, wir sterben alle irgendwann.

Sechzig Jahre ... ganz schöne Ecke. Und ich tippe, dass sich hier nicht viel verändert hat. Vielleicht waren früher mehr Bären hier. Ich weiß noch, wie einer sich mal über eine tote Kuh hergemacht hat. Am nächsten Tag waren nur noch die Knochen übrig. Aber es ist jetzt schon zwei Jahre her, dass ich den letzten gesehen habe.«

Ich fragte ihn nach einigen Schlammlöchern, die mir auf der Wiese aufgefallen waren.

»Alles Warmwasserquellen«, sagte Charlie. »Und ein alter Paiute-Indianer hat mir mal erzählt, da wären auch noch Mineralien drin. Ich muss das mal von jemandem untersuchen lassen, aber das schiebe ich jetzt schon eine ganze Weile vor mir her.«

»Wie kommt man mit den Paiute zurecht?«, fragte ich.

Charlie wischte sich mit dem Rücken einer mächtigen Hand den Mund ab. »Sind genauso wie die Weißen. Manche von ihnen sind prima Kerle und manche sind keinen Schuss Pulver wert.«

Bald nach dem Essen legten wir uns schlafen.

»Wissen Sie«, sagte Charlie, als er die Lampe ausmachte, »ich glaube, das ist das erste Mal, dass ich hier oben jemanden treffe. Soweit ich gehört habe, kommen zwar im Herbst ein paar Jäger hier hoch, aber zu der Zeit habe ich immer das Vieh draußen. Ich trau diesen Jägern nicht. Und sonst sind bis hierher nie besonders viele Leute gekommen. In den Siebzigern wurde hier allerdings 'ne ganze Menge Holz geschlagen. Vor allem Tamaraken.«

»Tamaraken?«

»Murray-Kiefern. Wir nennen sie hier Tamaraken. Sie wurden im Winter von Chinesen für die Minen unten an der Comstock-Ader geschlagen – Virginia City und so. Aber viel weiter als bis hier kamen sie nicht.«

»Chinesen?«, fragte ich. »Ich wusste gar nicht, dass die als Holzfäller gearbeitet haben.«

»Ich auch nicht. Aber ich habe immer wieder gehört, dass es welche gewesen sein sollen. Früher standen hier an sämtlichen Bächen Hütten. Es gibt noch eine, bei der das Dach noch drauf ist, und noch eine, wo sie ihre Ochsen beschlagen haben …«

»Ihre Ochsen geschlagen? Wieso das denn?«

»Beschlagen«, sagte Charlie, »mit B. Da war ein Hufschmied zugange. Man kann noch den alten Amboss bewundern. Sie zogen Stämme mit Ochsen über den Schnee zum Fluss, und sie bauten Dämme, um das Wasser auf-

222

zustauen. Die Reste von manchen Dämmen sind noch zu erkennen. Wenn dann die große Schneeschmelze einsetzte, ließen sie die Dämme sausen und spülten ihre Stämme direkt nach Nevada runter.«

Eine Zeit lang versuchte ich mir chinesische Hölzfäller in dieser Landschaft vorzustellen. Irgendwie gelang mir das nur unzureichend.

Vom anderen Ende der Hütte her unterbrach Sids Stimme meinen Gedankengang. »Sind Sie am Mono Lake gewesen, bevor Sie hier hoch in die Berge gekommen sind?«

Ich erzählte, dass ich unmittelbar östlich des Sees gewesen war, da man mir gesagt hatte, ich würde dort Vulkankrater finden. Aber die Gegend erwies sich als ebenso vulkanisch wie Long Island. Auf jeden Fall sei es dort ruhig gewesen. Ich sei am Nationalfeiertag zwanzig Meilen auf einer öffentlichen Straße entlanggelaufen und hätte nicht eine Menschenseele zu Gesicht bekommen. »Und ich bezweifle, dass das in den Vereinigten Staaten noch an vielen Stellen möglich ist«, sagte ich. »Aber es war das einzige wirklich langweilige Stück Kalifornien, das ich erlebt habe. Nichts als Sand und Salbei und Wacholder.«

»Ich weiß, was Sie meinen«, sagte Charlie in der Dunkelheit. »Aber dieser Mono Lake ist tatsächlich was Besonderes. Alkalisches Wasser, und zwar stark alkalisch. Wenn man schmutzige Klamotten waschen will, braucht man sie nur anzuziehen, reinzuspringen und eine Runde zu schwimmen. Jedenfalls sagt man das.«

»Doch«, sagte Sid. »Selbst wenn man meinetwegen an seinem Wagen gearbeitet hat und die Sachen fettverschmiert sind, werden sie sauber. Wenn man sie allerdings die ganze Nacht im Wasser lässt, sind sie morgens vielleicht gar nicht mehr da.«

Es war still, während Charlie diese Information verdaute. Schließlich antwortete er: »Dann sag ich euch was: Wenn man mit gefärbten Haaren in diesen See springt, dann ist die Farbe in zwei oder drei Minuten raus.«

Diesmal war die Stille länger. In der Ferne jaulte ein Kojote. Ich nahm den Blick vom geöffneten Fenster, vor dem man immer noch das Maßwerk der Bäume vor dem blassen Himmel erkennen konnte, und drehte mein Gesicht zur Wand.

»Ich habe gehört«, sagte Sid, »dass dieses Wasser bei Pferden gegen einen aufgescheuerten Rücken hilft, wenn man es ein paar Tage lang anwendet.«

Die obere Etage meines Betts bewahrte mich vor dem schwachen Licht, das immer noch durch das Fenster drang. In Richtung Wand war es kohlrabenschwarz. Die Stille zog sich in die Nacht.

Ich schlief schon fast, als Charlie sich wieder äußerte.

»Ich sag euch was«, murmelte er, eher zu sich selbst. »Leute machen komische Sachen. Menschen jedenfalls.«

Zwei Tage danach – am sechsten Tag, seit ich über den Pass gekommen war – ritten Charlie und Sid aus den Bergen zurück nach Nevada und ich begab mich wieder auf die Jagd nach der Hybride.

Zuerst versuchte ich es unterhalb der Llewellyn-Fälle, jener Treppe aus weiß tosendem Wasser, die die Paiuten als eigene Unterart geschaffen hatte und vermutlich immer noch die untere Grenze ihrer Verbreitung bildete. Es kam mir wahrscheinlich vor, dass einige Tiere hier hinabgespült worden waren und sich mit anderen Forellen gekreuzt hatten. Doch nach vier Stunden konzentrierter Angelei hatte ich lediglich eine Regenbogenforelle gefangen, aber keine einzige Paiute, geschweige denn eine Hybride.

Daraufhin kletterte ich wieder über die Llewellyn-Fälle zurück ins Paiute-Land. Noch in ihrer Hörweite schmiegte sich ein grasumwachsenes Becken zwischen die Felsen. Der Bach sprudelte durch eine Enge und erweiterte sich dann zu einem tiefen Bassin. Mitten in diesem Bassin, da, wo sich das Wasser wieder beruhigt hatte, pflückte eine Forelle ein Insekt von der Oberfläche.

Ich brachte eine kleine, trockene Fliege aus. Sie trieb stromabwärts und funkelte in der Sonne. Dann durchbrach ein dunkles Maul die Oberfläche. Die Fliege verschwand. Ich zog straff – und die Fliege tauchte wieder auf, ohne dass der Haken auch nur einen Piekser getan hätte. Ich warf erneut, und dieses Mal schlug der Fisch wild um sich, sodass silbrige Schuppen und Kiemendeckel sichtbar wurden. Und da dämmerte es mir. Paiuten waren nicht silbrig und ihre Kiemendeckel waren immer rosa. Im Paiute-Land konnte das nur eins bedeuten.

Mit zitternden Schuljungenfingern trocknete ich die Fliege ab und strich ihre Federn zurecht. Dann warf ich zum dritten Mal, jetzt mehr ans obere Bassinende. Die Fliege setzte appetitanregend aufs Wasser auf. Ich hielt die Luft an. Die Fliege trieb an der kritischen Stelle entlang. Ich atmete aus. Dann schlug der Fisch wieder um sich – silbern und wild. Ich zählte bis drei, dann zog ich. Die Rute krümmte sich.

Augenblicke später kniete ich neben einer schlanken, silbrigen Forelle im Gras. An meiner Aufregung gemessen, hätten es statt der fünfundzwanzig Zentimeter auch fünfundzwanzig Pfund sein können. Der Fisch zeigte weder Paiute-Purpur noch Lachsflecken, sondern nur schwarze Flecken auf seinen silbernen Seiten und auf seinem weißen Bauch. Und ich musste sehr genau hinsehen, um die blassen rosa »Schnitte« unter dem Kiefer zu erkennen. Ich wusste nicht, was für ein Fisch das war, aber es war bestimmt keine normale Purpurforelle. Hier im Paiute-Land konnte es nur eine Hybride sein.

Ich machte mehrere Farbfotos für Herb Pintler. Und als ich dann die Kamera wieder wegpackte, merkte ich, dass ich mit diesem Erfolg meine letzte Ausrede verloren hatte, mich weiter am Silver King herumzutreiben.

Langsam verstaute ich das Angelzeug. Ich warf einen letzten langen Blick auf die Schneegipfel, die das obere Ende des Tals beherrschten. Dann wuchtete ich mir den Rucksack auf die Schultern und begann den Pfad hinab-zulaufen. Nach einer Viertelmeile hatten die Bäume das Tosen der Wasserfälle erstickt. Ich lief weiter und fühlte mich, als hätte ich etwas verloren. Doch die feenhafte, verzaubernde Atmosphäre des Tals, seine »Zu schön, um wahr zu sein«-Unwirklichkeit begleitete mich. Als ich in dieser Nacht auf einer Wiese zehn Meilen unterhalb der Llewellyn-Fälle lagerte, war sie immer noch da. Sie war auch am nächsten Morgen noch da, als ich durch ein Espenwäldchen kam, in dem noch mehr baskische Na-men in die silbrigen Stämme geschnitzt waren. Wieder hoffte ich, ich würde ein paar dieser Schafhirten tref-fen. Einer von ihnen, ein sentimentaler Mensch namens SIMONUEVO OTRANNO, der offenbar so empfand wie ich, hatte unter seinen Namen geritzt: ADIOS SIERRA. Ich lief das Tal entlang und versuchte das »Adios« zu vergessen, versuchte mir klarzumachen, dass immer noch hundert Meilen der High Sierra vor mir lagen.

Die Verzauberung war noch da, als der Silver King schließlich in einem größeren Strom seine Identität ver-lor. Noch immer hatte der Mensch hier noch kaum ein Blatt angerührt. Dann stieß ich, eine Meile nach dem Zu-

sammenfluss, auf eine Straße. Sie war nur eine Art schmaler, gewundener Piste, aber das reichte schon. Sie bedeutete Fahrzeuge und Postämter und Fortschritt. Sie bedeutete – ob mir das nun passte oder nicht –, dass ich
wieder die Ausläufer der langweiligen, vernünftigen, all-
täglichen, nicht feenhaften Welt erreicht hatte.

Alpine County (der Bezirk, in dem der Silver King sowohl
entspringt als auch verschwindet) hat eine stolze Vergangenheit und die kleinste Bevölkerung aller Counties in
den Vereinigten Staaten. Und alle Gespräche in Alpine
County pendeln sich, genügend Zeit vorausgesetzt, auf
diese beiden Aspekte ein wie eine Kompassnadel nach
Norden.

Hat man gerade keinen Gesprächspartner, dann genügt
ein Blick auf die Karte, um die Eckdaten der Bezirksge-
schichte sichtbar zu machen. Silver King Creek, Silver Peak
und Silver Mountain City verraten, dass in diesem abgelegenen Hinterhof Kaliforniens einst ein Bergbauboom
zu verzeichnen war. Jeff Davis Peak, Pickett's Peak und
Fredericksburg datieren diesen Boom, denn die meisten
der Männer, die in den 1860ern nach Alpine strömten,
waren Bürgerkriegsveteranen. Und Fremont Peak, Carson
River und Carson Range deuten Alpines Anteil an der
Saga des Wilden Westens an.[16]

Doch die Karte sagt einem nicht, dass die Bevölkerung

[16] Jefferson Davis (1808–1889), Politiker, Präsident der Südstaaten
bei Ausbruch des Bürgerkriegs; George Edward Pickett (1825–1875),
Südstaatengeneral, der sich vor allem in der Schlacht von Gettysburg
(1863) einen Namen machte; Fredericksburg: Bürgerkriegsschlacht-
ort in Virginia (1862); John C. Fremont (1813–1890), Erforscher des
amerikanischen Westens, Kartenzeichner; Christopher »Kit« Carson
(1809–1868), Trapper, Soldat, Indianeragent, amerikanischer Natio-
nalheld. – Anm. d. Ü.

des Alpine County sich keine Kirche leistet, keine Bank, kein Fernsprechamt, kein Kino, keine Parkuhr – und nur eine einzige Gastwirtschaft, die das ganze Jahr über geöffnet ist. Des Weiteren hat der Bezirk weder einen Arzt aufzuweisen noch einen Rechtsanwalt, Polizisten, Metzger oder Friseur – dafür aber den einzigen weiblichen Sheriff in Kalifornien. Hier liegen die wahren Gesprächsthemen.

»Offiziell«, sagte Mrs. Brown, der einzige weibliche Sheriff in Kalifornien, als sie mich als Gast in ihrem Motel eintrug, »offiziell zählt unsere Bevölkerung hier in Markleeville genau hundert. Das ist nicht viel für eine Bezirkshauptstadt, aber trotzdem ist es vielleicht immer noch einen Hauch zu hoch gegriffen. Ein paar von uns haben letztes Jahr mal abends im Saloon nachgezählt und da sind wir nicht weiter gekommen als bis vierundfünfzig.

Aber früher war in Alpine mal richtig was los. Als der Bezirk gegründet wurde – das war 1864 –, lebten elftausend Leute hier. Aber 1873 schaffte die Regierung das Silber als offizielles Zahlungsmittel ab und innerhalb von zwei Jahren fiel die Bevölkerung auf zwölfhundert. Kurz danach brannte Markleeville ab, daher ist von dem alten Zeug nicht viel übrig. Was meinen Sie? Paiute-Forellen? Da reden Sie am besten mal mit unserem Fisch- und Wildexperten. Sein Haus liegt nur ein paar Schritte die Straße runter.«

Der Fisch- und Wildexperte brauchte nicht ganz drei Minuten, um von den Forellen auf die Bevölkerung zu kommen. »Also«, sagte er, »es heißt immer, der ganze Bezirk hätte dreihundert Einwohner, aber ich bezweifle das. Nehmen Sie allein Markleeville. Nix da mit den hundert, die es angeblich haben soll. Lassen Sie mal sehen, im Motel sind Mrs. Brown und ...« Er fing an, Namen an den Fingern abzuhaken. »Einundfünfzig«, sagte er nach einer Schnellzählung, »genau einundfünfzig.«

Ich erwähnte die vierundfünfzig von Mrs. Browns Saloonerhebung im Jahr zuvor.

»Das ist korrekt – drei sind letzten Winter abgehauen. Alpine County ist eine ziemlich eng miteinander verwachsene Gemeinschaft, müssen Sie wissen. Jede Familie hat hier mindestens einen Amtsträger, irgendeinen Verwaltungsbeamten oder so. Heutzutage hängt der Laden weitgehend von Sommerurlaubern ab, meistens Anglern oder Jägern. Im Winter ist alles dicht. Offen lassen sie lediglich fünfzehn Meilen Bundes- und zwölf Meilen Landstraße. Um dann ins restliche Kalifornien zu kommen, muss man den Umweg durch Nevada machen. Und wo jeder jeden kennt, gibt es natürlich auch ... na, sagen wir, Lokalpolitik. Egal, um was es geht, der Bezirk ist immer mindestens in zwei verfeindete Lager gespalten.

Dabei ist es hier ganz schön geschichtsträchtig. Nein, dass Chinesen am Silver King Holz geschlagen haben, ist mir neu. Könnte aber sein, obwohl ... Wissen Sie was, wenn Sie's ganz sicher rausfinden wollen, dann schauen Sie doch mal beim alten Harry Hawkins rein. Der weiß alles. Und er ist noch voll auf der Höhe. Sein Haus liegt nur vier Meilen vor Markleeville, direkt auf Ihrem Weg.«

»Chinesen?«, blaffte Mr. Hawkins und sein gepflegter Vollbart schoss wie eine Lanze nach vorn. »Chinesen als Holzfäller? Nie im Leben! Drei von der Sorte hatten mal 'ne Zeit lang einen Laden mit Goldwäscherausrüstung gleich hinter Markleeville, aber das war das einzige Mal, dass ich sie irgendwo in dieser Gegend bei richtiger Arbeit gesehen habe. Die meisten haben gekocht und solche Sachen. Nein, junger Mann, glauben Sie kein Wort davon. Am Silver King, das waren französische Kanadier. Am meisten Holz wurde in den Siebzigern geschlagen. In den Achtzigern ließ es nach. An die letzte Schwemme kann ich mich selber noch erinnern – neunundachtzig war das wohl. Achtzigtausend Klafter gingen damals den Fluss runter.

Jawollja, dieser Landstrich hier hat schon so einiges erlebt. Ging auf wie ein Hefeteig – und platzte wie ein Luftballon. Und alles in hundert Jahren – fünfundsiebzig davon habe ich persönlich miterlebt. Es gab sogar mal 'ne Zeit, wo jeden Tag zwei Sechsspänner nach Silver Mountain City hochfuhren. Und was Zeitungen anging, da hatten wir …« Er rasselte eine Reihe von Namen herunter. »Das sind jetzt schon sechs, die mir spontan einfallen. Und sehen Sie uns heute an! Dreihundert Einwohner! Wird jedenfalls behauptet.« Mr. Hawkins schnaubte verächtlich. »Vielleicht wenn man die ganzen Indianer und ihre Hunde mitzählt. Ach ja, aufgegangen wie ein Hefeteig und geplatzt wie ein Luftballon.«

Ich deutete mit einem Kopfnicken in Richtung der geöffneten Eingangstür. »Der Karte zufolge heißt der Gipfel da drüben Hawkins Peak. Hat das was mit Ihrer Familie zu tun?«

»Aber sicher. Wurde nach meiner Großmutter benannt. Sie war so ziemlich die erste Siedlerin hier. Und sie schlug auch vor, Markleeville nach Jacob Marklee zu benennen. Er war mit ihr befreundet, und er war der Erste, der hier Land bearbeitet hat. Sie fanden ihn eines Morgens mit eingeschlagenem Schädel auf seiner Schwelle, aber man fand nie raus, wer's gewesen war.«

Ich fragte Mr. Hawkins, ob er schon immer in diesem Haus gelebt hatte.

»Aber nein. Dieses Haus steht ja erst seit sechzig Jahren. Ich wurde in einem Haus geboren, das da unten zwischen den Weiden stand, zweihundert Meter die Straße runter. Ist aber schon lange abgebrannt. Aber hier habe ich inzwischen auch ganz schön was zusammengesammelt. Ist mittlerweile ein richtiges Museum geworden. Hier ... die wurde so um 1850 aufgenommen. Hat mein Großvater in St. Louis gekriegt.«

Ich nahm das Foto in die Hand. Es zeigte einen konzentrierten jungen Mann, dem ein riesiger Bart wie ein Bienenschwarm vom Kinn herabhing. Mit sauberer Handschrift stand auf der Rückseite: C. C. CARSON.

»Er wurde Kit genannt«, sagte Mr. Hawkins. »Aber sein richtiger Name war Christopher Columbus Carson.«

Eine halbe Stunde später kam Mr. Hawkins mit raus, um mich zu verabschieden. Vorher kniete ich mich noch an den winzigen Bach, der durch seinen Garten floss, und füllte meine Feldflasche.

Mr. Hawkins stand daneben und sah mir lächelnd zu. Er ließ ein merkwürdiges Glucksen vernehmen, das wohl hauptsächlich Stolz ausdrückte. »Dieses Wasser trinken wir schon seit über einhundert Jahren«, sagte er.

Zwei Tage später stand ich morgens auf dem Kamm der Carson-Kette.

Hinter mir schmiegte sich Alpine County wie eine Schüssel in ein Tal zwischen weiße Gipfel. Von hier konnte ich auch erkennen, wie sich der Rand der Schüssel nach Osten zum Tal des Carson River hin absenkte und in die Wüste von Nevada überging. Ich suchte und fand den Hawkins Peak und die Hügel oberhalb von Markleeville. Und weit dahinter entdeckte ich zu guter Letzt – leuchtend, wie immer in der Morgensonne – das Tal des Silver King.

Ich drehte mich um und blickte über eine riesige Senke. Sie wurde fast völlig vom Lake Tahoe ausgefüllt, der blau und still dalag und dessen Ränder wie Glas an die umgebenden Anhöhen stießen. Doch mein Blick ging über den See hinaus zu neuen Bergen. Denn dort lag zwischen neuen Schneespitzen ein Reservat der Wildnis.

9 Über die High Sierra

Der Rest der Welt betrachtet Amerika völlig zu Recht als Tummelplatz von Habgier und Ausbeutung. Doch er vergisst allzu leicht, dass Amerika auch ein Land des altruistischen Idealismus ist – eines Idealismus, der phantastisch großzügige Ideen hervorbringen kann, die er in greifbare Gestalt schmiedet und sie dann der übrigen Menschheit zur gefälligen Verfügung stellt.

Die Welt erinnert sich zum Beispiel gern daran, dass die frühen amerikanischen Siedler die jungfräulichen Wälder ihres neuen Kontinents ausschlachteten und abholzten, dass sie die gewaltigen Büffelherden fast bis zur Ausrottung dezimierten, dass sie, mit anderen Worten, taten, was neue Siedler immer und überall getan haben: einen totalen Krieg gegen jene Natur zu führen, die sie als ihren natürlichen Feind ansahen. Doch die Welt übersieht für gewöhnlich die Kehrseite dieser Medaille.

Am Abend des 19. September 1870 saßen fünf Männer in dem, was damals das »Territorium Montana« hieß, um ein Lagerfeuer. Die Männer waren in erster Linie Spekulanten. Um Gerüchten über reiche Erzvorkommen und wertvolle Böden nachzugehen, waren sie tief in die noch weitgehend unerforschte Wildnis am Yellowstone River eingedrungen. Ein Monat der Erkundung hatte ihnen ein wirtschaftliches Potenzial vor Augen geführt, das ihre kühnsten Träume übertraf, aber er hatte ihnen auch Geysire und Canyons gezeigt, Seen und Wasserfälle, Wälder und Berggipfel und dazu ein reiches Tierleben. An ihrem letzten Lagerfeuer vor der Rückkehr in die Zivilisation diskutierten diese fünf hartgesottenen Geschäftsleute über das nahe liegende Bedürfnis, ihre Entdeckungen in Profit umzuwandeln. Doch angesichts der überwältigenden Schönheit, die sie erlebt hatten, verschmähten sie die sicheren Reichtümer. Sie stimmten ausnahmslos darin überein, dass eine private Inbesitznahme des Yellowstone-Gebiets niemals zugelassen werden dürfe und dass es »von der Regierung ausgeklammert und auf alle Zeit den Menschen zum ungehinderten Gebrauch zur Verfügung gestellt werden« solle.

Zurück unter Menschen ließen sie weder Ländereien auf sich eintragen noch Claims registrieren. Stattdessen schrieben sie über die Naturwunder und Schönheit des Yellowstone-Gebiets und hielten Vorträge darüber. Ihre Worte zogen durch das ganze Land. Zwei Jahre später unterzeichnete Präsident Grant ein Gesetz, mit dem das erste Naturschutzgebiet der Welt geschaffen wurde. Die revolutionäre Idee, natürliche Landschaften um ihrer selbst willen zu erhalten, hat sich seitdem auf allen Kontinenten verbreitet. Und was solche Weitsichtigkeit angeht, ist Amerika nach wie vor führend. James Fisher, ein englischer Naturkundler, der Amerika bereist hat, schrieb jüngst in seinem Buch *Wild America*: »Niemals habe ich derartige Naturschauspiele gesehen und niemals Gastgeber erlebt, die ihres Landes so würdig sind. Sie hatten und haben die Macht, es zu verwüsten, aber stattdessen haben sie einen Garten daraus gemacht.«

Im Death Valley hatte ich einen Versuch erlebt, ein Stück Amerika im Wesentlichen so zu bewahren, wie es bei Ankunft der Weißen gewesen war, doch das Death Valley ist von Straßen erschlossen und mit allen möglichen Bequemlichkeiten versehen worden, wie die meisten Nationalparks. In ausgewiesenen Naturparks sind dagegen alle Verkehrsmittel des Menschen untersagt: keine

Straßen, keine Fahrzeuge, keine Boote. Nur Fußgänger oder Reiter dürfen die schmalen Pfade benutzen. Verglichen mit einigen derartigen Reservaten ist das Schutzgebiet im Hochland der Sierra Nevada oberhalb des Lake Tahoe klein und beinahe zahm zu nennen. Sein höchster Gipfel erreicht gerade mal dreitausend Meter über dem Meeresspiegel. Doch es ist eine wunderschöne Landschaft. Und sie wird stark besucht.

Der Lake Tahoe selbst – der für die drei Millionen Menschen, die um die Bucht von San Francisco herum leben, nur vier Autostunden entfernt ist – ist zu Nordkaliforniens beliebtestem Freizeitpark geworden. Er hat jedem etwas zu bieten. Leute, die Geld zu verschleudern haben, zieht es wie Motten zu den Neonlichtern des Nevada-Ufers. Dort schwirren sie ekstatisch um die einarmigen Banditen herum, die sich von Reno her ausgebreitet haben. Menschen mit geringeren Ansprüchen, kleineren Geldbeuteln und einem Bedürfnis nach Sonnenbräune sammeln sich entlang des kalifornischen Seeufers. Sie angeln, schwimmen, fahren Wasserski und grillen anschließend, ohne sich weiter als zwei Drinks von der Fernstraße entfernen zu müssen. Die Naturfreunde klettern westlich vom See in das Naturschutzgebiet hinauf. Hier finden sie eine Wildnis, die »von der Regierung ausgeklammert und auf alle Zeit den Menschen zum ungehinderten Gebrauch zur Verfügung gestellt« wurde.

Als ich dort hinaufstieg, fand ich ein ganz neues Stück Amerika.

Anfangs war es eine Seenlandschaft. Manche der Seen lagen einladend, frisch und funkelnd da. Andere brüteten zurückgezogen vor sich hin. Zwischen den Seen führten grobe Trittsteine über Bäche, die durch blaugraue Pforten in Schneewehen verschwanden. Manchmal bestand die ganze Szenerie nur aus grauem Fels – bedrohlich im Schatten, hell und einladend in der Sonne. Doch meistens lief ich Meile um Meile durch Wald. Und immer ragten ganz weit oben schneebedeckte Bergspitzen auf.

Nach zwei Tagen erreichte ich den noch jugendlichen Fluss Rubicon und folgte ihm in nördlicher Richtung. Und hier fand ich mich bisweilen am Rand einer Wiese mit vertrauter Atmosphäre wieder – einer Sonne und Schatten-, »Zu schön, um wahr zu sein«-, Silver-King-mäßigen-Atmosphäre.

In der Woche, die ich damit verbrachte, die fünfzig Meilen des Naturparks zu durchwandern, begegnete ich etwa einem halben Dutzend Menschen pro Tag. Und ich wusste, dass jeder, den ich traf, etwas mit mir teilte.

Seit ich in Mexiko gestartet war, hatten wohlmeinende Neugierige mir immer wieder mitgeteilt: »Ach, aber da gibt es doch einen viel bequemeren Weg. Warum nehmen Sie nicht einfach die Straße nach Sowieso?« Für sie war Landschaft nur etwas, das man auf dem Weg von A nach B durchquerte. Manchmal hatte ich darauf gesagt: »Sie müssen sich klarmachen, *Ihr* Interesse liegt darin, irgendwo anzukommen, *meins* liegt darin, unterwegs zu sein.« Aber das war nicht immer durchgedrungen. Hier oben in der Wildnis aber wusste ich, dass alle die Landschaft mit denselben Augen sahen wie ich.

Ansonsten war ihnen wenig gemein.

Ich begegnete Männern, Frauen und Kindern. Manche ritten auf Pferden. Ein paar führten Mulis – oder versuchten es. Die meisten schleppten sich mit Rucksäcken dahin: Rucksäcken, die hoch über Schultern aufragten, und Rucksäcken, die um Hinterteile herumschlappten; ordentlich gepackte Rucksäcke, die aussahen wie Päckchen aus der Wäscherei, und nilpferdartige Rucksäcke; kleine Beutel, die so bequem waren wie die von Kängurus, und mörderische Mühlsteine, die ihre Träger in die Knie gehen ließen. Und die Leute, denen ich begegnete, waren genauso unterschiedlich wie ihre Lasten.

Nicht immer begegnete ich ihnen von Angesicht zu Angesicht.

Da war etwa der Abend, an dem die authentischen Nestbaugeräusche eines Schwarms Pfadfinderinnen über den Rubicon wehten.

Oder da war eines frühen Morgens an einem kleinen See eine dieser »Schiffe, die nachts aneinander vorbeifahren«-Szenen. Der Ort war schattig und von Anhöhen umschlossen und erinnerte mich an den Walden-See.[17] Der Pfad streifte sein Ufer und ich ging langsam und spähte in das sonnendurchflutete Wasser hinunter. Plötzlich trat ich fast auf eine kleine blaue Kiste mit Angelzeug. Sie stand geöffnet neben dem Pfad; ihre Fächer quollen vor Blinkern über – roten, silbernen, goldenen. Wie sie da so zwischen zwei Baumstämmen stand, wirkte sie zwar unpassend, aber sympathisch. Ich sah mich um. Außer dem schmalen Pfad wies nichts auf die Existenz von Menschen hin. Dann nahm ich eine Bewegung wahr. Hundert Meter weiter stand ein Angler im tiefen Schatten auf der anderen Seeseite, eine bloße Kontur vor grünem Hintergrund. Ich stützte mich neben der Blinker-Box auf meinen Stock und sah ihm zu. Nach einer Weile blickte er auf. Ich winkte. Er winkte zurück. Dann lief ich weiter den Pfad entlang und nach zwanzig Schritten lag der See im Verborgenen und ich war wieder in dichtem Wald.

Oft hielt ich jedoch an und sprach mit denen, die mir begegneten.

---

[17] Anspielung auf Henry W. Thoreau, *Walden*. – Anm. d. Ü.

Da war der ältere Mann, der ein Richter hätte sein können und dessen Stimme und Überlegungen ruhig und
nachdenklich waren, der aber auf seinem Pferd saß wie
Thor, der gerade eine Woche Urlaub vom Donnern
machte.

Da waren der Vater und sein elfjähriger Sohn, die ganz
in ihrer eigenen Welt gefangen waren. Ihre Köpfe zusammen gesteckt, debattierten sie darüber, welche Köder die
Forellen des Aloha-Sees am verführerischsten finden würden. Als ich über den See hinaufstieg, saßen Vater und
Sohn Seite an Seite mit ihren Angeln am Fuß einer schnee-
gesprenkelten Felswand. Sie wirkten sehr einsam – und
sehr zweisam. Nicht viele Sprösslinge haben so ein Glück,
dachte ich. Und auch nicht viele Väter.

Dann war da der Tag, an dem ich einen Gipfel erklomm,
der am Rand des Naturschutzgebiets lag und über den
Lake Tahoe blickte. Drei Stunden lang hatte sich das Panorama unter mir auf jene langsam anwachsende Weise geöffnet, die zu den Belohnungen gehört, wenn man
einen Berg erklettert. Gegen Mittag, fast schon auf dem
Gipfel, kletterte ich über einen Felsvorsprung. Und da sah
ich, zwölfhundert Meter unter mir, das ganze, riesige Becken des Lake Tahoe.

Ich hörte mich selbst überrascht japsen und laut sagen:
»Meine Güte, was für Farben!«

Ich lief bis zur Spitze hinauf, setzte mich in der Nähe
der metallenen Gipfelplakette auf einen Stein und gab
mich dem Grün und Blau von Wald und See und Himmel hin. Die Luft bestand vollkommen aus Licht und
Raum und Stille. Ich lehnte mich an die warmen Felsen.
Zeitlos brannte die Sonne herab.

Nach einer Weile hörte ich ein schabendes Geräusch
wie von einem mittelgroßen Tier aus Richtung der Me-

tallplakette kommen. Ich fixierte meinen Blick auf eine Felskante, die keine zwei Meter entfernt war, und wartete reglos. Und dann erschien hinter dem Vorsprung eine Kontur vor dem blauen Himmel, die mir direkt ins Gesicht sah: das Gesicht eines Jungen. Er erstarrte. Es war ein munteres Gesicht, außer Atem und genauso überrascht, wie ich es war. Dafür, dass es allein in fast dreitausend Meter Höhe unterwegs war, wirkte es ziemlich jung.

Ich hatte das Gefühl, etwas sagen zu müssen. »Bist du ganz alleine hier oben?«, fragte ich also.

»Nee, meine Mutter kommt dahinten.« Der Junge kletterte über die Kante. Ein Stückchen unter uns erschien eine große, schlanke Frau in Shorts und einem roten Anorak. Sie winkte ihrem Sohn und verharrte dann. »Aha, der alte Mann und der Berg!«, rief sie gut gelaunt.

Sie kam zu uns herauf. Sie hatte diesen seltenen Gang, der sowohl zu kurzen Hosen im Gebirge als auch zum Abendkleid in einem Ballsaal passt. Als sie da war, sagte sie: »Falsch, der *junge* Mann und der Berg!«, und da fühlte ich mich besser.

Sie hatte dichtes, dunkles Haar und man mochte kaum glauben, dass der Elf- oder Zwölfjährige ihr Sohn war.

»Ist das nicht ein toller Blick?«, fragte sie. »Peter und ich kommen oft hier hoch. Und Sie sehen es ja, inzwischen ist er Erster.« Sie setzte sich, und wir redeten übers Bergwandern und über Leute, die von Mexiko nach Oregon laufen. Sie hieß Jinny. Ich fand ein bisschen Schnee an einer geschützten Stelle, warf meinen Gaskocher an und kochte uns dreien Tee. Jinny steuerte belegte Brote bei. Anschließend entschuldigte ich mich, dass ich keine Zigaretten anbieten konnte.

Jinny lächelte. »An der frischen Luft habe ich sowieso nie große Lust aufs Rauchen. Ich glaube ... ich glaube, ich rauche eigentlich gar nicht so gern. Überhaupt, meine ich. Bei einer Party ist das vielleicht noch was anderes. Eine Zigarette vertreibt den Alkoholgeschmack – und ganz ohne wüsste ich gar nicht, wohin mit meinen Händen.« Sie lächelte wieder, trat ein paar Schritte vor und blickte auf das Blau des Lake Tahoe. Unvermittelt reckte sie genussvoll ihren ganzen Körper. »Ach, was für eine wundervolle Welt!«, sagte sie. »Vor drei Wochen war ich mit meinem Mann auf Hawaii tauchen und klettern. Und jetzt wieder der gute, alte Tahoe. Wissen Sie, mir tun die Leute leid, die diese Dinge nie für sich entdecken. Als wir aus Hawaii abflogen, kamen gerade Freunde von uns an. Sobald sie im Hotel waren, sausten sie schon zum nächsten Bridge-Tisch und wir wussten, sie würden ihren ganzen Urlaub mit Karten und Alkohol verbringen. Was für eine Verschwendung! Ich fürchte, wir Amerikaner vergessen manchmal, wie gut wir es eigentlich haben.«

Twig traf ich unmittelbar außerhalb der Wildnis des Schutzgebiets, aber von seinem Wesen her gehörte er mitten hinein. Als er in seinem Jeep angebrettert kam, wechselte ich gerade an einer alten Kutschentrasse, die den Nationalpark begrenzt, einen Film. Wir saßen eine Weile da und redeten, den Blick zurück auf das felsige Rubicon-Tal gerichtet.

»Tja, mit dem Rucksack komme ich so oft wie möglich«, sagte er. »Aber irgendwie ist heutzutage selten genug Zeit dafür da. Deshalb habe ich diesen Jeep gekauft. Aber Laufen ist natürlich die einzige richtige Art zu reisen. Seit Henry Ford sind wir Amerikaner verweichlicht. Ich kann mich noch an meine Urgroßmutter erinnern: Siebenmal hat sie die Vereinigten Staaten durchquert. Und außer einem Mal, als sich zufällig ein freier Platz in einem Wagen anbot, ist sie jedes Mal gelaufen.«

Twig nickte in Richtung des Tals, doch die Geste reichte weit über den Horizont hinaus. »Das ganze Ende von Mexiko, was?« Er seufzte. »Als ich von der Schule abging, überredete mich meine Mutter, einen Abschluss zu machen und in den Maschinenbau zu gehen. Aber oft wünsche ich mir, ich wäre ein hinterwäldlerisches Landei geblieben. Trotzdem ist es immer noch beruhigend zu wissen, dass man auch mal alles hinter sich lassen kann, wenn der Druck zu groß wird, und an Orte kommen kann wie diesen.«

Ich glaube, an diesem Punkt fiel mir auf, was eigentlich sowieso auf der Hand lag: dass diese naturbelassene Wildnis nicht nur ein neues Stück Amerika war, sondern genauso ein Abbild meiner Tour im Kleinen. Hier konnten Leute für ein paar abgezwackte Stunden oder Tage lang das tun, was ich Glücklicher sechs Monate lang tun konnte.

Es gab *einen* Moment, in dem alles, was das Naturschutzgebiet anbot – alles, wofür meine Tour stand –, zusammenkam. Drei Tage lang war ich dem Rubicon gefolgt, der allmählich von tobender Jugendlichkeit zu gelassener Ruhe gereift war. Ich war gerade hindurchgewatet, saß an seinem grasigen Ufer und zog mir die Schuhe wieder an. Der kalte Fluss hatte mich erfrischt und jetzt wärmte mich die Sonne. Eine kupferrote Libelle landete geschickt auf einem Grashalm am Wasser – so nah, dass ich sie hätte berühren können.

Und plötzlich durchflutete mich Dankbarkeit. Dankbarkeit für den Augenblick, für den Tag, für die Freiheit, meine Tour machen zu können, für das Leben überhaupt.

Ich saß völlig still, den einen Stiefel halb am Fuß, hielt den Atem an und versuchte, diesen Augenblick in mein Gedächtnis einzusperren – ihn einzufangen und jeden

Partikel davon zu bewahren. Ich brauchte die kupferrote Libelle auf ihrem grünen Grashalm, der sich über den blauen Rubicon neigte. Ich brauchte den warmen Sonnenschein und das unebene Grasufer. Ich brauchte den Geruch der Lupinen und das Geräusch des fließenden Wassers. Ich brauchte den dunklen Schatten des Waldes auf der anderen Flussseite. Ich brauchte die Schneebretter, die hoch über ihm hingen. Ich brauchte sogar die Mücken auf meinen nackten Armen. Ich wusste, dass ich es später nur schwerlich würde glauben können, dass ich wirklich die Mücken gebraucht hatte, aber in diesem Augenblick war ich um ihrer selbst willen froh, dass sie lebten, und ich brauchte sie, um glücklich zu sein.

Der Augenblick währte nicht lange. Die Flügel der Libelle erbebten und sie flog weg. Der Grashalm richtete sich wieder auf. Ich zog meine Stiefel weiter an, wuchtete mir den Rucksack auf den Rücken und begab mich wieder auf den Pfad.

Die Wildnis wäre erhaltenswert, selbst wenn sie zu nichts anderem gut wäre, als solche Augenblicke zu ermöglichen. Und als ich weiterlief, wünschte ich mir, ich könnte den fünf Männern danken, die im Herbst 1870 um ihr Lagerfeuer gesessen hatten. Es hätte sie befriedigt, zu wissen, dass ihr Altruismus jenes Abends – ihr Altruismus in einer Arena der Habgier und Ausbeutung – nicht nur mir so viel Gutes gebracht hatte, sondern auch den nestbauenden Pfadfinderinnen und dem Thor auf seinem Ross, dem Vater-und-Sohn-Paar, das im Aloha-See angelte, und Jinny, die sich genüsslich auf einem Berggipfel streckte, Twig in seinem Jeep und Millionen anderen Amerikanern – und weiteren Millionen, geborenen und noch ungeborenen, auf der ganzen Welt.

Eines Abends kam ich in ein kleines, steilwandiges Tal und fand dort – versteckt und vergessen – eine verlassene Ranch. Als ich das Gelände betrat, galoppierte eine Rinderherde in Panik davon und wirbelte Wolken aus feinem Staub auf. Ich entzündete meinen Kocher auf den Stufen eines teilweise eingestürzten steinernen Heuschobers. Die Dämmerung kam. Drei Rehe zogen vorüber – undeutliche braune Konturen vor dem Hintergrund welken Farns und in der Luft schwebenden Staubs. Ich lief über den Hof und fand einen rostigen Wasserhahn. In der Nähe heulte ein Kojote. Das Geräusch erfüllte das schmale Tal.

Während ich meine Feldflasche füllte, hing mein Blick an einer mit Salbei bewachsenen Böschung fest. Es dauerte einige Minuten, ehe ich verstand, warum er das tat. Salbei verweist auf Hitze und Trockenheit, auf Wüste oder Halbwüste; und dieser Salbei war der erste, den ich zu Gesicht bekam, seit ich in die High Sierra hinaufgestiegen war. Und da wurde mir ganz plötzlich klar, dass die Bergrücken über mir niedriger waren als die, an die ich mich gewöhnt hatte. Das Erdreich war staubiger, die Bäume um so vieles schmächtiger, dass man sie fast dürr nennen musste.

Ich ging zu dem alten Heuschober zurück, setzte mich neben meinen Kocher und studierte die Karte. Die wirre Hochlandmasse, die vor mir lag, konnte man als Ableger der Sierra Nevada ansehen, aber ihre Erhebung war deutlich geringer als ich angenommen hatte. Sie würde mit größter Wahrscheinlichkeit trockener sein als das, was ich als Sierra kennen gelernt hatte. Und die Vorgebirge würden auch bald verschwinden. Innerhalb von zwei Tagen würde ich mich in einer Halbwüste befinden.

Am nächsten Tag stellte ich erneut fest, dass man etwas

am sichersten bis zur Neige ausschöpft, wenn man sich bewusst macht, dass es fast vorüber ist.

Ich kletterte über eine Abrisskante am anderen Ende des Tals und gelangte wieder in dichten Wald.

Mir fiel auf, dass ich den ganzen Tag lauschte, während ich lief. In der Wüste schnarren die Zikaden und geben einem keine Rätsel auf. Doch im Wald meint man manchmal ein Summen oder fast schon ein Raspeln zwischen den Bäumen zu hören. Es ist ein besänftigendes und zugleich fesselndes Geräusch, das von überall und nirgends kommt. Manchmal ist es der verzerrte Klang von fließendem Wasser. Manchmal ist es der Wind in den Wipfeln. Und manchmal ist es nichts, das man benennen könnte. An diesem Tag konnte ich es nicht benennen, aber ich vernahm es deutlicher denn je.

Den ganzen Tag lang fiel das Gelände ab. Der Wald dünnte aus. Auch die Bäume selbst wurden dünner – jetzt waren sie unleugbar dürr. Das Flüsschen mündete in den Sagehen Creek und Salbei war auch wieder da. Anfangs trat er in einzelnen Büscheln auf, dann in großen Inseln. Bis zum Nachmittag zog er sich Hektar um Hektar das Tal hinunter, so weit mein Auge reichte.

Am fortgeschrittenen Abend war ich drauf und dran, mein Lager aufzuschlagen, als ich einen Mann auf einem Pfad, der ein paar Meter entfernt parallel zu meinem verlief, auf mich zukommen sah. Das Halbdunkel konnte eine gewisse Eigentümlichkeit an ihm nicht verbergen, aber ich konnte nicht sagen, ob sie von seiner Kleidung herrührte oder von seinem Gang oder von irgendetwas anderem.

Mir war nach einem Gespräch, aber da ich nicht recht wusste, wie ich es anfangen sollte, drosselte ich nur mein Tempo ein bisschen. »'n Abend«, sagte ich.

»'n Abend«, antwortete der Mann. Auch er zögerte, und der schwarzweiße Collie, der ihm auf dem Fuß folgte, wäre fast in ihn hineingelaufen. Dann nahm der Fremde seinen gemächlichen, lockeren Schritt wieder auf und verschwand im Dämmerlicht.

Noch als ich mein Lager auf der staubigen Ebene aufschlug, beschäftigte mich diese Begegnung.

Während mein Essen garte, stellte ich einige Überlegungen an. Mir war klar, dass meine Tour jetzt, da die Berge so gut wie zu Ende waren, in eine neue Phase eintrat. Es waren immer noch zweihundert Meilen Luftlinie bis zur Grenze von Oregon. Für den Fußweg würde vermutlich noch einmal fast die Hälfte dazukommen. Aus verschiedenen Gründen – von denen einige durchaus vernünftig waren – wollte ich am Ende der ersten Septemberwoche an dieser Grenze sein. Das ließ mir noch etwas mehr als drei Wochen. Um die Grenze planmäßig zu erreichen, würde ich an den meisten Reisetagen gut zwanzig Meilen schaffen müssen.

Bevor ich mich schlafen legte, beschloss ich, dass der kommende Tag der erste dieser Zwanzig-Meilen-Tage werden sollte – welche Ablenkungen mich auch immer versuchen würden. Und das wichtigste dabei war, so früh wie möglich auf den Beinen zu sein.

In der Dämmerung weckte mich Glockenklang. Eine große Schafherde zog gemächlich auf mich zu. Im Herzen der Staubwolke, die sie aufwirbelte, ragte ein brauner Esel wie ein Eisberg aus einer Nebelbank. Er trug eine Glocke um den Hals. Bis ich mit meinem hastigen Frühstück fertig war, hatten Schafe und Staub mich eingekesselt.

Ich hatte gerade meinen Schlafsack auf den Rucksack geschnallt, als ein Mann am Rand der Herde auftauchte.

Ich erkannte ihn sofort. Der schwarzweiße Collie klebte nach wie vor an seinen Fersen.

»Morgen«, sagte der Mann.

»Morgen«, antwortete ich.

Langsam schob er sich zwischen den Schafen hindurch in meine Richtung. Sein abgetragener Tweed-Anzug wirkte tatsächlich irgendwie altmodisch und eigenartig. Und irgendwie altmodisch und würdevoll war auch seine Art, sich zu bewegen und zu lächeln.

»Ich hoffe, meine Schafe haben Ihnen keine Unannehmlichkeiten bereitet«, sagte er. Er hatte einen europäischen Akzent.

»Nicht im Geringsten«, sagte ich. »Ich bin froh, dass sie mich geweckt haben.«

»Gut«, sagte der Mann. »Freut mich.« Aus einer Manteltasche holte er Tabak und Zigarettenpapierchen.

Und plötzlich dämmerte es mir, dass er einer der baskischen Schafhirten sein musste, denen ich hatte begegnen wollen, seit ich ihre schwarz gewordenen Namen auf den Espen am Silver King gesehen hatte.

Wir sprachen über das vor uns liegende Land. Der Baske hatte seine Herde während des Ersten Weltkriegs in den Warner Mountains nicht weit von der Grenze nach Oregon weiden lassen. Während er davon erzählte, drehte er sich eine Zigarette, wobei er den Tabak so sorgsam rollte, wie ein Töpfer seinen Ton formt. Ein, zwei Mal lächelte er sein gelassenes Lächeln. Es verlieh ihm eine überraschende Art von Maurice-Chevalier-Charme.

Ich konnte mich leider nicht auf ein längeres Gespräch einlassen. Ohne unhöflich zu sein, legte ich nach kurzer Zeit dar, warum ich aufbrechen musste. Irgendwie klang es nicht sehr überzeugend.

Aber der Baske lächelte verständnisvoll. »Sie haben

Recht«, sagte er und tupfte seine Zigarette abschließend auf seinen Fingernagel. »Man muss früh aufbrechen, sonst kommt man nirgendwo hin.«

Ich drängte mich durch die Herde. Der Baske stand noch, wo ich ihn zurückgelassen hatte – knietief zwischen Schafen und eingehüllt in Staub. Ich winkte mit meinem Stock. Er winkte zurück.

Dann drehte ich mich um und lief das Tal hinunter und der Salbei zerkratzte mir die Beine.

10 Der Weg nach Hause

Zwei Tage danach trat ich zwischen ein paar Bäumen hervor und sah mich plötzlich einem offenen Raum gegenüber, wie ich ihn nicht erwartet hatte. So weit ich blicken konnte, erstreckte sich ein breites, trockenes Tal in nördlicher Richtung. Es war baumlos und salbeibewachsen. Zu seinen beiden Seiten erhoben sich kahle, glatte Hügel.

Es war nicht die Raumwahrnehmung, wie man sie auf einem Berggipfel spürt – nichts anderes ist auf diese Weise offen. Es war eher wie an einem langen, leeren Strand. Und mit einem Schlag erkannte ich die altvertraute Offenheit der Wüste wieder.

Bald erinnerte noch anderes an die Wüste. Ich kreuzte ein Gleis der Western Pacific und hörte, genau wie bei Goffs an der Strecke der Atchison–Topeka–Santa Fe-Linie einen dünnen Hindu-Gesang, der mehr und mehr Kontur und Rhythmus und Intensität gewann, bis er in einem rasenden Schlagzeug-Höhepunkt mündete. An einer Fernstraße wandte ich mich nach Norden. Autos jagten aus der spitz zulaufenden Weite heran, huschten vorüber und hinterließen den staubigen Nachgeschmack, an den ich mich aus der halb gebändigten Wüste am Colorado vor ein paar Monaten erinnerte. Und als aus dem Süden dunkle Wolken herandrifteten und ein leichter Regen einsetzte, da erzeugte er einen sauberen, vertrauten Duft. Die Wolken wurden schwärzer, der Regen heftiger. Die Tropfen prallten von der glänzenden Straße zurück wie Querschläger und pieksten meine Beine. Der Wind trieb mich voran und wickelte mich in meinen Poncho, und genau wie in dem Gewitter hinter Earp warf ich ihm Lieder zum Wegschnappen vor.

Doch als der Regen vorüber war und die Sonne erst eine neue Frische geschaffen und sie dann wieder weggesengt hatte, da war die Wüste nicht so, wie ich sie in Erinnerung hatte. Nicht nur, dass keine Blumen da waren. In der leblosen Einförmigkeit des Salbeis, die sich zu beiden Seiten der geraden, schwarzen Straße dahinzog, fehlte noch etwas anderes. Anfangs bekam ich nicht heraus, was das war.

Ich brauchte vier Tage dafür.

Mein Weg führte mich östlich vom Honey Lake und abseits der Fernstraße durch den immer gleichen Salbei. Am späten Nachmittag kam ich an eine Gebäudegruppe, die einst das Amadee Hot Springs Hotel gewesen war. (Jemand hatte mir erzählt, es sei regelmäßig von einem Boot von der anderen Seeseite her angelaufen worden, doch der See war seit längerem ausgetrocknet, und das Wrack des Boots lag noch irgendwo an seinem Ufer.) In der Nähe der Gebäude quoll Dampf aus einer Reihe von Öffnungen und zog über den Salbei dahin. Ein paar schmutzige Hühner materialisierten sich immer wieder am Rand der Dampfschwaden und lösten sich wieder auf.

Neben den Gebäuden stand ein Traktor zwischen verschiedenen landwirtschaftlichen Geräten. Als ich mich näherte, kam ein Mann die unbefestigte Straße herab, der zwei Zugpferde führte. Er hatte hängende Schultern und hängende Mundwinkel – wie jemand, der zu ewiger Langeweile verdonnert war.

»Ziemlich trocken hier, um was anzupflanzen«, sagte ich. »Müssen Sie Ihr Trinkwasser hertransportieren?«

Der Mann wies auf den nächsten Dampfstrahl. »Einfach das Zeug da abkühlen«, sagte er und spuckte aus.

Im Laufe des ganzen Nachmittag hatten sich dunkle Wolken gebildet. Jetzt fielen schon ein paar Tropfen. »Gibt's hier normalerweise viel Regen zu dieser Jahreszeit?«, fragte ich.

»Hat massig geregnet diesen Herbst«, sagte er.

Ich erschrak. Es war das erste Mal, dass jemand erwähnte, dass der Sommer vorbei war.

Fast im selben Moment erkannte ich, was mir an der Wüste gefehlt hatte, seit ich aus den Bergen gekommen war: die Emsigkeit und Kraft des Frühlings.

Und als ich dann durch den tristen Salbei weiterlief, wurde mir mit noch größerem Entsetzen bewusst, dass nicht nur der Sommer, sondern auch meine Tour so gut wie zu Ende war.

Teils weil die Landschaft so monoton war und teils weil ich mich beeilen musste, lief ich die letzten zweihundert Meilen weitgehend auf Straßen – zunächst auf einer Fernstraße, dann auf land- oder forstwirtschaftlichen Straßen. Die Tage wurden jetzt schnell kürzer, doch ich schaffte meine täglichen zwanzig Meilen ohne Mühe.

Unterwegs musste ich immer wieder an die ersten Wochen am Colorado zurückdenken. Damals hatten meine weichen Füße und meine aus der Stadt stammenden Fettpolster bedeutet, dass ich an einem Tag maximal zehn bis fünfzehn Meilen schaffte. Dazu musste ich regelmäßig Rasttage einlegen. Jetzt begrenzten meine Füße meinen Radius schon lange nicht mehr, obwohl sie immer noch gepäppelt werden wollten. Und ich war um zwanzig Pfund erleichtert. »Fit wie ein Bär«, wie jemand gesagt hatte.

Dennoch war das Laufen nie ohne Anstrengung. Ich hörte oft von Leuten: »Sie sind jetzt bestimmt so sehr an diesen Rucksack gewöhnt, dass Sie ihn gar nicht mehr spüren.« Doch nur während der seltenen Zeiten, in denen sein Gewicht unter zwanzig Kilo sank, konnte ich ihn manchmal vergessen. Bei fünfundzwanzig Kilo ging das nicht. Bei dreißig war der Rucksack schwer. Und bei fünfunddreißig machte das Laufen keinen Spaß mehr. Kurze Ausflüge ganz ohne Gepäck auf dem Rücken fühlten sich immer noch an, wie wenn man nach einem heißen Tag in der Stadt ins Meer hineinlief.

Doch schon lange war der Rucksack zu etwas geworden, für das ich Zuneigung empfand, etwas, das Zuhausesein und Bequemlichkeit bedeutete. Und als ich vorausblickend an meine Wohnung dachte, da fand ich es schwierig, mich wieder an die Vorstellung zu gewöhnen, dass »Zuhause« bald wieder ein Ort mit Vorhängen und Teppichen und Kühlschrank sein würde, anstatt fünf Quadratmeter Kalifornien, auf denen ich bei jeder Rast das »Haus auf meinem Rücken« ausbreitete.

Das »Zuhause« meiner Lagerplätze sah eigentlich immer ziemlich gleich aus. Ich saß auf meinem verblichenen, grünen Schlafsack und lehnte zwischen den Außentaschen des Rucksacks. Der wiederum stützte sich an meinen Wanderstock oder an einen Baum. Meine Füße ragten, nackt oder in Mokassins, vor mir aus der anderen »Hausseite«. Nachts wurden meine Stiefel zum »Büro«. Sie standen nah bei meinem Kopf und waren mit Karten, Stift, Notizbuch, Brille und anderen Sachen aus meinen Taschen angefüllt. Fünfzehn Zentimeter hinter dem »Büro« fing die »Küche« an. Deren Mittelpunkt bildete der kleine Gaskocher, den ich für die Bereiche oberhalb der Baumgrenze am White Mountain angeschafft und so praktisch gefunden hatte, dass ich ihn auch während der ganzen restlichen Tour verwendete. Wenn es Mittagessenszeit war, erhitzte ich auf dem Kocher Wasser in dem größeren meiner beiden ineinander passenden Kochtöpfe, wobei der kleinere auf dem größeren stand und in britischer Tradition für den Tee vorgewärmt wurde, der aus der Hälfte des Wassers entstehen würde. Neben dem Kocher stand der Becher aus rostfreiem Stahl. Die Lebensmittel für die anstehende Mahlzeit, jedes in einer eigenen Plastiktüte, komplettierten die »Küche«.

Die übrige Nahrung lag einstweilen auf der anderen Seite des Schlafsacks, oben beim Rucksack, wo sie nicht störte. Dort lagen auch andere Dinge, die ich ausgepackt hatte, aber im Moment nicht brauchte, etwa ein Taschenbuch, die Aluminiumabdeckung des Kochers (die als Ersatztasse diente, aber an den Lippen mörderisch heiß war) und die Bratpfanne, die ich dabeihatte, wenn Aussicht auf Forellen bestand. Mein Hut hing zusammen mit den Fotoapparaten und dem Fernglas am Rucksackgestell. Alles hatte seinen Platz, ohne dass ich mehr Gedanken daran verschwendete, als wenn ich nach einer Party in meiner Wohnung die Stühle wieder an ihren Platz rückte.

Die meisten anderen Details der Hausarbeit waren durch die Praxis zu hoher Kunst abgeschliffen worden. Oder besser: zu unbewusstem Tun. Ich habe nie zu den Leuten gehört, die morgens gleich lebendig werden, sobald sie nur die Augen öffnen. Inzwischen konnte ich jedoch den unangenehmen Vorgang des Aufwachens genauso automatisch hinter mich bringen wie zu Hause, wo ich aus dem Bett stieg und in Trance zur Dusche stolperte. Den Zeitpunkt des Aufwachens bestimmte zum Teil der Zeitpunkt, zu dem ich schlafen gegangen war, weitestgehend aber bewusstes Wollen. In der Wüste oder Halbwüste gelang es mir meistens, beim ersten Licht aufzuwachen. Im Gebirge, wo Tau oder Bodenfrost dafür sorgten, dass man sämtliche Sachen in der Sonne zum Trocknen ausbreiten musste, und wo die niedrigeren Tagestemperaturen einen frühen Aufbruch unnötig machten, wachte ich etwa bei Sonnenaufgang auf. Doch ganz unabhängig von der Zeit, gab ich mich immer erst einige Minuten dem Dösen hin. Dann zog ich Hemd und Pulli über (wenn es kalt war, hatte ich auf dem Pullover geschlafen), setzte mich auf und lehnte mich an den Rucksack. Ich griff hinter mich, zog meine Shorts unter der Rucksackklappe hervor und holte ein Streichholzheftchen aus der kleinen Münzentasche. Ich schob die Shorts zum Aufwärmen in den Schlafsack (die Streichhölzer blieben über Nacht in den Shorts, damit ich Letztere dann quasi automatisch aufwärmte), dann zündete ich den Gaskocher an und stellte den größeren Topf darauf, den ich schon am Abend zuvor mit Wasser gefüllt hatte. Innerhalb von fünf Minuten war der Tee fertig. Inzwischen hatte ich damit begonnen, das Trockenobst zu mampfen, das ich über Nacht in dem zweiten Topf eingeweicht hatte. Manchmal mischte ich die Früchte mit Milch, Frühstücksflocken oder Schokolade. Wenn nach dem Frühstück noch Wasser übrig war, nahm ich es zum Füßewaschen. Hatte ich viel Wasser übrig, dann spülte ich das Geschirr. Anschließend – wenn es kalt war, befand ich mich immer noch im Schlafsack – verstaute ich alle Sachen im Rucksack. Dann stand ich schnell auf, wuchtete den Rucksack auf den Rücken und lief los. Innerhalb einer halben Stunde war ich wach.

Dinge, die zum »Haushalt« gehörten, regelten sich im Lauf des Tages ohne Zeitverlust. Die Entscheidung, wie viel Wasser ich mitschleppen sollte, verlangte kein ausgedehntes Abwägen zwischen Belastungsmenge und Risiko mehr. Ich wusste jetzt, dass ich bei Temperaturen um die dreißig Grad mit einer Gallone dreißig Meilen weit kam, ohne an Flüssigkeitsmangel zu leiden – aber auch ohne mich waschen oder die Zähne putzen zu können. Eine halbe Gallone reichte bei einem wasserlosen Nachtlager bequem zum Kochen, Zähneputzen und elementaren Waschen – vorausgesetzt, ich war sicher, im Lauf des nächsten Vormittags auf mehr zu stoßen. Seit dem letzten Wüstenabschnitt im Süden hatte ich – vorausgesetzt, dass Wasser überhaupt ein Problem darstellte – »trockene« Lagerplätze bevorzugt: Während der Tageshitze ruhte ich mich an Wasserstellen aus, lief dann in der Abendkühle ein oder zwei Stunden, lagerte, wo ich mich bei Einbruch der Dunkelheit gerade befand, und zog am folgenden Morgen zur nächsten Wasserstelle weiter. Auf diese Weise schleppte ich selten mehr als eine halbe Gallone, hatte aber mittags unbegrenzt Wasser, um Geschirr, Kleider und mich selbst zu waschen. Bisweilen hatte ich sogar einen Pool. Abends war die Wahl des Lagerplatzes eher bedeutungslos – war es anders, dann gewichtete ich fast automatisch solche Aspekte wie Wasser, Brennholz, Schatten, Windrichtung (abends in Wüstencanyons immer *abwärts*) und die genaue Stelle des Sonnenaufgangs (wichtig, wenn man bei kaltem Wetter frühmorgens ein bisschen Komfort haben möchte, und mit dem Kompass leicht zu ermitteln). Wenn ich ein Kochfeuer anlegte (nach Möglichkeit zwei Gabelstöcke mit Querstange), musste ich nicht mehr allzu viel darüber nachdenken, auch nicht über seine Position in Bezug auf das große Feuer, das ich oft wegen der Wärme und aus purer Freude entzündete. Bei einem trockenen Nachtlager, bei dem ich kein Wasser zum Waschen übrig hatte, fiel mir zufällig auf, dass ich genau vierzig Minuten nach dem Stopp und ohne mich im geringsten zu beeilen gekocht und gegessen hatte und bereits im Halbschlaf im Bett lag.

Als ich darüber nachzudenken begann, war ich überrascht, dass ich hunderte von kleinen Dingen, die mir, wie die Praxis gezeigt hatte, nützlich waren, völlig automatisch machte: Ich stopfte leere Plastiktüten unter das Rucksackgestell, damit sie nicht wegflogen; ich füllte das Gas im Kocher unmittelbar nach dem Essen wieder auf, damit ich nicht irgendwann im Dunkeln mit einem leeren Kocher dasaß (mit einer Füllung kam ich fast immer einen Tag aus); ich füllte, rund eine Stunde bevor ich das Nachtlager aufschlug, Trockenkartoffeln mit einer Tasse Wasser in den kleineren Kochtopf, damit sie einweichten, während ich lief, und dann nur fünf oder zehn Minuten kochten anstatt einer halben Stunde.

Doch ich lernte auch immer noch. Um Platz im Rucksack zu sparen, hatte ich fast von Anfang an meinen Schlafsack außen auf ihn draufgeschnallt. Auf dem letzten Stück veranlasste drohender Regen mich, ihn einige Tage lang mit hineinzustopfen. Ich war überrascht, um wie viel besser das Gewicht jetzt austariert war. Des Weiteren hatte ich nie einen geeigneten Behälter für kleine Gegenstände wie Salztabletten, medizinische Dinge oder Angelhaken gefunden. Plastikfläschchen rissen zu leicht und alles andere war entweder zu schwer oder zu zerbrechlich. Erst in der letzten Woche kam mir der Gedanke, die Aluminiumbüchsen von Kleinbildfilmen dafür zu verwenden.

Während ich auf der Fernstraße nach Norden lief, verglich ich solche haushälterischen Details mit ihren Entsprechungen in der zivilisierten Welt: Lebensmittel einkaufen, duschen, Herd anzünden. Auf der Tour nahmen solche Aufgaben mehr Raum ein als zu Hause. Aber sie brachten auch mehr. Und jetzt, gegen Ende der Tour, wurden mir auch Geräusche mehr bewusst. Ich lauschte dem Rhythmus meiner Stiefel und meines Wanderstocks und erinnerte mich daran, wie anders sie auf Sand und auf Erde und auf Gestein geklungen hatten. Ich nahm wieder das Reiben des Fernglases am Aluminiumgestell des Rucksacks wahr, genauso wie das schwache, aber unaufhörliche Klappern des Kamerafilters in seiner Plastikhülle tief in meiner Hosentasche. Ich lauschte dem vertrauten Knarren der Lederriemen, wenn sie sich nach einer Rast wieder zurechtzogen – und entdeckte dann, dass ich das beruhigende Gefühl des Rucksackgewichts genoss, das schwer auf meinen Schultern ruhte. Und abends freute ich mich immer wieder neu auf den Augenblick, in dem ich die Bänder meines Schlafsacks zuzog und mich zusammen mit den Sternen in meine private Welt begab.

Eine Reise, die man gerade unternimmt, und eine Reise, an die man sich erinnert, unterscheiden sich in ihrer Gestalt. Solange die Reise dauert, passiert sie einfach – und ihre einzelnen Tage ähneln sich im Großen und Ganzen. Doch wenn man später zurückblickt (und vor allem, wenn man darüber spricht oder schreibt), dann zieht und zerrt die Erinnerung an der Zeit, als sei sie ein Akkordeon. Die lebhaften Momente dehnen sich aus, werden zu kleinen Bühnenstücken. Die langweiligen Abschnitte schrumpfen ein, bis ganze Wochen zu schmalen Scheibchen zusammenschnurren.

Die letzten drei Wochen der Tour waren insgesamt eher langweilig. Meist lief ich Straßen entlang, die die Landschaft auf Armlänge von mir fernhielten. Zum ersten Mal seit Mexiko war die Landschaft durchweg zu eintönig, um meine Aufmerksamkeit völlig zu beanspruchen.

Zudem eilte ich nun konstant und entschlossen voran, wie ich es selbst im Death Valley nicht getan hatte.

Über all dem lag als vielleicht entscheidendstes Element das Gefühl des nahenden Endes. Sobald mir bewusst wurde, dass die Tour so gut wie vorüber war, weigerte sich mein Kopf, an die Gegenwart gefesselt zu bleiben. Ständig sprang er voraus, um die Zukunft zu planen – die Zukunft jenseits der Grenze von Oregon –, und dann wieder zurück durch die Tage und Wochen und Monate zu wandern, die aus Wüsten und Gebirgen bestanden.

Als ich die Grenze von Oregon erreichte, waren die letzten drei Wochen der Tour in meiner Erinnerung bereits zusammengeschrumpft, sodass außer vereinzelten kleinen Bühnenstücken nicht viel übrig blieb.

Manche dieser Stücke setzten sich in meinem Gedächtnis fest, denn öde wie das Land auch sein mochte, brachte es dennoch weiterhin »Erstlinge« hervor.

Seit Monaten war mir nun das Geheul der Kojoten zu einem fast genauso normalen Hintergrundgeräusch bei Tag wie bei Nacht geworden wie das Rattern der Cable-Car-Bahn zu Hause in San Francisco. Dann sah ich eines frühen Morgens einen Kojoten über ein Stück freie Fläche inmitten des Salbeis laufen. Jedenfalls nahm ich an, dass es ein Kojote war. Ich war einigermaßen überrascht, als ich feststellte, dass ich eigentlich gar nicht genau wusste, wie ein Kojote aussieht, außer, dass er einem Hund ähnelt.

Ein oder zwei Tage danach beobachtete ich, wie ein Stachelschwein sich schaukelnd wie ein borstiger Wackelpudding in die Bäume verzog. Und als ich anfing, darüber nachzudenken, konnte ich mich nicht entsinnen, je zuvor ein Stachelschwein gesehen zu haben.

Die Sonne ging auf und ich brach das Lager ab und lief auf einen Bahndamm der Western Pacific Railroad zu, der mich von der Fernstraße abschnitt. Ein Zug näherte sich. Ich wartete. Glänzend und wunderschön donnerte die Lokomotive heran. Das riesige Auge auf ihrer Stirn registrierte mich mit einem nicht sehr ausgeprägten, aber freundlichen Gruß. Ich winkte. Ein Arm winkte aus dem Führerhäuschen zurück. Dann waren die wuchtigen Räder über mir, ganz moderne Kraft und Anmaßung. Danach ratterten die Waggons vorbei, rissen die Luft mit und ließen den Boden unter meinen Füßen beben. Und schließlich das rote Blinzeln des Rücklichts und ich war wieder allein in der stillen Wüste.

Hinter der Ortschaft Ravendale verließ ich die Fernstraße und folgte unbefestigten Pisten in die Ausläufer der Warner Mountains. Vereinzelte Wacholderbäume lockerten mehr und mehr die Monotonie des Salbeigestrüpps auf und machten bald Platz für Kiefern und ein paar vorwitzige Espenhaine. Als ich auf der Suche nach einem Lagerplatz in einen davon hineinlief, ließ das Licht schon nach; dennoch konnte ich Namen und Daten erkennen, die in die Silberrinde mancher Bäume eingeritzt waren. Die Schnitzereien waren genauso altersschwarz wie die am Silver King, und ich fand auch hier wieder, dass die Zeit sie in gewisser Weise geadelt und damit ein Verhalten gerechtfertigt hatte, das ich eigentlich verabscheue. Die meisten Namen konnte man nicht mehr erkennen, aber einer war deutlich zu lesen: ENRIKE SEPTUAIN. Mir fiel mein baskischer Schafhirt ein, wie ich ihn zuletzt gesehen hatte: knietief zwischen Schafen und staubumhüllt zum Abschied winkend. Er hatte seine Schafe im Ersten Weltkrieg hier in den Warner Mountains geweidet. Und als ich vor dieser Espe stand und die geschwärzten Buchstaben betrachtete, fragte ich mich, ob er wohl Enrike Septuain geheißen hatte – irgendwie wünschte ich es mir.

Gewissermaßen um aufzutanken, lief ich wieder in die Ebene hinunter nach Alturas. An dem Abend, an dem ich Alturas wieder in Richtung Warner Mountains verließ, ging ich ein kurzes Stück neben der Fernstraße her. Und während ich so lief, kam ein Wagen eher gemächlich auf mich zugefahren. In ihm saßen ein Mann und eine Frau. Sie klebten weder zusammen wie jung Verliebte, noch hielten sie Distanz wie verheiratete Fremde. Sie saßen aufrecht und erwachsen da – verbunden durch ein undefinierbares, befriedigendes Band.

Seit sechs Monaten hatte ich in keinem Auto gesessen. Ich wusste kaum noch, wie es sich anfühlt. Und es hatte mir nicht gefehlt. Doch jetzt drehte ich mich um und sah den Wagen immer kleiner werden. Und erst, als er ganz verschwunden war, drehte ich mich wieder um und lief weiter auf das Gebirge zu.

Manche Ereignisse haben eine Bedeutung, die erst mit Verzögerung zutage tritt. Eine Szene mag für sich genommen bedeutungslos sein, doch dann entdeckt man eine unerwartete Intensität darin, bekommt eine Szene nachträglich eine scharfe Kontur. Man spürt etwas Bedeutungsvolles in der Neigung eines Mädchenkopfes oder in dem Winkel, in dem ein Sonnenstrahl in einen Eingang fällt. Tief in einem hält ein Mechanismus diesen Vorfall fest. »Da geschieht etwas«, sagt er. »Ich weiß zwar weder, was es ist, noch, was es bedeutet, aber merk es dir mal.« Und das tut man auch. Später, vielleicht viel später, fügt sich die Szene mit einem Klick in das Lebenspuzzle. Man erinnert sich so deutlich an sie, als hielte man ein Foto davon in der Hand. Sie ist sogar noch deutlicher: Man weiß nicht nur, in welchem Winkel das Licht einfiel, sondern auch, wie sich der Wind anfühlte oder wie jemandes Stimme klang. Und durch all die Verwitterungen der Zeit hindurch vergisst man nie ganz, was man gesehen hat. Es bleibt, so wie die banalen Vorfälle aus der Kindheit bleiben, die man überraschenderweise all die Jahre mit sich trägt.

Ich war die Straße, die in die Warner Mountains hinaufführte, kaum eine Meile weit entlanggelaufen, als der Wagen mit einem Klick an seine Stelle im Puzzle rutschte. Ich sah den Mann und die Frau wieder nebeneinander sitzen.

Und plötzlich brauchte ich die Annehmlichkeiten des normalen Lebens. Ich brauchte meinen Wohnungsschlüssel. Ich brauchte vor allem eine heiße Dusche. Ich brauchte meinen Wagen zurück. Sogar an die ewige Parkplatzsuche erinnerte ich mich mit Wehmut. Ich hatte über tausend Meilen zurückgelegt, ohne mich je allein zu fühlen, doch jetzt wollte ich Gesellschaft mehr als alles andere. Es war Zeit, dass die Tour ihr Ende fand.

Auf dem allerletzten Abschnitt lief ich das Rückgrat der Warner Mountains entlang. Im Osten zogen sich die Wellen der Wüste von Nevada dahin. Im Westen verwandelte sich, hinter hundert Meilen voller Lava-Ablagerungen, die weiß bemützte Geistererscheinung des Mount Shasta bei Sonnenuntergang in einen schwarzen Kegel vor einem blutroten Himmel. Eines Abends lagerte ich auf einem sandigen Bachufer, das einen Teppich aus roten und braunen Blättern hatte. Irgendwann nachts wachte ich auf. Durch eine Lücke in den Bäumen strömte Mondlicht. Es fokussierte sich auf mein kleines Lager wie ein blassblauer Bühnenscheinwerfer. Die roten und braunen Blätter um mich herum waren jetzt farblos, aber immer noch traurig und herbstlich. Außerhalb des Scheinwerfers war der Wald schwarz. Ich glaube nicht, dass ich außer den Konturen von Baumspitzen hoch über mir sonst noch viel sah. Doch bevor ich wieder in den Schlaf sank, spürte ich intensiv etwas enden. Es stimmte mich teils traurig, teils erwartungsfroh.

Zwei Tage danach lief ich morgens eine unbefestigte Straße entlang, als ein gelber, qualmender Laster an mir vorbeirauschte. Die Baumstämme auf seiner Ladefläche waren vernarbt und hässlich, aber dieses eine Mal wurde der Ärger, den Baumfäller bei mir erregen, von etwas anderem erstickt. Gelbe Bauholztransporter zwischen dunklen Bäumen – in meinem Gedächtnis verband sich damit das Wort »Oregon«.

Ich eilte weiter nach Norden. Kurz vor Mittag verließ ich die Straße und steuerte die Grenze zwischen Oregon und Kalifornien an. Der Karte entnahm ich, dass sie zugleich die Begrenzung eines Landschaftsschutzgebiets war. Ich stieg einen Hang hinauf und schlängelte mich zwischen dünnen Bäumen hindurch. Jetzt, so kurz vor dem Ende, spürte ich überhaupt nichts. Ich überquerte eine weite baumlose Fläche mit einem Espenwäldchen in der Mitte. Danach kam ein Drahtzaun mit einem Schild, auf dem LANDSCHAFTSSCHUTZGEBIET stand. Ich ging zu dem Zaun und stellte einen Fuß auf den Boden unter und hinter dem untersten Draht.

Die Tour war zu Ende.

Es waren auf die Stunde sechs Monate, seit ich an der mexikanischen Grenze den ersten Schritt nach Norden gemacht hatte.

Und mit einem Schlag war die Taubheit verflogen und ich spürte wieder etwas. Ich hörte mich »Juhu!« rufen und dann nochmal: »Juhu! Juhu!« Das Geräusch verhallte zwischen den Bäumen. Und hinter seiner Dämlichkeit hörte ich den Siegesschrei.

Ich fotografierte mich vor dem Zaun, dann ließ ich

mich neben ihm nieder, warf meinen kleinen Kocher an und setzte Wasser für Suppe und Tee auf.

Jetzt, da ich ihr räumliches Ende erreicht hatte, konnte ich natürlich gar nicht anders, als die Tour rückblickend zu betrachten und zu überlegen, warum sie so offensichtlich erfolgreich gewesen war. Doch es war genau wie seinerzeit vor ihrem Beginn: Bei meiner Suche nach »Gründen« kam ich nicht weit.

Unbezweifelbar war jedoch, dass ich »Amerika entdeckt« hatte. Ich war an seinem niedrigsten und bis auf achtundsiebzig Meter an seinem höchsten Punkt gewesen. Ich hatte mehr als die Hälfte der Strecke zwischen seiner südlichen und seiner nördlichen Grenze zurückgelegt. Ich hatte seinen Raum und seine Wildheit gesehen. Ich hatte neue Seiten der Widersprüche gesehen, die in seiner Rastlosigkeit begründet liegen: Umsichtig bewahrte Natur und dumme Reklametafeln, die den schnellen Dollar um jeden Preis machen wollen; entsetzlicher Müll entlang der Straßen, der ganze Landstriche wie Slums aussehen lässt; Gastfreundschaft, wie man sie sich herzlicher nicht vorstellen kann. Und ich hatte ein Amerika gesehen, das im Schwinden begriffen war. Denn unter »Amerika« hatte ich die ganze Zeit das unglaublich vielfältige Stück namens Kalifornien verstanden – jenen Staat, in den täglich mehr als tausend Menschen zogen, um dort zu leben. Das Kalifornien von morgen würde leider anders sein als das von heute. Und das machte die Tour zu etwas Einmaligem.

Und dann waren da die Leute gewesen.

Ehe ich in die USA gekommen war, hatte mir der Herausgeber eines bekannten Magazins geschrieben: »Ich fürchte, Sie werden feststellen, dass es in diesem Land so etwas wie eine »Stimme der Autorität« nicht gibt; jeder muss sich seine Wahrheit so gut er kann aus einem babylonischen Stimmengewirr herausfiltern. Ich wünsche Ihnen alles Gute in den Vereinigten Staaten. Ich hoffe, Sie werden zufrieden sein – ich bin jedenfalls zuversichtlich, dass sie sich nicht langweilen werden.«

Ich hatte tatsächlich viele Stimmen vernommen. Ira und Corinne hatten mich gebeten, einen »neuen Westen« für sie zu finden. Die Frau – stämmig, maskulin, Anfang vierzig –, die mit ihren Gefährten an der Straße picknickte und mir hinterhergelaufen war, hatte atemlos gefragt: »Wissen Sie was über Raumfahrzeuge?« Der Verwalter eines Anglercamps in Colorado hatte sehnsuchtsvoll gesagt: »Sie machen genau das, was mir schon ewig durch den Kopf geht. Ich wollte immer mal in einer Hütte voller Bücher eingeschneit werden – wie ich es mal gelesen habe. Aber jetzt mit Frau und Kindern … ich glaube, die Gelegenheit kommt nicht mehr.« Der Mann mit dem vage vertrauten Bulldoggengesicht hatte seine Hand ausgestreckt und gesagt: »Brite, wie? Na, dann schütteln Sie mal Winston Churchills Vetter dritten Grades die Hand!« Dann war da das glücklich wirkende, ältere Ehepaar gewesen, das mich im Garten seines mit Rosen überwucherten Landhauses mit Karamellkuchen und Wildpflaumen bewirtet hatte. Ein Farmarbeiter in einer Gaststätte hatte bei der Nachricht von einem weiteren Unfall ganz in der Nähe wohlabgewogen die Ansicht vertreten: »Es sollte Landstraßen und Viehpisten geben, und damit basta! Diese Fernstraßen sind einfach nicht mehr sicher genug.« Der Bauarbeiter hatte mit dem Kopf durch das Lokalfenster auf den White Mountain gedeutet und in seinem schleppenden Louisiana-Akzent gemeint: »Manche dieser Touristen, die auf eine Tasse Kaffee anhalten, starren die ganze Zeit da hoch und sagen: ›Jetzt *schau* dir doch mal diesen verdammten Berg an! Also, wenn ich mir vorstelle, ständig so was über mir hängen zu haben ...‹ Und dann steigen sie wieder in ihre Wagen und hetzen weiter. Mir tun sie einfach nur leid.«

Ja, ich hatte Babel vernommen. Es war zweifellos zufriedenstellend gewesen. Und alles andere als langweilig.

Doch mir war die ganze Zeit über klar gewesen, dass das Erkunden Amerikas nur ein Aufhänger gewesen war, an dem sich etwas noch Lohnenderes festmachen ließ. Ich hatte vermutet, dass ich die wahren Gründe am Ende deutlich erkennen würde. Aber so war es nicht.

Manchmal schien ich einer gültigen Antwort nahezukommen, wenn ich vor einem Lagerfeuer hockte, in sein pulsierendes Inneres starrte – »das Feuer träumen« heißt das auf Suaheli –, und ungenaue Gedanken kreisen ließ. So wie ich lebte, existierte ich höchst bewusst als einzelnes Atom zwischen den Gewalten der Natur, die all die feinen, verwobenen Fäden knüpfen und im Gleichgewicht halten, aus denen das Gewebe des Lebens besteht – die Blumen und die Klapperschlangen und die Kojoten und die Menschen. Und während ich da hockte und »das Feuer träumte«, akzeptierte ich auf eine neue, umfassendere Weise, dass wir bei allem, was wir tun, ein integraler Bestandteil der Vielfalt dieses Planeten sind. Und ein derartiges Akzeptieren ist etwas, das sich nur allzu schnell verliert, wenn man ständig in einer Stadt lebt.

Tatsache war jedoch, dass ich eigentlich gar keine »Gründe« brauchte. Die Tour war etwas sich Entwickelndes gewesen, etwas Unfertiges, und keine hübsche, runde Sache, der man ein Etikett verpasst und sie dann einlagert. Ich musste mir von ihr eigentlich nur eins merken: Sie hatte geklappt.

Sieben Monate zuvor war die Idee, Kalifornien zu durchwandern, morgens um drei über mich hergefallen, als ich wach lag und mir über all jene Dinge Sorgen machte, über die wir uns alle Sorgen machen. Es hatten sich derart viele Probleme angehäuft, dass sie mich zu überwältigen drohten: Ich hatte das heftige Bedürfnis gehabt, »aus allem auszusteigen«. Doch jetzt wollte ich »in alles wieder einsteigen«. Ich glaube, so halb hatte ich vor diesem Moment des Endes Angst gehabt. Angst vor dem Umbruch und der Leere, die am Ende von etwas auftreten können, das einem das Leben bis zum Horizont ausgefüllt hat. Angst vor dem Verlust des Sinns, ja selbst vor dem Verlust der Identität, der einen am Ende eines Krieges, eines Buches oder einer Ehe überwältigen kann. Aber nun, da der Moment da war, wollte ich mich begierig wieder mit den Verwicklungen herumschlagen, die das Wesen des modernen Lebens ausmachen. Vielleicht konnte ich mithilfe neuer Perspektiven sogar etwas vom Wesen der Städte begreifen. Und jetzt, nach Abschluss der Tour, war es völlig undenkbar, dass ich die Idee, die vor sieben Monaten so überraschend über mich gekommen war, nicht richtig umgesetzt haben könnte. Jetzt, am Ende des Ganzen, sah ich, dass die Tour sich aus sich selbst heraus gerechtfertigt hatte. Und das reichte völlig aus.

Natürlich war mir klar, dass meine neue Zielstrebigkeit mit der Zeit abstumpfen würde. Aber das machte mir nicht allzu viel aus. Wenn ich eine Auffrischung brauchen würde, wüsste ich, wohin ich mich zu wenden hätte.

Das Wasser kochte. Zum letzten Mal stellte ich den Kocher ab. Wie immer registrierte ich erstaunt, wie still danach alles war.

Als ich mit Suppe und Tee fertig war, gab es eigentlich nur noch eins zu tun. Ich verstaute alle Sachen im Rucksack und versuchte, dabei keine falschen Gefühle für so etwas Simples aufkommen zu lassen. Dann lief ich die hundert Meter zu dem Espenhain inmitten der freien Fläche hinunter. Und dann dachte ich an die baskischen Schafhirten und fand, dass es auch bei mir dieses eine Mal zu rechtfertigen war – zum ersten Mal in meinem Leben ritzte ich meinen Namen in einen Baum. Ich schrieb ihn voll aus. Und darunter setzte ich:

KALIFORNIEN
1958

———

MEXIKO 8. MÄRZ
OREGON 8. SEPT.

Dann lief ich durch die Bäume auf die Straße zu, die mich zurück nach San Francisco bringen würde. Zurück zu all dem, was eine Stadt jetzt zu bieten hatte.

Liste der Ausrüstungsgegenstände

1 Gallone = 3,78 l
1 pint = 473 ml
1 Meile = 1,608 km

	Gramm
Wanderstock	400
Rucksack	1640

Bekleidung

Bergschuhe (italienisch)	2600
Netzhemd	255
Tuch	30
kleiner Schal	30
2 Paar Socken	200
Ersatzhemd	255
Schlafsack (Typ Mumie)	2570
Mokassins	525
Handtuch	60
Kordhosen	890
Shorts	85
Wollpullover	990
Poncho	550

Küchenutensilien

wasserfeste Streichhölzer	30
Frischhaltefolie	30
3 Feldflaschen (je $^1/_2$ Gallone)	1100
rostfreier Stahlbecher	85
Margarine-Behälter (inkl. 115 g Margarine)	170

Gramm

2 ineinander steckbare Kochtöpfe 570

Büchsenöffner 3

feststehendes Messer mit Scheide 170

Löffel 60

Gabel (später weggeworfen) 30

Salz- und Pfeffer-Behälter 60

Zuckerbehälter aus Plastik (inkl. 465 g Zucker) 525

Spülmittel in Plastikbehälter (später geändert) 60

Proviant
(Wochenration, alle Angaben brutto)

3 Päckchen Trockensuppe 85

3 Päckchen Trockenobst 690

1 Päckchen Trockengemüse 225

3 Päckchen Trockenkartoffeln 690

1 Päckchen Trockenmilch 310

Teebeutel (ca. 20) 60

1 Karton Frühstücksflocken 465

3 Stangen Pfefferminzcremeschokolade 550

3 Fladen Pemmikan 340

Rosinen 465

Fotoausrüstung etc.

Fernglas, 6 × 30 400

Fotoapparat Super Baldax, $2^1/_4 \times 2^1/_4$ 930

Fotoapparat Super Regent, 35 mm 745

K2-Filter in Hülle 60

Objektivpinsel 30

6 Schwarzweißfilme, 120er 200

6 Farbfilme, 135er 255

Belichtungsmesser 170

Kamerastativ 400

Diverses

	Gramm
Kompass	140
Erste-Hilfe-Päckchen gegen Schlangenbisse	30
Streichholzbriefchen (je 6 Stück)	30
Reserveschnürsenkel für die Stiefel (Nylon)	30
Nylonschnur (10 m)	60
Reservebrille (samt 2 Taschenlampenbirnchen in der Hülle)	115
Toilettenartikel	400
Toilettenpapier	200
Schreibzeug	340
Taschenbuch	170
Anti-Mücken-Lotion	60
Stiefelwachs	60
Salztabletten (in Fläschchen)	60
Schleifstein	85
Erste-Hilfe-Päckchen	85
Brieftasche	170
Taschenlampe mit Batterien	140
Summe	**23 218**

Zusätzliche Gebirgsausrüstung

Zelt, Stangen, Heringe	1390
Parka	635
lange Unterhosen	255
dickes Wollhemd	465
Wollmütze	85
Wollhandschuhe	115
Angelzeug	170
Fliegenrolle	200
Fliegenrute	115
Behälter für Fliegenrute (Aluminium)	255
dicke Wollsocken	140

	Gramm
dicker Wollschal	140
Spinnrolle	255
Gaskocher mit Abdeckung	525
Gasflasche	115
Summe zusätzliche Gebirgsausrüstung	4860
Summe gesamte Ausrüstung (ohne Wasser)	28 078

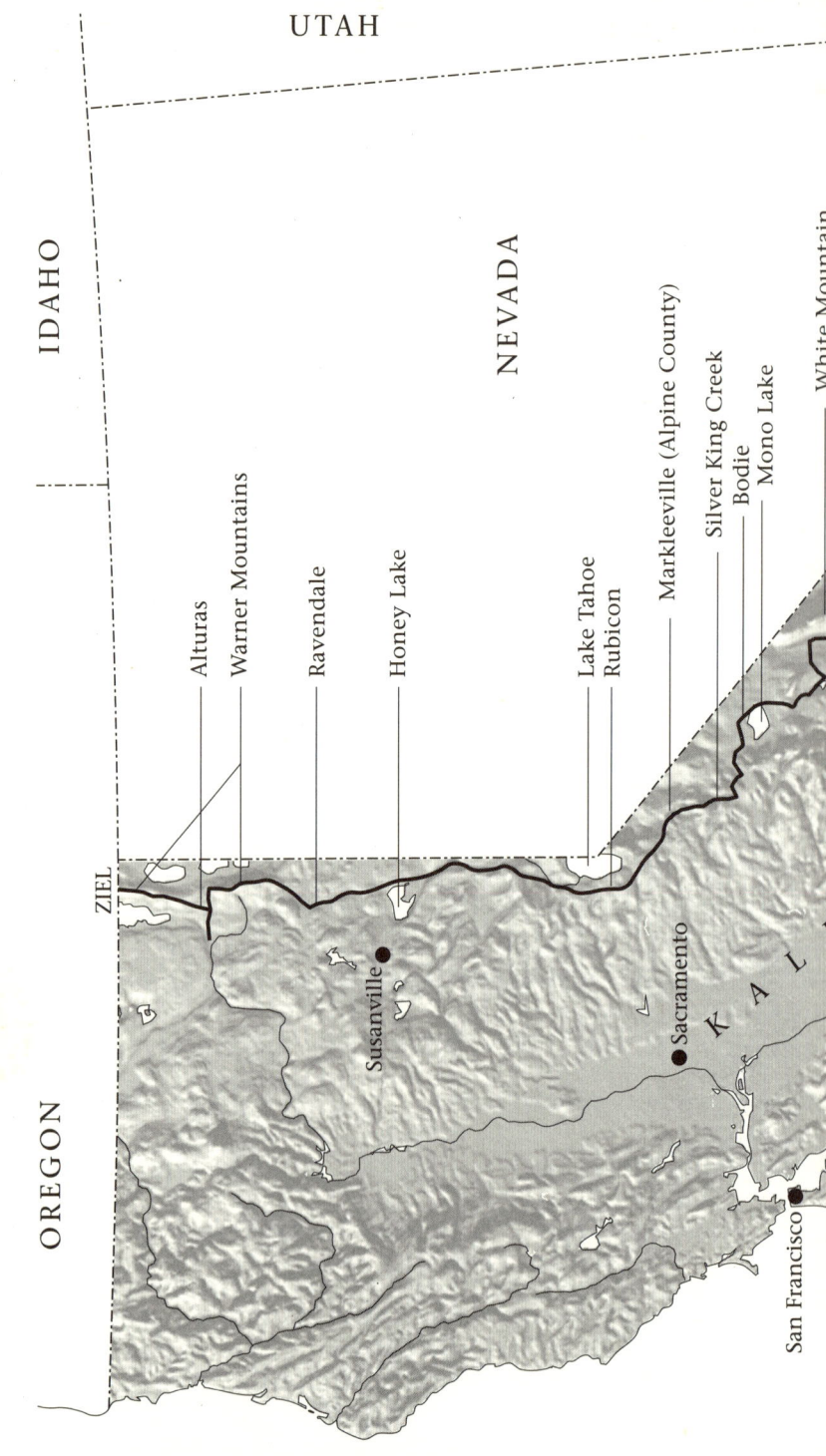

UTAH

IDAHO

NEVADA

OREGON

Alturas
Warner Mountains
Ravendale
Honey Lake
Lake Tahoe
Rubicon
Markleeville (Alpine County)
Silver King Creek
Bodie
Mono Lake
White Mountain

ZIEL

Susanville

Sacramento

San Francisco

K A L I